臺灣民主化與政治變遷

政治衰退理論的觀點

陳星 著

崧燁文化

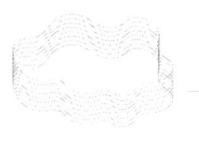

目錄

導言：問題的提出

第 1 章 基本理論框架

    1.1 文獻綜述

        1.1.1 政治發展理論的基本脈絡

        1.1.2 政治衰退理論的流變

        1.1.3 學界對臺灣民主化與政治發展的研究概況

    1.2 政治衰退概念性解析

        1.2.1 基本理論預設

        1.2.2 政治衰退的基本涵義

        1.2.3 政治衰退的基本面向

        1.2.4 政治衰退的測量

第 2 章 臺灣民主化過程中的政治衰退

    2.1「總統」權力的集中與制衡弱化

        2.1.1「總統」權力集中的制度基礎

        2.1.2 黨國體制與「總統」權力集中

        2.1.3 對「總統」權力制衡的失靈

    2.2「政治無能」

    2.3 族群撕裂與政治對立

    2.4 社會共識的缺失

    2.5 政治變遷與經濟發展

        2.5.1 政治民主化對經濟發展的影響

        2.5.2 臺灣政治民主化對經濟發展的影響

    2.6 政治腐敗及其控制

  2.6.1 政治腐敗：功能問題還是道德問題？
  2.6.2 民主化過程中的臺灣政治腐敗現象
  2.6.3 臺灣民主化與政治腐敗的關聯

第 3 章 政治變遷與政治衰退：過程、機制和行為模式形成
 3.1 臺灣民主化與政治資源分配格局的重建
  3.1.1 社會異質性的顯性化
  3.1.2 政治資源分配格局的重建
  3.1.3 政治動員成為政治對立的動力
 3.2 民主化與價值分配：「臺灣主體意識」建構
  3.2.1 「臺灣主體意識」概念的流變
  3.2.2 「臺灣主體意識」的基本層面
  3.2.3 觀念建構與「臺灣主體意識」的意識形態化
  3.2.4 「臺灣主體意識」的身分認定功能
  3.2.5 意識形態重建與政治衰退
 3.3 統合機制變化與政治衰退
  3.3.1 統合機制由剛性向柔性轉變
  3.3.2 政治精英內部關係的變遷
 3.4 政治行為模式形成與政治衰退
  3.4.1 臺灣政黨政治與政治行為模式
  3.4.2 政黨之政治行為模式的歷史習得過程
  3.4.3 對立性政治結構和敵我矛盾的建構
  3.4.4 政黨之政治行為模式與政治衰退
 3.5 餘論

第 4 章 比較視角下臺灣政治衰退的理論意涵
 4.1 東亞領域中的政治衰退問題

4.1.1 政治腐敗

4.1.2 權力集中

4.1.3 族群衝突

4.1.4 「恩庇—侍從」體制以及「金權政治」

4.1.5 「政治無能」與信任危機

4.2 政治衰退的發生學解釋

4.2.1 東亞文化傳統對政治衰退的影響

4.2.2 制度移植、文化重建與政治衰退

4.2.3 民主化與政治衰退的制度化

4.3 政治衰退與社會治理

4.3.1 政治衰退在民主化過程中的坐標

4.3.2 政治衰退與民主化過程中的社會治理

4.3.3 臺灣的政治衰退與社會治理

參考文獻

一、中文

（一）專著

（二）論文

二、外文

（一）專著

（二）論文

後記

導言：問題的提出

任何事物的發展都具有兩面性。中國古代對這個問題就有深刻的認識。「塞翁失馬、焉知非福」、「福兮禍之所倚，禍兮福之所伏」、「水能載舟，亦能覆舟」等廣為流傳的諺語和俗語都非常傳神地表達了先賢們對事物兩面性的辯證認知。馬克思主義唯物辯證法也指出，事物的發展正是在自身矛盾辯證運動中實現的。「兩個互相矛盾方面的共存、鬥爭以及融合成範疇，就是辯證運動。誰要給自己提出消除壞的方面的問題，就是立即切斷了辯證運動。」[1]在馬克思看來，任何事物都有對立的兩個方面，這兩者是矛盾和對立的，同時又是同一的。事物的發展就是透過矛盾運動，完成自身的否定之否定，最終實現螺旋式上升。馬克思的唯物辯證法為社會科學研究提供了方法論的指導。在對民主化問題的研究中，必須既看到民主化為政治變遷所帶來的正面影響，也要看到其負面效果，更要看到兩者的相互作用對社會治理所產生的影響。

長期以來，民主化及其引發的政治和社會後果一直是政治學理論討論的基本問題之一。隨著世界民主化的展開，民主及其訴求已經成為基本的「普世價值」。儘管目前學界對民主及民主化的理解並不一致，但是民主話語確實已經越來越意識形態化。正如我們所看到的那樣，世界上形形色色甚至無論是形式和目的都南轅北轍的政治運動和政治活動均被冠以「民主」的名義，似乎只有這樣才能獲得道義上的正當性。

在世界上，不管民主化的推進是主動的還是被迫的，民主化過程都確實對政治結構和政治發展產生了巨大影響，使包括制度結構、觀念結構、話語結構、政治運作模式在內的政治生活諸多方面都發生了根本性變化。以普選權的實現和以制度化的競爭性選舉為中心的民主制度的確立，確實在一定的國家和地區使民權得到張揚，使權力的濫用得到一定程度的遏止，使社會對立和對抗所產生的應力

得到了有效釋放，使社會矛盾得到了一定程度的化解，民主訴求得到了部分實現，社會系統在一定程度上實現了良好治理的目標。

但是在大部分的國家和地區，民主化卻未必進展得如此順利。如我們所看到的，民主化的推進在一些國家引起了暴力衝突，引起了政治對抗，引發了社會分裂，更有的國家在民主化過程中出現了經濟衰退和政治動盪。這些均是不同程度的政治衰退。所以說，民主的價值訴求是美好的，但是推動起來與現實政治之間似乎總是有差距。現在的問題是：這個差距大到什麼程度？民主化的代價是不是能夠為社會所承受？或者說，民主化所帶來的陣痛是否足以衝擊社會的可持續發展？這些都是觀察民主化進程和討論民主化理論時所必須關注的問題。換言之，民主是個好東西，但是民主化卻要經歷痛苦的歷程，而且民主化和民主制度本身也不能解決所有問題。[2]正是因為這樣，民主化與政治發展（political development）[3]之間並不能簡單地劃上等號，民主化在帶來政治發展的同時，也有可能帶來政治衰退（political decay）[4]。在推動民主化進程的國家和地區中，有的國家和地區經過民主化過程以後實現了總體上的政治發展，但是有的國家和地區卻在政治變遷中遭遇了程度不同的政治衰退。

可以看出，在討論民主和民主化問題時，必須區別「民主價值的理念」和「民主化結果的現實」兩個不同概念。前者是指人文關懷的基本訴求，後者是指這些關懷實現的基本途徑。從二戰結束以後世界各國政治變遷的過程來看，在民主價值應然的觀照下，民主價值的實現並不一定要遵循唯一的路徑，也不可能遵循唯一的路徑。由此我們可以繼續追問的問題是：經由何種民主化路徑才能實現政治發展和社會的良好治理？民主化的路徑有什麼樣的地域性特徵？在不同的文化語境中，民主化遭遇到了什麼樣的問題？民主化在帶來了積極社會價值結構變化和政治行為模式改變的同時，對政治系統帶來什麼樣的負面影響？民主就像一座高高在上的理想樓閣，但是如何上去卻是頗費躊躇的事情。「我們並不缺少理想樓閣的藍圖，但是我們並不知道通往理想樓閣的梯子在哪裡，並不清楚應該如何去建造梯子，並不清楚攀登梯子的風險，並不清楚如果我們缺少必要的資源把理想樓閣的基礎夯硬結實，理想樓閣崩塌的風險有多大。」[5]如何找到適合自己的政治變遷路徑，對於發展中國家和地區的民主化進度而言是不得不考慮的重大

問題。

　　按照結構功能主義理論的觀點，民主化與經濟發展及其帶來的政治結構變化密切相關，一旦經濟增長達到一定程度，民主也就具備了基本的實現條件。利普塞特認為，「對那些認為美好社會就是民主與自由社會的人來說」，還有必要認識到民主需要富足，或「至少認識到這些國家（在這些國家裡存在著政黨對峙，競爭性的選舉和新聞自由）總體來說是富足的。」李氏認為那些長期保留了民主政權、反民主的政黨力量薄弱的國家是迄今為止最富裕的國家。[6]這種民主化及其形成模式的理論背景是結構功能主義，即經濟發展帶動社會結構的變化，然後是政治系統結構和功能的改變，政治觀念、意識形態等影響政治運作基本樣態的政治結構及其功能也會發生相應調整。這些因素綜合起來，形成民主化的趨勢和推動民主化的基本動力，民主制度也會在這個過程中不斷走向成熟。可以看出，這種民主化的理論在相當大程度上是線性模式，特別突出了經濟發展與經濟增長對民主化的正面影響，基本的假設就是經濟增長一定會帶來政治結構和社會結構的合理分化以及政治發展的邏輯後果。

　　但是後來的政治發展卻否定了這樣的推論。一方面，在西亞，由於石油資源的開發與利用，這些產油國家財富增長驚人。但是這些國家政治結構卻並沒有因此產生根本性改變，民主化之路依然顯得很漫長。另一方面，在西歐和北美以外的其他地區，越來越多的政治經驗表明，民主化摧毀了傳統政治結構以後，卻無法建立起較為穩固和有效的治理結構，在有些地區甚至因此造成了大規模的政治動盪。這些事實已經表明，政治發展遠比利普塞特等人預想得要複雜。

　　因此，西方理論開始關注民主化與政治發展的關係。杭亭頓力圖彌補利普塞特等人民主化論述中的缺陷。杭亭頓較早認識到了政治現代化[7]帶來的政治衰退問題，將政治效能和政治穩定作為衡量一個國家和政府是否進入政治現代化的重要指標，並提出了「政治衰朽」的概念來描述那些現代化失敗國家和地區的政治變遷。[8]進而，杭亭頓又提出，民主化在世界上的發展取決於兩個方面的因素：經濟發展和非西方文化對民主的接受程度。[9]杭亭頓將民主化國家和地區的文化引入分析範疇，增加了民主化模型中的分析變量，從而在一定程度上彌補了

利普塞特結構功能主義分析範本的缺陷,能較真實地反映發展中國家和地區政治變遷和民主化的現實。

　　政治衰退是許多發展中國家或地區在政治發展過程中都會遇到的問題,特別是對於後發外生型國家的政治發展而言,尤其如此。在政治結構變遷的背後,其實是文化傳統的演變和相應的社會行為模式、心理習慣變遷,這些因素在相互影響中不斷向前推展,構成了這些國家和地區民主化進程和政治變遷過程中的全景。唯其如此,在發達國家曾經出現的歷時性問題現在在發展中國家和地區以共時性問題的面目呈現出來,即這些國家和地區要同時處理經濟、政治、社會、文化等領域出現的問題,其難度和複雜程度之大,可想而知。凡此種種因素導致的政治衰退成為發展中國家和地區政治發展過程中必須面對的挑戰,能否成功處理政治衰退問題,成為這些國家和地區能否保持政治穩定和提升社會治理績效的關鍵。

　　可見,圍繞政治衰退現象展開系統討論對政治變遷理論的發展有一定理論價值,對發展中國家和地區的政治發展也有現實意義。但是,到目前為止,學界對政治衰退的討論卻沒有系統展開。何以如此?筆者認為,討論政治衰退問題是一件很冒風險的事情,原因在於:(一)在民主話語已經成為世界政治主流話語的時候,對民主制度和價值的意識形態化甚至是神化的現象在相當多時候給單純的學術探討增加了許多不必要的壓力。在目前情況下,討論民主化過程中的政治衰退問題,必須對民主制度和價值訴求之預設的正確性進行討論。這很容易被扣上「反民主」的帽子,對於學者來說顯然是不可承受之重。(二)對民主化所產生的政治衰退現象展開探討,意味著在一定程度上否定了西方民主制度的普遍有效性,或者說只是在局部的範圍內承認其有效性。對戮力推廣西方民主制度的學者來說,這顯然是一個他們不願意聽到的結論,他們對政治衰退理論探討產生的反彈也可能會非常強,從而形成政治衰退理論探討的巨大阻力。(三)對政治衰退理論的探討可能為反改革和強化威權統治打開邏輯之門。規避政治衰退造成的消極後果是人之常情,特別是規避如政治動盪、社會失序等極端政治衰退,更是政治領袖決策時的重要依據。但是從邏輯上說,對政治衰退的恐懼可能導致對穩定的過分強調,正像在杭亭頓那裡看到的那樣。當維持穩定成為一種價值的時候,

就可能成為遏止改革者的避風港，為在價值上否定改革提供了條件。這也成為政治衰退理論難以突破的一個現實困境。

所以，這裡特別要強調的是，對政治衰退的關注和探討並不等於簡單地否定民主的基本價值。毫無疑問，民主化過程中提出的若干價值和人文關懷訴求具有普世價值的意涵，本書的論述正是在對這些基本價值訴求認同的基礎上展開。但是民主和民主化本身卻不應被意識形態化，民主化的路線是多種多樣的。從一般的經驗看，民主化最先得以展開的，並不是在社會價值領域進行系統改造，而是推動政治結構和運作模式的變革。本書所指的政治衰退，是民主化後果的一個面向，與政治發展一起構成了政治變遷的基本樣態。所以，對政治衰退的分析不可能以否定民主價值為前提。

從邏輯上說，民主化理論具有地域性特徵，它所反映出的是特定地區和特定族群、特定文化背景下的政治發展路徑問題。正如臺灣學者李丁讚所說，每個民主社會儘管框架大同小異，但因為孕育的土壤不同，也就一定會長出不一樣的形貌。也就是說，每個民主都有其文化與社會的特殊性，我們要討論一個社會的民主實踐，或分析其民主困境，就必須回到該社會歷史和社會關係中，才能對這個社會的民主特性有所掌握。[10]西方學者在看待民主化問題時，不可避免地帶有西方文化的視角，他們的理論也因此不可避免地帶有西方政治發展經驗下形成的前提和預設。無論是利普塞特還是杭亭頓，在其理論著作中均堅持了兩個基本預設：（一）西方社會已經邁入現代社會，政治現代化過程已經完成；（二）西方的民主政治模式具有普世適用性。但是這種基本的理論預設在世界上遭到了挑戰。遠的不說，東亞地區的民主化和政治發展就已經出現了許多西方民主理論範本無法解釋的問題。日本有學者甚至認為，亞洲可能根據自己的情況出現「亞洲式的民主」。[11]對於本土學者來說，在理論建構中最終落腳點是「己學」，對於西方理論該學習的學習，該揚棄的揚棄，才能建構出自己的理論。[12]在自己的理論建構中，立足於本土語境，對引入理論的形成語境展開檢討，推動本土化理論的建構，無疑是一項困難但卻是相當有意義的工作。

2000年以來的臺灣政治發展出現了嚴重的政治衰退。民進黨上臺以後，臺

灣基本實現了包括傳統政治發展理論和民主化理論所設定的民主制度目標，如競爭性的選舉、制衡的制度安排、言論自由、全面的政治參與等。但是也正是在這段時期內出現了嚴重的政治衰退，政治操守淪喪、政治道德失範、政治無力感擴大、社會失序問題嚴重、經濟發展放緩等現象紛紛出現。雖然2008年馬英九上臺以後上述情況有所改觀，但是上述的大部分問題卻不可能在短期內消除。這就意味著對這些政治衰退現象所隱含的理論意涵還是有討論的必要。以長時段的視角來看，這事實上是臺灣政治變遷和民主化過程中出現的必然現象，無論誰在臺上，都沒有辦法根除這些政治衰退現象。事實上，馬英九上臺幾年的經驗已經為這種判斷提供了註解，馬英九雖然極力按照他自己「清廉政府」的理念去執政，但是在現實中卻遇到了空前的阻力，來自己方陣營的攻擊尤其猛烈。對臺灣民主化過程中出現的政治衰退現象進行清理，對全面理解臺灣民主化進程具有一定的現實意義。進而，透過對若干與臺灣地區具有相似文化背景和社會心理結構的東亞社會政治發展和民主化問題的比較性檢視，對在特定文化背景地區政治變遷所呈現出的政治衰退現象的比較，在社會和文化視角下對東亞社會民主化的進程展開分析。正是在這個意義上說，政治衰退的理論意涵在於：它不僅限於討論臺灣地區的民主化進程，而是可以為其他地區乃至世界上的民主化和政治變遷提供解釋範本。

注　釋

[1].馬克思著：《哲學的貧困》，見中央編譯局編：《馬克思恩格斯選集》第一卷，人民出版社，1995年，144頁。

[2].俞可平著：《民主是個好東西》，《書摘》，2007年3月。

[3].如果沒有特別說明，本書的「政治發展」概念主要內涵是指政治生活的「正向發展」，是與政治負向發展概念「政治衰退」相對而言的。這裡的社會正向發展即社會合價值預期的發展，指在政治系統的運作中，經過了比較合理的制度安排，政治和社會矛盾得到了一定程度的消解，沒有因為政治變遷引發大規模的政治衝突與政治動盪，整個社會經過民主化以後基本實現了一定程度的治理。本書在講「政治發展理論」時，政治發展的概念與政治變遷的概念是通用的。但

是如果不做特別說明，本書的「政治發展」概念均是限制在「政治的正向發展」這一狹義範圍內。

[4].關於political decay的中文譯法，學界沒有一致的看法，目前看到的有「政治衰退」、「政治衰敗」、「政治衰朽」三種，這些譯法所反映的譯者理論旨趣各不相同，本書將在不同意義上使用這三種概念。相關說明見本書1·2·2部分。

[5].何高潮著：《政治制度與經濟發展關係分析：比較政治學的新視野——評〈民主與發展：政治制度與各國的福利狀況〉》，《管理世界》，2005年4期。

[6].西摩·馬丁·利普塞特著，張華青等譯：《一致與衝突》，上海人民出版社，1995年，368頁。

[7].「政治現代化」和「政治民主化」的概念之間存在著一定的差異。政治現代化的理論前提和預設是將政治劃分為現代與傳統兩種類型，政治現代化是政治體系由傳統類型向現代類型的轉變；政治民主化概念一方面有著現代化的若干內涵，但是更強調在一定的制度安排下（例如選舉和政黨政治等）進行的政治制度結構和政治運作模式變革。

[8].山繆·杭亭頓著，王冠華等譯：《變化社會中的政治秩序》，上海世紀出版集團，2008年，第一章。杭亭頓的這本書（「politicalorderin changingsocieties」）有不同的譯本。目前見到的有李盛平、楊玉生的譯本，還有臺灣江炳倫的譯本。本書引文主要出自王冠華等人的譯本。

[9].山繆·杭亭頓著，劉軍寧譯：《第三波——20世紀後期的民主化浪潮》，上海三聯書店，1998年，3頁。

[10]. 李丁讚著：《民主社會如何可能？二十年臺灣經驗的反省》，（臺灣）《思想》第11輯：《民主社會如何可能》，（臺灣）聯經出版事業股份有限公司，2009年，135～136頁。

[11].豬口孝著：《亞洲式的民主》，見豬口孝、愛德華·紐曼、約翰·基恩

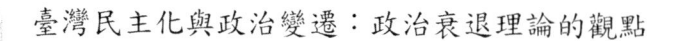

等編,林猛等譯:《變動中的民主》,吉林人民出版社,1999年。

[12].李義虎著:《地緣政治學:二分論及其超越》,北京大學出版社,2007年,序言。

第1章 基本理論框架

1.1 文獻綜述

1.1.1 政治發展理論的基本脈絡

政治衰退是政治變遷的一個重要面向，或者說是政治變遷後果中的一種。不過這個問題在過去一直沒有得到足夠重視。所以，如果要討論政治衰退問題，必須先對政治發展理論的流變過程及其存在的問題進行簡單梳理。

大致來說，西方學者關注政治發展問題始於1950年代，但是有意識地使這一研究概念化和系統化，則是1960年代的事情。按照杭亭頓的說法，政治發展研究的發展出於兩股潮流的推動，一是1940年代末和50年代發展起來的區域研究，學者的視野隨著冷戰的發展而越出了西歐與北美的範圍，開始向第三世界國家和地區擴展；二是政治學理論的行為革命，這次政治研究範本變化為政治學者提供了可以用於分析和比較不同國家政治變革的分析框架。[1]此外，杭亭頓此處沒有提到，但是對政治發展理論演變影響甚大的原因在於：二戰後大量新興國家獨立，他們立即面對的問題就是如何進行政治制度選擇、設計並使之有效運行。美國為了防止這些國家向社會主義陣營靠攏，力圖找出一種可以使其走向現代化的方法，以求這些國家在價值上認同美國。在這種背景下，政治發展研究逐漸成為政治學研究的一個重要分支，在60年代受到了越來越多的關注。因此，早期的政治發展理論帶有這一時期世界上政治格局調整的明顯烙印。

同時，政治發展理論也因受到這一時期政治學理論發展潮流的影響具有較為明顯的行為主義特徵。行為主義在學術上訴求於經驗、實證和價值中立，以定量

分析和模型建構為重要手段,力圖透過變量控制的方法,尋求社會和政治發展中的因果關係,並為發展中國家和地區的政治發展提供理論上的範本。這一時期研究政治發展理論的典型代表人物和學派有:以大衛‧伊斯頓、馬里恩‧列威、加布里埃爾‧阿爾蒙德和倫納德‧賓德為代表的體系功能學派,以倫納、多伊奇、雷蒙德‧坦特、麥可‧哈德森、菲利普斯‧卡特萊特為代表的社會進程研究學派和以西里爾‧布萊克、什穆埃爾‧諾厄‧艾森施塔特、西摩‧馬丁‧利普塞特、丹克華特‧羅斯托、小巴林頓‧摩爾、山繆‧杭亭頓等人為代表的歷史比較學派。在這三個學派中,社會進程研究學派身上行為主義的特徵最為明顯,歷史比較學派在較為傳統的方法與嚴密性相結合方面具有代表性,在另外一個方向上體現出了行為主義的特徵。

政治發展理論的初衷是在政治現代化的理論框架內為落後國家和地區的現代化實踐設計道路。在早期的政治發展研究中,「政治發展」和「現代化」的概念有很大的重疊性,有時「政治發展」被完全等同於「政治現代化」。西方學者以西方的政治發展經驗為藍本,並將西方社會政治發展的歷史和經驗絕對化,以政治的傳統形態與現代形態的二分法為基本前提,認為第三世界國家政治發展就是政治現代化,即由傳統政治向現代政治的轉變,也就是由當前政治形態向西方政治制度轉變的過程。

西方學者在討論政治發展理論的時候,其理論預設自然來自西方社會。如阿爾蒙德和鮑威爾在《比較政治學——發展的研究》中,將政治體系作為核心概念,政治結構和政治文化處於分析的中心;政治社會化、政治錄用和政治交流則對體系造成了維護的功能;利益表達、利益綜合、政策制定和執行則成為體系運作的基本機制。這些因素綜合起來,形成了一個交換和更新的循環系統。[2]在這個分析範本中,政治參與和政治動員已經是作為理論預設先在地存在於論證過程當中,無需特別說明。正是因為有了西方式的前提和預設,所以政治發展理論的概念及邏輯思路很難不是西方式的。白魯恂(Lucian Pye)在論及發展中國家和地區的政治發展時,認為政治發展的要素之一就是人本身要發生變化,從臣民轉變為公民,隨之產生大眾參與的擴大,逐漸增加對平等原則的追求,以及法律的普遍接受。[3]事實上,在西方政治學者的政治發展研究範本中,政治動員和政治

參與成為政治現代化的一個核心指標,政治發展的所有其他路徑都是以這個指標為中心展開的。[4]即使是對政治發展理論做出重大貢獻的政治學者杭亭頓,也沒有擺脫這種政治前提和預設。[5]他所定義的政治發展概念,將西方語境下形成的政治現代化概念奉為圭臬,將西方語境下的政治發展路徑作為實現非西方國家和地區政治發展的主要路徑。

這種以西方歷史和經驗為藍本建立起來的政治發展理論很快遭到了來自現實的挑戰。1960年代一系列發展中國家出現的民主化挫折,以及因為民主化而帶來的政治衰退,使民主化的神話被打破,也引發了學者對政治發展的進一步理論思考,最突出的表現就是對政治發展概念的系統反思,使該概念的內涵與外延都出現了較大的變化。白魯恂注意到了政治發展過程中出現的混亂與緊張狀態,對政治發展的概念進行了整理,總結出了10個方面的內涵:(一)政治發展是經濟發展的前提;(二)政治發展是工業社會典型政治形態的生成過程;(三)政治發展是政治現代化過程;(四)政治發展是民族國家建設和運轉的過程;(五)政治發展主要是國家行政與法制的建設;(六)政治發展是政治動員和政治參與的過程;(七)政治發展是政治民主化的過程;(八)政治發展是穩定有序的政治變化過程;(九)政治發展是政治體系能力增強的過程;(十)政治發展是多維社會變遷中的一個方向,與社會的經濟、社會發展相關。[6]這裡已經把政治發展過程中需要觀照的一些重要問題提了出來,如社會的協調發展、政治變遷過程的穩定性與有序性等等。透過紛繁複雜的概念叢林,白魯恂抓住了這些概念的共同理論旨趣,即在現代性衝擊之下,低度發展國家和地區從傳統向現代過渡過程中,如何進行現代性意義上的「國家建構」。他得出的結論是,低度發展國家和地區的政治發展應該關注的基本面向為「平等」、「能力」、「分化」等方面「發展的綜合」。[7]這種視角無疑是政治發展理論的突破。

同一時期,杭亭頓也對政治發展及其過程提出了自己的看法,認為政治發展遵循獨立於經濟發展的、自身的邏輯。雖然有證據表明,長期的經濟發展和發展階段較高的經濟發展可以培植更為堅實的民主基礎,但是這並不意味著經濟發展與政治發展之間有更為直接的線性關係。杭亭頓認為,在富國可能是這種情況,但是對於窮國而言,政治秩序和有力的政府機構是經濟發展的前提。因此,杭亭

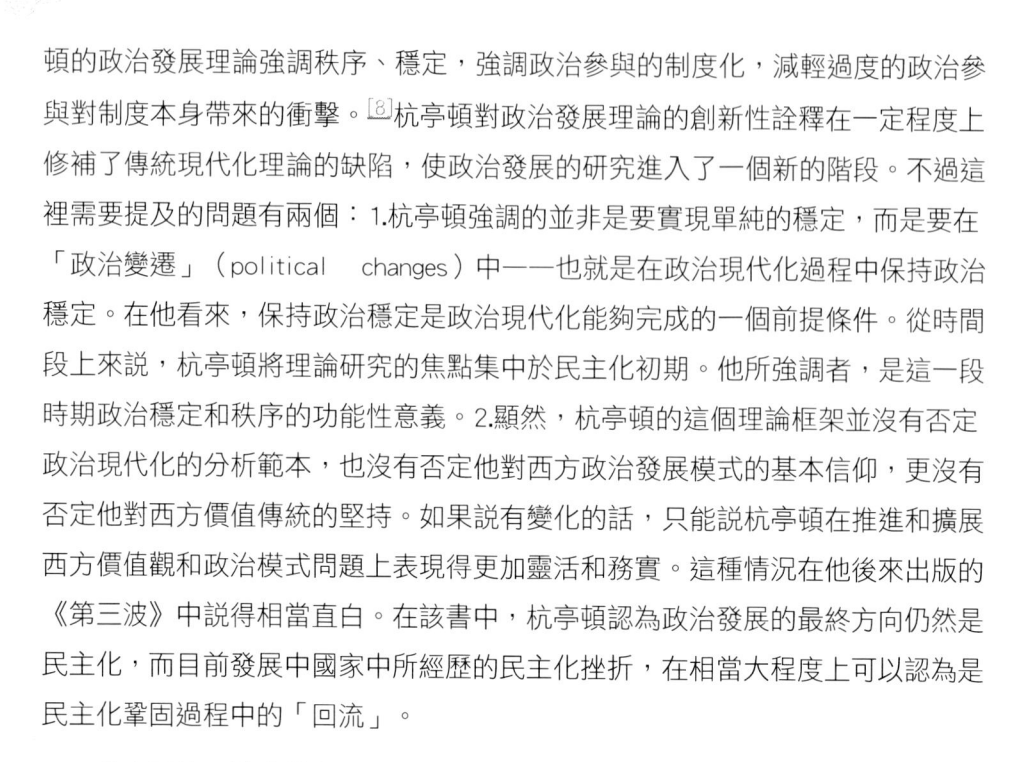

頓的政治發展理論強調秩序、穩定，強調政治參與的制度化，減輕過度的政治參與對制度本身帶來的衝擊。[8]杭亭頓對政治發展理論的創新性詮釋在一定程度上修補了傳統現代化理論的缺陷，使政治發展的研究進入了一個新的階段。不過這裡需要提及的問題有兩個：1.杭亭頓強調的並非是要實現單純的穩定，而是要在「政治變遷」（political changes）中——也就是在政治現代化過程中保持政治穩定。在他看來，保持政治穩定是政治現代化能夠完成的一個前提條件。從時間段上來說，杭亭頓將理論研究的焦點集中於民主化初期。他所強調者，是這一段時期政治穩定和秩序的功能性意義。2.顯然，杭亭頓的這個理論框架並沒有否定政治現代化的分析範本，也沒有否定他對西方政治發展模式的基本信仰，更沒有否定他對西方價值傳統的堅持。如果說有變化的話，只能說杭亭頓在推進和擴展西方價值觀和政治模式問題上表現得更加靈活和務實。這種情況在他後來出版的《第三波》中說得相當直白。在該書中，杭亭頓認為政治發展的最終方向仍然是民主化，而目前發展中國家中所經歷的民主化挫折，在相當大程度上可以認為是民主化鞏固過程中的「回流」。

　　從上面的理論演變軌跡可以看出，政治發展理論的發展與現代化理論的發展有著比較緊密的聯繫。所以，70年代以來，隨著現代化理論受到批判和影響力削弱，政治發展理論也走向低谷，其研究的重點也由理論模式的探討轉向事實經驗模式的解釋。[9]但是這一時期政治發展理論對研究對象比較務實的研究以及大量經濟學方法的運用，特別是理性選擇主義和公共政策理論的運用，又為以後政治發展理論的發展累積了更多學理資源。

　　1970年代，隨著對學界政治發展問題反思的加強，本土化的政治發展理論模式開始建立起來，並被投入政治實踐。在經受了發展主義一次又一次的失敗，經歷了非洲、亞洲、中東和拉丁美洲壓迫性的、踐踏人權的政體紛紛掌權的風潮以後，內生或本土發展理論對發展中國家和地區無疑有巨大的吸引力。「與遠洋而來的、經常不合時宜的西方模式相比，這種內生模式將會更貼近當地的情況。因此將不可避免地出現東亞的或許是儒家的發展理論，印度的、可能是印度教的發展理論，撒哈拉以南非洲的發展理論，拉丁美洲的發展理論，以及獨特的伊斯蘭發展理論。」其中以儒家文化對發展的影響之討論較為典型。[10]但是，正如

威亞爾達指出的，這些理論也並不是沒有問題，這些本土、內生觀念和發展模式被證明（東亞或許例外）並不能比先前的理論更有效地推動實際的發展，而且常常直接造成危害。[11]但是，這並不意味著否定了政治發展模式的地域性特徵和政治發展理論地域性限制的解釋力和正確性。

1980年代以來，新制度主義研究範本逐漸取得了學術研究的主導地位，為政治發展的研究注入了新的學理資源。這一時期西方重新興起了制度研究的熱潮，並在這個過程中形成了歷史制度主義、理性選擇制度主義和社會學制度主義三大流派。道格拉斯‧諾斯發表了《西方世界的興起》、《經濟史中的結構與變遷》等著作，開創了新制度主義分析的先河。而政治發展理論受其影響，也出現了新的研究領域與研究路徑。從研究取向上看，諾斯的「路徑依賴」理論引導人們重新審視非西方社會的本土性文化、制度傳統對於政治發展及實現路徑的約束作用，使尋求單一的政治發展模式的努力轉向具有多元本土發展模式可能性的研究。因此，政治發展模式的探索開始越來越注重本土文化語境的因素，學者們愈發認識到政治發展不但不可能拋棄自身傳統，反而只能是在各個國家和地區自身傳統和文化基礎上實現。只有這樣，才能更好地達到政治發展所訴求的基本目標：政治穩定、經濟發展和文化繁榮。「正確的做法應該是正視各國各自的傳統，以傳統為基礎，以普世的自由民主憲政制度為目標，創造性地走出各國自己的政治發展之路。」[12]在新制度主義的視角下，政治發展的研究更強調在各自的傳統與文化背景下建構發展路徑。

1990年代至今，隨著東歐劇變和蘇聯解體，向民主制度過渡重新成為政治發展理論研究的重要領域。主要的研究也多集中在對拉美與東歐的政治發展問題方面。代表作如《最新民主化的歷程》[13]，對拉丁美洲、中東和非洲、共產黨國家和「後共產黨」國家的民主化問題進行了討論，理論的基本立足點在於如何在這些國家和地區實現民主化轉型和民主制度的鞏固。普沃斯基（Adam Przeworski）的《民主與市場》[14]等著作，提出了民主化轉型模式的問題。不過，在普沃斯基那裡，經濟的發展在一定程度上與政治發展是分離的，即經濟發展與特定的政治體制之間沒有必然的、統計學上的聯繫。[15]總體來說，這一時

期出現的政治發展理論研究成果不多，這多少也意味著政治發展研究的一個高潮已經過去。然而學者們對政治發展的熱情沒有減弱，不過他們關注的焦點不再僅僅侷限於發展中國家和地區的政治結構本身，而是深入到社會深層結構的層面去討論政治發展問題。如杭亭頓等學者對政治欠發展地區文化與民主化關係的探討，[16]從文化的角度討論了民主制度如何能夠鞏固的問題。

　　以上是政治發展理論的大致發展脈絡。從這個簡單的脈絡來看，政治發展理論其實走過了一條由西方化到在地化的道路。政治發展研究起源於針對不發達國家和地區的政治變遷進行的政治結構和制度設計，以西方經驗為參照系進行的理論研究，反映了當時國際力量對比格局變化和當時國際話語結構下西方學者對發展中國家和地區未來政治變遷樣態的基本期待。經歷了半個多世紀的曲折後，政治發展理論現在又從西方中心的政治現代化模式回歸到個別發展的道路，在政治發展過程中更強調變遷的基本語境和本土情境。所以，政治發展理論的邏輯歸宿是確定的：社會和政治的協調發展以及人的價值實現，也就是社會的良好治理。當然這是一種最高的理想狀態。從這個意義上來說，政治發展所關懷的價值其實是在政治變遷過程中如何避免政治衰退，如不能避免，也應該儘量減少政治衰退所帶來的消極影響。[17]不過遺憾的是，我們在政治變遷理論研究中對於政治發展的問題強調得很多，但是對於政治變遷過程中出現的政治衰退現象以及在政治變革中出現的衰退後果卻沒有給予足夠重視。也正是因為如此，福山在給杭亭頓《變化社會中的政治秩序》寫的序言中說，「在政治衰朽問題上，杭亭頓的論點與其說需要修正，不如說有待擴展。我們看到現今一些杭亭頓所謂政治衰朽的典型例證：政治參與超越了組織機構建設。但是，如果我們看看最近二十年來出現的衰弱和失敗國家的全貌，顯然還有其他力量在起作用。」[18]那麼，這些力量到底為何？它們在政治變遷過程中的作用如何？這都是政治變遷理論所要關注的問題，也是關乎發展中國家和地區政治發展前景的問題，必須給予充分的關注和研究。

1.1.2 政治衰退理論的流變

此處的政治衰退概念主要指政治變遷過程中與政治發展相反的運動，主要暗指二戰以後政治民主化和政治變革過程中出現的現象。政治衰退概念和理論的發展根源於對發展中國家和地區在發展過程中出現問題的反思。1950年代和60年代初，政治發展理論主要關注點在於民主的先決條件和民主制度在發展中國家和地區的發展，而這種民主制度主要是西方意義上的。[19]總體來說，這一時期學術界，無論是政治學者還是經濟學者，關注的中心問題都在於現代化問題。1950年代和60年代，現代化理論在政治理論研究中占據了主流地位，其主要觀點為：新興的發展中國家和地區將沿襲歐洲早期走過的路線，將所謂的傳統社會結構轉變成為一種更加現代類型的社會結構。因此，這一時期的發展理論強調擴大生產和物質及社會基礎設施現代化的重要性。在這種背景下，發展政治學興起，發展問題成為學術界聚焦較多的一個領域，利普塞特和羅斯托是其中比較主要的代表。利普塞特認為，經濟發展是民主政治必不可少的條件，「國家越富裕，出現民主的可能性就越大。」[20]羅斯托提出了「經濟成長階段論」，成為「線性階段模式」的理論代表。他將人類社會劃分為：傳統階段、為起飛創造前提階段、起飛階段、向成熟推進階段、高額群眾消費階段等五個階段。在《經濟增長的階段——非共產黨宣言》一書中，羅斯托認為，人類經濟活動是由社會、政治、經濟、文化和心理等多種因素決定的，每一成長階段都有與之相適應的主導部門。[21]按照這種模式，非西方國家和地區按照西方國家的發展模式和路徑走向現代化是必然的結果。這一時期，相關的學術研究機構也紛紛出現，例如蘇克塞斯大學的發展研究所、東英吉利大學成立的海外發展研究小組等。這一時期的政治發展理論研究主要集中於經濟發展方面，對於政治發展相對來說是忽視的，在這些研究中，大都有一個沒有經過驗證的預設：隨著經濟發展，政治的現代化轉型自然就會實現。英國經濟學家莫里斯·多布[22]1951年在印度德里經濟學院演講時，就已明確地把世界資本主義體系分為發達與不發達兩大部分，強調不發達國家加速工業化發展過程是獲得經濟獨立和經濟發展的關鍵。在這一時期的基本理論框架中，經濟發展與政治發展概念所指的內涵在相當程度上是重疊的，二者往往被認為是發展中國家和地區現代化過程中不同的發展階段和發展面向，而且隨著經濟的發展可以實現向政治發展的自然過渡。

但是1950年代末和60年代初發展中國家和地區的政治現實卻證明了現代化理論的一些基本預設是有問題的。二戰以後，大部分發展中國家和地區的經濟發展並不理想，雖然取得了一定的成果，但是大部分國家和地區在世界經濟體系中日益被邊緣化。另一方面，即使經濟發展取得一定成績的國家，也沒有必然帶來政治發展的結果。相反，在這些發展中國家和地區，政治腐敗、政局動盪、族群和種族衝突屢見不鮮，現代化理論陷入了困境。

於是，學術界開始對這些現象進行系統的檢討。政治發展與經濟發展不再被看做某一過程的不同階段，而是被看做有聯繫的不同領域。相對的，集中於經濟研究的學者發展出了依附理論，比較關注政治變遷的學者發展出了政治欠發展理論。同時，發展經濟學與發展政治學之間的交流也日益增多，政治發展研究獲得了新的學理資源。

（一）「依附理論」。「依附理論」的先驅是阿根廷的經濟學家兼社會學家勞爾・普雷維什。普雷維什早在1940年代末就提出，世界經濟是一個體系，西方發達資本主義國家構成了這個體系的核心，非西方不發達國家處在這個體系的邊陲，核心和邊陲之間的經濟關係是不平等的。前者透過不公正的貿易條件來控制和剝削後者，這是後者之所以處於不發達地位的根本原因。不過，普雷維什的觀點在當時並沒有引起足夠的重視。及至發展中國家和地區的發展遭到了挫折以後，依附理論才流行起來。1957年，美國經濟學家保羅・巴蘭出版了《增長的政治經濟學》一書。[23]在這本書中，巴蘭指出，世界上大多數國家和地區社會經濟的不發達是由當代壟斷資本主義的發展造成的，當代不發達國家的資本主義發展和發達國家歷史上經歷的資本主義發展具有不同的性質，它們不可能走當代發達國家歷史上已經走過的道路。他把對「經濟剩餘」[24]利用不當看做是不發達國家社會經濟不發達的根源。同時，他也強調了對經濟剩餘的利用不當是由不發達國家的社會經濟結構決定的。因此，他認為，不發達國家只有在經歷了一場社會革命之後，才有可能有計劃地使用經濟剩餘，真正形成有利於它們經濟增長的社會制度。[25]巴蘭以馬克思主義的分析框架，對現代化理論進行了檢討，對不發達問題進行了研究。憑藉著這些成就，巴蘭成為依附理論的重要代表。

到了1960年代後期和70年代初，在廣大發展中國家和地區出現的政治動盪、經濟衰退等問題愈發凸顯出傳統政治發展理論範本的不切實際。依附理論（或者叫不發達理論）正是在這個基礎上逐步發展完備起來。「依附理論」的主要代表人物有拉美的安德烈·岡德·弗蘭克、美國的保羅·巴蘭、埃及的薩米爾·阿明、巴西的特奧多尼奧·桑多斯、英國牛津大學研究人員格里芬等。依附理論強調從西方發達國家與不發達國家之間的政治、經濟聯繫，特別是貿易關係入手討論不發達的問題，即從前者對後者的控制，後者對前者的依賴中解釋非西方國家的不發達原因。[26]所以，依附理論認為，如果不把發展的過程和問題放在商業和工業資本主義向較貧困的外圍國家和地區擴張的更廣泛社會歷史範圍內考察，不可能真正理解這些過程和問題。他們的基本觀點是：發展中國家和地區面臨的基本問題，是當時國際經濟與政治統治體系綜合作用形成的結果。因此，只有當依附結構中固有的基本社會矛盾得到有利於第三世界的解決之時，才能真正解決不發達問題。這就意味著，第三世界政治經濟發展的歷程確實不同於發達國家，而是具有自己鮮明的特點。因此，闡述不發達理論的學者，常常指出由於第三世界國家與西方資本主義結合而形成的政治和經濟畸形，導致了這些國家和地區不發達局面的出現。他們認為，受歐洲國家利益左右的社會，是沒有獨立發展機會的，只有由本國控制的生產系統，才能服務於本國市場的需要。[27]有學者認為，這種情況的出現使得發展不再被認為是透過移植現代技術和價值觀念就可以實現的目標，而是一種相對自我的生長過程。於是，學者們對發展的基本政治和意識形態特質已經有了較為明確的認識：制定社會變革的目標和手段，必然要涉及承擔價值義務和進行價值選擇。[28]簡言之，政治變遷其實是一個比較複雜的系統，僅靠經濟發展未必能帶來政治的正向變革，在經濟發展的同時，還必須配合著價值的選擇和建構。否則，政治發展只能是一個空泛的概念。

依附理論（不發達理論）著重於研究第三世界國家和地區的經濟落後狀況、成因、性質和特點，並據此探討走出落後困境的一系列理論主張。所有這些理論的實質性內容是：國際資本主義經濟井然有序地運轉，使不發達國家經濟畸形得不到發展。他們堅持認為，這是世界市場經濟正常運轉的固有特徵，這個系統的性質有損於窮國的利益。[29]

依附理論討論的焦點還是集中於發展中國家和地區經濟發展層面，對於政治發展則著墨較少。出現這種情況的原因大概也和當時比較經濟學與比較政治學之間的交流比較少有關。因為如此，在比較政治學的研究視野中，很多時候政治問題與經濟問題是割裂的、互不相通的。所以，依附理論的支持者大都分布在經濟學領域，而從比較政治學角度去討論不發達和欠發展問題的學者就相對來説比較少。

（二）政治欠發展理論。1950年代和60年代發展中國家和地區的政治變遷實踐打破了經濟發展與政治發展之間的必然正向聯繫預設，學界對政治發展的單向研究範本也遭到了批評。杭亭頓在論及當時的政治發展研究時説，當時學者所認知的政治發展往往是一個單向的概念，而對政治發展很少或者根本就不做反向思考。他舉例説，如果政治發展是將民眾動員進政治系統，那麼就要考慮「去政治發展」（political development）的情況，即民眾被動退出政治系統（demobilized out of politics），結構分化（structural differentiation）可能出現，但是結構的純一化（structural homogenization）也同樣會發生，國家的整合（national integration）和國家的分裂（national disintegration）同樣都有可能出現。所以，在表述政治發展的同時，一定要注意它的反概念（A concept of political development should be reversible）。[30]基於以上認知，杭亭頓開始將政治衰退問題的研究系統化。

1960年代中期，對發展中國家發展狀況研究的共同興趣推動相關經濟學者和政治學者之間實現了較好的互動。正是在共同研究發展中國家的現代化問題時，他們開始了較高程度的交流與溝通，發展經濟學與政治發展理論就是在這種交流與溝通中成長起來的。那些著名的發展經濟學學者及其成果逐步受到政治發展研究者的關注，而比較經濟學者也開始關注政治變遷的問題。到這個時候，政治發展理論的研究者與經濟發展理論的研究者在關注自己研究領域的同時，也開始關注其他領域，並開始了跨學科的交叉研究。羅斯托在發表《經濟成長的階段》十多年後，又寫了《政治與成長階段》一書，不僅進一步發展了他的「經濟成長階段理論」，而且專門論證了這一理論所涉獵的政治問題。[31]對於發展中國家和地區在政治變遷過程中出現的一系列尖鋭矛盾和問題，諸如種族和階級衝

突加劇、社會動亂和暴力增加、軍事政變、領導人權力集中、政黨惡鬥、官員腐化、司法缺乏社會公信力等，有些學者用「政治欠發展」的概念進行概括。所以，政治欠發展具備了超越於經濟欠發展之外的更為廣泛的理論意涵。一般認為，政治欠發展的主要表現有：1.政局不穩。2.行政不力。包括行政體制不健全，行政機構鬆散，行政效能低下等。3.政治獨裁。指政治權力高度集中，政治權力運作缺乏憲法的約束，政治統治的合法性不是來自被統治者的認可。4.兩極分化。指政治生活中人們參與政治的兩極分化。5.政治腐敗。[32]以上諸方面往往相互關聯、犬牙交錯，對發展中國家和地區的政治變遷產生綜合性的影響。

對於政治欠發展問題出現的原因，學者們的解讀並不一致，其中以白魯恂的觀點較為典型。他認為，過渡時期發展中國家和地區出現的問題是由一系列危機引發的，這些危機主要有六類：1.認同危機，主要指新興國家建立之初，社會整合度低，民眾對宗教、家庭等保持著高度的認同感，相反，對國家的認同感反而不高。2.合法性危機。政治體系的權威與職能是否具有正當性，常常受到民眾和傳統政治集團的挑戰。3.貫徹危機，指發展中國家的制度建設尚未完成，政府與民眾嚴重脫離，缺乏溝通，導致政府政策、法令難以實施。4.參與危機，指發展中國家和地區缺乏正規參與渠道，無法滿足快速增長的參與需求。5.一體化危機。一體化指將民眾納入政治系統，使利益訴求與利益整合的系統完善起來，並能成功運行，使整個社會趨於良性發展。由於發展中國家社會整合程度不夠，因此在一體化方面存在著很大的缺陷。6.分配危機。經濟增長同時引發的貧富分化加劇，難以滿足民眾實現公平分配的要求，從而引發政治衝突與矛盾。[33]總體來說，在白魯恂等學者看來，政治欠發展問題主要體現在現代化初期由於社會結構變動而引發的功能調適失靈。所以白魯恂的主要理論框架依然沒有擺脫現代化理論的基本範本。

杭亭頓實際上是從第三世界國家的政治欠發展開始自己的理論論說的。意欲實現政治發展，首先就必須建立穩定的政府並確保政治秩序，至於政府的形式及其統治政策的內容不能不退居其次。[34]顯然，杭亭頓對於政治衰退的定義並沒有超出白魯恂所羅列的「政治欠發展」政治現象的範圍，在《變化社會中的政治秩序》一書中，杭亭頓主要將政治衰退現象框定在以下範圍：1.現代化引發的政

治動盪。主要包括現代化過程中因不平等導致的動亂、現代化導致的貧窮與政治穩定的關係以及社會動員下的社會動盪問題等。2.現代化過程中的腐化問題。包括政治腐化產生的原因、政治腐化對政治運行機制的影響等問題。總體來說，杭亭頓緊扣其論述的中心，即政治穩定問題，在論及政治衰退的時候也主要以政治系統能否促進政治穩定為基本評價標準。從這個意義上說，杭亭頓的政治衰退概念所涵蓋的範圍更窄。對此，杭亭頓也不諱言，他在述及寫作《變化社會中的政治秩序》一書的動機時說，「我之所以寫這本書，是出於對政治穩定的關注，對於那些正在經歷著迅速的社會、經濟變革而災象叢生的國家來說，我力圖找出一些條件，致使這些國家借此能在某種程度上認識到這個目標。」[35]杭亭頓力圖在另外一個方向上對於發展中國家和地區所形成的政治問題進行詮釋，並進而提出解決這些問題的方案。

不過需要提及的是，政治衰退理論主要關注的對象與政治欠發展理論有了一定程度的不同。在政治衰退理論中，杭亭頓強調的是社會、經濟發展與政治穩定的先後順序問題，也就是說更強調何者為條件、何者為結果的問題。政治欠發展理論關注更多的是對結果的分析。杭亭頓所關注者更多的則是政治變遷的過程，即民主化與政治變遷過程中穩定與發展的動態關係問題。

同樣是在現代化的語境下面討論政治變遷中出現的問題，但是從依附理論到政治欠發展理論再到政治衰退理論，西方學者們對現代化理論的基本態度有所改變。杭亭頓的政治衰退理論已經從經濟發展與政治發展線性相關的思維範本中突破出來，對政治發展進行了更多方向的辯證考察，得出的結果相對來講也比較客觀。也就是說，同樣是關注政治發展問題，但是關注的理論層次並不相同。政治衰退理論雖然承繼了政治欠發展理論與依附理論關於發展中國家和地區政治發展緩慢甚至出現政治衰退的諸多學理資源，卻在處理政治衰退問題的方法上開出了不同的藥方，更強調政治穩定與政治秩序在政治變遷過程中的作用。這些都是杭亭頓政治衰退理論與前述政治欠發展理論的不同之處，這種理論流變既與第三世界政治發展的歷史經驗相一致，同時也與西方政治理論發展的脈絡相符，帶有從行為主義到後行為主義理論轉變的痕跡。

1.1.3 學界對臺灣民主化與政治發展的研究概況

　　臺灣民主化過程與政治變遷的關係是一個廣受關注的問題，關於這個問題的相關評論非常多。這裡沒有能力、也沒有必要對這些研究成果作逐一羅列，現僅就與臺灣政治變遷過程中出現的與政治衰退現象相關的論述進行簡單述評。

　　臺灣學界對臺灣政治變遷的研究成果較多，在民主化及政治變遷問題分析的切入點、分析路徑等方面的差異也最為顯著。其中比較典型的分析視角主要有以下幾種。

　　（一）制度變遷。這種分析路徑將臺灣的民主化過程作為一種政治變遷過程來對待，主要強調臺灣民主化過程的演變，以及在這個過程中政治制度結構的變化。彭懷恩認為，臺灣政治變遷其實涵蓋了政治體制的重建、「國家」與社會關係的重新定位、精英結構的變化、公私二元經濟結構的發展變化、威權體制下的民主化運動等各個方面。[36]進而，彭懷恩對民主化運動及其結果進行了解釋，認為臺灣民主化在大環境上是與經濟發展密切相關的，用現代化理論來看臺灣的政治民主化可以提供大致正確的解釋。同時，彭懷恩也對民主化所帶來的諸如族群政治的陰影、政權轉移的治理危機等問題進行了分析。但是總體上來說他認為這是臺灣政治變遷的一個階段性現象。

　　（二）權力鬥爭。權力鬥爭是政治學關注的基本和核心現象。以此視角對臺灣民主化及其帶來的政治後果分析從另外一個方向上展示了臺灣民主化及其影響的面貌。許介鱗在論及90年代臺灣政治發展時說，如果說李登輝對臺灣的民主化有貢獻，就是將國民黨「一黨獨大」的政治生態，改變為多黨輪替的局面。但是從「非主流」的觀點來看，李當時是有私心的，主要在於利用改革來搶奪中國國民黨的資源。李的這些措施最後導致了臺灣的政黨衰敗。[37]類似分析在臺灣學者和大陸學者中均很多。在政治權力鬥爭的視角下，族群政治、民粹動員同樣也能夠找到具有解釋力的分析範本。

　　（三）強調臺灣的民主化對政治倫理和價值方面的影響。這種觀點在臺灣研究倫理學和文化的學者中較為多見，有學者認為，臺灣民主化的發展，基本上是

步歐美近幾百年民主政治的後塵，這些學者往往將政治領域視之為諸如階級、社群或族群利益衝突以及協調的場所，在他們看來，政治不再是古代中國儒家所想像的道德社區，政治人物也不再是人民道德福祉的創造者，而是自己利益的追求者與協調者。[38]對於民主化所帶來的價值結構調整以及影響，這些學者大都主張透過傳統價值的現代轉型，實現對社會價值倫理規範的重新設計，以適應民主化發展的現實。

（四）歷史結構主義的視角。如果將臺灣民主化進程及其結果放到更長的歷史階段中去考察，可能會得出不同的結果。許倬雲認為，臺灣的民主化是臺灣長程政治革命的一部分，每個階段都只是這個政治變化的一小段。這一小段大都只是浮在表面上的，如果沒有其他因素存在的話，並不會產生這樣的政治變革。「我們可以想像，例如沒有臺灣的經濟發展，沒有臺灣的教育發展以及市民階層的出現，沒有中產階級的力量，臺灣不會有今日的民主發展，這些都是經濟社會、文化力量所導致的，而非政治力量。」[39]如果以此邏輯進行推論，臺灣民主化過程中出現的各種問題自然會隨著社會的整體發展而得到解決。

從目前情況來看，臺灣學者對政治發展與政治衰退進行研究時，大都對西方民主所宣稱的一些基本價值如民主、人權等訴求持有預設性的肯定，對這些價值能夠在臺灣生長與發育成熟也鮮有懷疑者。也正是因為如此，他們對臺灣政治變遷過程中出現的各種問題大都抱持比較樂觀的態度。

大陸與港澳學者對臺灣民主化及其引發的政治衰退問題的研究大都是在兩岸關係的語境中展開的，相對來說純學理性的、主要集中於討論臺灣民主化與政治發展規律的研究不多。就目前看到的資料，比較具有代表性的有姜南揚《臺灣大轉型——40年政改之謎》[40]，孫代堯《臺灣威權體制及其轉型研究》[41]，黃嘉樹、程瑞《臺灣選舉研究》[42]等。姜著和孫著主要筆墨集中於臺灣民主化初期的政治變革，主旨在於對臺灣民主化的歷史背景及脈絡的梳理。姜南揚對轉型的背景及其過程進行了比較詳盡的分析，孫代堯則從政治結構的角度對臺灣的政治發展進行了分析，但是這兩本著作均對民主化帶來的政治問題著墨不多，這與這兩本書出版時間較早、當時臺灣政治民主化的負面現象還沒有充分展示出來有

關。黃嘉樹、程瑞的著作對臺灣選舉及其帶來的問題有比較詳盡的分析。

概括來說，大陸與港澳學者對臺灣民主化及其政治影響的分析角度主要有以下兩種：1.民主化對「台獨」運動及大陸對臺政策的影響。林震認為，臺灣當局發端於1986年的「國家政治革新運動」是有進步意義的，它使臺灣從國民黨獨裁統治下的社會向民主社會邁出了關鍵性的一步。但是，李登輝上臺後的民主化進程卻以「民主」為名將「台獨」合法化，對兩岸關係產生了較大的影響。[43] 大陸學者中更有從臺灣政治轉型與分離主義傾向發展視角進行分析研究者。[44] 港澳學者如鄭海麟[45]、林昶[46]等對這些問題也均有論述。學者們在論及「台獨」運動的發展及大陸對臺政策調整時，臺灣的民主化問題是一個重要的考查變量。2.臺灣民主化對中美關係和美國與臺灣地區的關係的影響以及其對美國台海政策及兩岸關係走向的影響。有學者認為，臺灣的民主化是影響美國態度的主要原因之一。「由於臺灣的民主化及臺灣與美國的很多地區開展貿易活動，美國民眾對臺灣的支持率很高。在美國國會，對臺灣的支持更加明顯。」[47]陶文劍教授也是從這個角度對美臺關係進行解讀：在臺灣問題上，美國國內十分認同自1980年代以來所進行的「民主化」變革，認同臺灣地區是繼韓國之後亞洲地區民主化的又一個榜樣，而且還可以對中國大陸施加影響，推進中國的民主化進度。因此，後冷戰時期，除了共和黨極右的反共分子外，不少自由派民主黨議員也要求給予臺灣更多支持。[48]

在大陸學者中，也有將臺灣民主化及其出現的問題放在亞洲政治發展的背景下去考量者。陳峰君認為，臺灣的民主化具有初級性的特徵，即轉型後的民主政體尚屬於初級階段，存在著諸多反民主的現象。臺灣雖然被西方國家稱為東亞民主化的楷模，卻弊端甚多，僅臺灣地區最高領導人的大權獨攬就已經說明了這個問題。[49]俞新天教授則從價值與發展之關係的角度分析臺灣及亞洲政治發展過程中出現的獨特政治現象，認為亞洲人應該明確提出，西方的價值不適用於亞洲。「長期以來，西方的民主、人權和個人主義概念占據了主導地位，表示異議者常被扣上專制主義律師的帽子。」但是事實卻是，西方曾激烈地批評韓國、臺灣和新加坡的「專制」、「集權」，但是它們卻保障了經濟起飛，促進了市場的

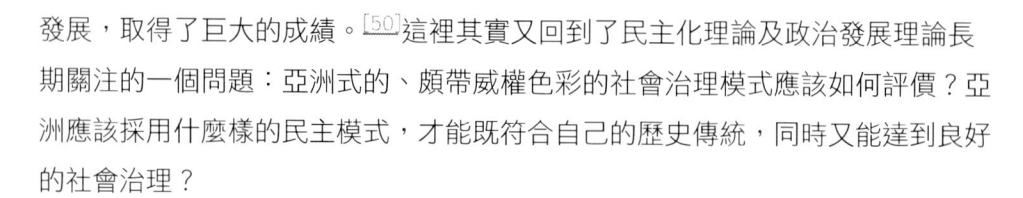

發展，取得了巨大的成績。[50]這裡其實又回到了民主化理論及政治發展理論長期關注的一個問題：亞洲式的、頗帶威權色彩的社會治理模式應該如何評價？亞洲應該採用什麼樣的民主模式，才能既符合自己的歷史傳統，同時又能達到良好的社會治理？

　　國外對臺灣政治變遷及民主化過程中出現問題的研究為數也不少。相對而言，這些學者秉持西方的政治價值觀和基本分析框架，對臺灣的政治變遷問題展開分析。國外學者在研究臺灣的民主化及其負向運動時，更加注重於重大題目的闡發，對於制度、結構等根本性的問題著墨比較多。有學者認為，臺灣的民主化過程瓦解了黨國體制，削弱了國民黨當局的政治權威，但是也觸動了原來政治生態下既得利益集團的利益。不過，相對於在改革過程中引發的身分地位問題，這個問題只是小巫見大巫。所以，弔詭的是，臺灣的民主化轉型和政治改革主要是圍繞著「主權」、「法統」、「政治忠誠」問題展開，但是卻引發了嚴重的民族和國家層面的認同危機，更讓當局想不到的是引發了族群認同邊界的清晰與強化。因為這些情況的出現，關於轉型正義、政治治理的討論均在一定程度上被擱置下來。同樣，關於新政府能否制定有效發展政策等課題也無人關注，種種迫切需要解決的管治課題被簡化成族群認同的政治問題。[51]布魯斯・迪克森（Bruce.J.Dickson）1997年出版的《中國和臺灣的民主化：列寧主義政黨的適應性》以執政黨適應性為主題，較為系統地探討了列寧式政黨民主轉型的問題。[52]丹尼・羅伊則將臺灣民主化及其引發的「台獨」問題的變化放到整個中國「民主化」問題的視線中去考察，並與兩岸關係的發展聯繫起來。[53]Philip Paolino等人對臺灣民主化及其過程進行了比較詳盡的論述，並用較大篇幅討論了臺灣在民主化過程中出現的問題，其中包括政治發展的反向運動問題。[54]

　　以上這些研究成果均是以專著形式出現，專門對臺灣的民主化過程及其問題進行了分析。至於相關的學術論文數量更多，對民主化引發的政治衰退問題著墨較多，如有的學者對臺灣民主過程中的政治腐敗問題展開的系統討論，[55]對臺灣民主化過程中政治衰退問題的理解頗有助益。這些研究和中國境內（中國大陸和港澳臺）的研究形成了互為補充的局面，對民主化理論的發展和推進造成了積

極的作用。

1.2 政治衰退概念性解析

1.2.1 基本理論預設

學術概念的基本前提和假設是該概念得以展開的重要條件。從邏輯上說，政治衰退概念內蘊地隱含著下面三個基本假設：（1）政治衰退隱含於政治變遷之中，政治變遷是一個過程；（2）政治變遷的目標是達成較高程度的社會治理，或者說，社會的良好治理是政治變遷的目標；（3）政治衰退的普遍存在與不同語境下的個別性樣態共存。此處將對這三個前提和假設進行簡單清理。

一、政治變遷（political change）

無論是現代化理論還是政治發展理論，都要研究政治走向的問題，政治變遷是政治走向的基本內容。只不過，現代化理論和政治發展理論關注政治變遷的面向不同，理論觀照的目標也不一樣，用於政治變遷分析的路徑依據當然也不相同。政治現代化理論主要強調以西方的基本經驗為發展範本和基本目標的政治演進路徑；政治發展理論則更加強調在政治變遷過程中政治結構和功能實現的正向發展。政治衰退從前提上說是政治變遷的一種結果，該概念也只有在政治變遷的學理背景下展開才具有分析功能。

世界是不斷變化和發展的。恩格斯說，當我們深思熟慮地考察自然界或人類歷史或我們自己的精神活動的時候，首先呈現在我們眼前的，是一幅由種種聯繫和相互作用無窮無盡地交織起來的畫面，其中沒有任何東西是不動的和不變的，而是一切都在運動、變化、生成和消逝。[56]所以對於事物的發展而言，變遷才是常態。雖然具體到變遷的原因和變遷的結果均可以表現出多樣性。

從歷史的視角來看，政治變遷的動力可以歸納為三種類型，即來自下層的動

力、來自上層的動力、來自國際的動力等；而變遷的形式可以分為革命和改革兩種基本模式。[57]在引發政治變遷的各個不同類型內部，又可以分為許多次類型，如來自下層的動力中可以分為合法與非法兩個類型；革命的變遷模式又可以分為良性革命與惡性革命等不同類型。從原因上說，以不同的視角分析，政治變遷的誘因顯然也是不一樣的。中國大陸學者楊光斌認為，制度範本可以有效地解釋政治變遷。他認為，在中國，制度變遷與其說是制度安排，不如說是制度環境的變遷，制度環境變遷決定著制度安排的創新並產生相應的制度績效即制度競爭力。[58]李伯曼（Robert C.Lieberman）從制度與觀念的交互作用出發，認為觀念和制度的斷裂、摩擦和交迭，導致了政治變遷的出現。這兩種因素對於理解政治變遷而言都是至關重要的，但是這兩種因素中的任何一種都無法充分解釋政治變遷的出現和發展。[59]這裡顯然更加強調政治變遷的綜合面向。

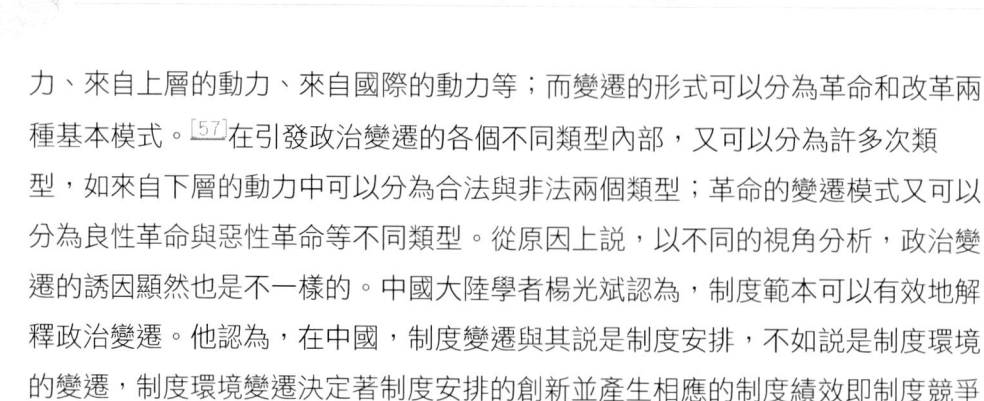

儘管政治變遷是政治生活中的基本現象，但是政治變遷的理論研究卻相對滯後。出現這種情況，主要因為政治變遷作為嚴格的學術概念來說，涵蓋的範圍太廣、難以形成比較有效的分析框架，因而難以形成對政治演進過程的有效解釋範本。另一方面，這種理論發展的滯後也與西方學者的研究習慣和基本的思維定勢有關。[60]也正是因為這樣，對於政治變遷這樣一個內涵與外延都非常複雜的概念，學界現在一般都是從政治結構及其功能變化的角度進行解釋。尼德勒認為，變遷包含了政治系統功能的變化，同時也包含了系統之間的相互轉化，系統可以由一類系統變成另外一類系統。[61]里普森也基本依循這樣的邏輯理路，認為政治系統中某個方面的擴張會引發一系列連鎖反應，諸如公民資格、國家職能與國家規模的擴張等，均是如此。政治權威的變化及其執行效率也是導致政治系統發生變化的重要方面，[62]不過與前面三個因素比較起來重要性略低而已。

結構和功能變化的分析路徑基本上代表了政治變遷研究的主要的、也是基本的方向。但是，由於結構、功能等概念涵蓋範圍同樣過於龐雜，所以也面臨著必須簡化以求增強概念分析功能的問題。事實上，要對整個社會結構，或者僅是政治結構進行比較系統的分析，在政治生活越來越複雜的現代社會，幾乎已經成為一個不可能的任務。因此，在「結構」的名義下，不同學派從不同的理論預設出

發，展開了對政治變遷問題的研究。馬克思主義認為，經濟基礎及其基本狀況決定了社會的上層建築，生產結構的變化最終會導致整個社會結構的變遷。在這裡，馬克思強調生產力與生產關係和上層建築之間的辯證互動關係，這些範疇在相互扭結中向前發展。這種理論經過不斷發展已經顯示出了對現實的巨大解釋力。阿爾蒙德等人將研究的範圍進一步收縮，借鑑了系統論的方法，從政治文化的角度對政治變遷進行分析，認為政治文化的變遷對政治系統變遷具有重大影響。但是他沒有解決的問題是，在過分強調政治文化影響的同時，卻忽略了政治結構對政治文化的反作用。其實，這裡反映出的仍是以既有政治系統為中心的結構功能分析中存在的問題。如白魯恂所說，如果要提高政治文化概念的分析功能，則需要加強對整個政治系統的分析。但是目前的困難在於，現有政治結構可以看做是政治文化影響的結果，但是卻忽視了政治結構也可以在很大程度上影響到政治文化。[63]這種系統分析的基礎儘管存在著種種侷限，但是在理論上說，在這個基礎下的政治變遷理論在一定程度上擺脫了目的論傾向，將主要的研究領域集中在政治變遷的過程、速度和範圍等方面，可以比較客觀地探討政治系統內部諸因素及其相關關係的變化。

由於系統分析往往只強調系統內的變化及循環，有的學者在進行政治變遷的分析時修正了這一模型，認為政治變遷其實應該包含兩個層次，即系統的政治變遷（systemtic change）和非系統的政治變遷（non-systemtic change）。前者指權威的分配（distribution）和實施（exercise）之變化，後者指在現行政治系統內的變遷，如政治參與模式的變化、政黨關係（party affiliation）變化等。當然，這兩者的界線並非是絕對的，非系統的政治變遷可能引發或轉變成系統的政治變遷。[64]政治系統層次的變遷因為相對簡單，在西方社會有較大代表性，往往成為學者進行結構功能分析的典型案例。在穩定的系統內部，系統變化主要表現為結構變化和相應的功能調整。阿爾蒙德認為，政治系統內部，大型政黨和大型媒體的出現都有可能影響到系統的運作方式，進而從內部和外部兩個方面影響到系統的功能實現（capability），整個系統的運作模式都可能因此而改變。[65]按照一般的邏輯常識來說，政治結構的變化是政治變遷的主要內容，是基礎性的變化，結構的變化引發功能的調整，整個政治系統在新的調整以後形成新的平衡。

臺灣民主化與政治變遷：政治衰退理論的觀點

政治變遷從來就是多面向和多層次的。以價值判斷而言，政治變遷的結果一定會有兩個層面：發展和衰退。[66]所謂發展其實可以是合價值預期的，可以稱為正面的前進，例如社會矛盾的消弭、社會公平的實現等；而衰退則是相比較發展而言出現不合價值預期的後果，如政治動盪，及其引發的民生凋敝，或者政治制度設計時出現失誤導致的政治效率低下等。應該指出的是，在有的情況下，政治衰退是在政治變遷過程中因為政治人物刻意為之而引發的政治後果。但是，在相當多的情況下，政治衰退是政治結構變遷自身所帶來的結果。或者說，從過程上說，政治衰退與政治結構的變遷是與生俱來的。以此而言，政治發展與政治衰退是共生的關係，根本無法截然分開。簡言之，二者可以在互為鏡像中實現自己的存在。例如，官僚制的發展可以使政治事務的處理制度化和程序化，但是人文關懷也可能會被淹沒在官僚機制運作的繁冗程序裡面。

正是因為這樣，政治發展和政治衰退一定要在政治變遷的脈絡中才具備了邏輯展開的可能性，也只有在政治變遷的話語結構中才具有比較明確的意義。從過程來講，政治發展與政治衰退其實是政治變遷的兩個層面；從結果來講，政治發展和政治衰退是政治變遷的不同後果。但是兩者並不是絕對對立的，而是共存於政治變遷的結果之中，而且兩者互相影響，互相作用，共同決定了政治變遷的基本方向。只有全面考察這兩者的相互作用和轉化，才能較為全面瞭解政治變遷的基本意涵（見下圖）。正如恩格斯所言，「要精確地描繪宇宙、宇宙的發展和人類的發展，以及這種發展在人們頭腦中的反映，就只有用辯證的方法，只有不斷地注視生成和消逝之間、前進的變化和後退的變化之間的普遍相互作用才能做到。」「辯證法在考察事物及其在觀念上的反映時，本質上是從它們的聯繫、它們的聯結、它們的運動、它們的產生和消逝方面去考察的。」[67]也正是在這個意義上，政治變遷成為政治衰退的第一個理論預設。

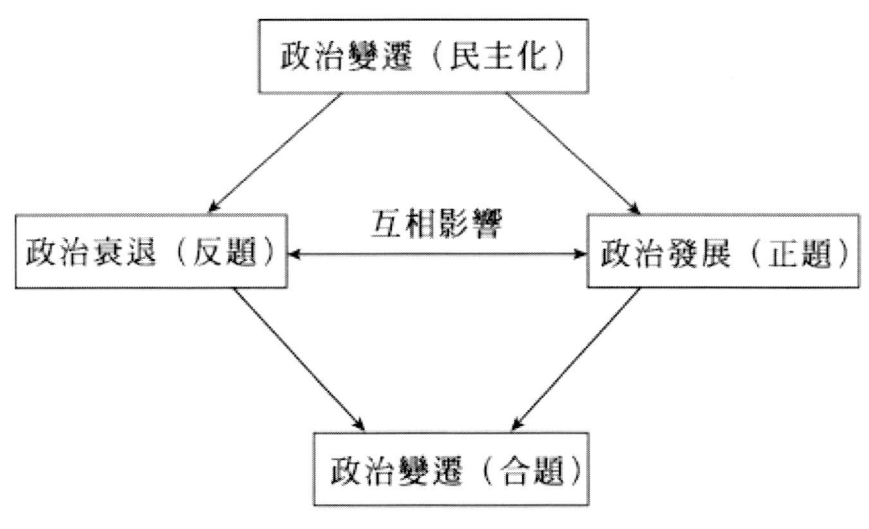

政治變遷示意圖

二、治理（governance）

　　政治變遷的面向之中，政治發展的理想結果就是形成對社會的良好治理，相應地，治理失靈就是政治衰退。治理概念剛剛才進入政治學者研究的視野，尤其在國際政治學領域，更是如此。所以，一直到現在為止，也沒有比較系統和明晰的概念界定。[68]1989年世界銀行描述非洲的情形時，首次使用了「治理危機」（crisis in governance）的概念。隨後，「治理」的概念被廣泛應用到政治變遷研究中，特別是被用來描述發展中國家的狀況。因此，治理是在落後國家和地區現代化語境中形成的一個概念，主要討論的問題初期也大都集中於解決這些發展中國家的政治和社會危機。學者們希望這些國家突破傳統的治理模式，達成良好治理的目標。有學者梳理了治理理論的基本觀點，認為最起碼有以下五種：1.治理意味著一系列來自政府但是又不限於政府的社會公共機構和行為者；2.治理意味著在為社會和經濟問題尋求解決方案的過程中存在著界線和責任方面的模糊性；3.治理明確肯定了在涉及集體行為的各個社會公共機構之間存在著權力依賴；4.治理意味著參與者最終將形成一個自主的網路；5.治理意味著辦好事情的能力並不僅限於政府的權力，不限於政府的發號施令或運用權威。[69]治理概念集中於對社會各種力量整合與協調這一基本框架的分析，對原來的政府職能進行

了重新定位，提出了新的政治互動模式。

不過這裡依舊存在的一個問題是，治理的概念明顯帶有政治學理論的特定地域性色彩。如果進一步分析，治理概念最起碼有兩個基本前提和假設是必須要注意的：一是國家與社會的充分發展，這在西方的政治學理論中應該主要表現為公民社會（civil society）的充分發展；二是國家與社會均衡關係的達成。正是因為這個原因，治理概念在脫離西方語境之後，其理論和實踐的價值顯然會大打折扣。以落後地區非洲的情況為例，大衛・哈里斯（David Harris）認為，將公民社會的概念運用到非洲政治發展的研究中是有問題的。因為在非洲目前的政治情況下很難形成公民社會。[70]所以，麥考斯蘭（Patrick McAuslan）認為，如果要達到非洲國家的良治，必須根據現實情況調整對他們的治理策略。他認為，非洲國家的政府有幾個共同的特點：無能、不誠實以及獨裁主義。在這些政府中，操行比較好的官員早已經被驅逐出去，國家資源和國際援助中的大部分都被浪費或者被貪汙。作者甚至認為，當前對非洲國家的當務之急並不是加強援助，而是增加對援助國家內部政策透明的要求，同時增加對受援物資的管理，加強對受援國家貪汙行為的懲罰力度，認為這才是使非洲國家走上良治之道的較佳路徑。[71]所以，對第三世界國家而言，形成治理和良治的可能路徑顯然與西方背景下的經驗不會一樣。

也正是因為這樣，對治理概念的內涵進行進一步的限縮是有必要的。在自由主義學者那裡，治理的關鍵是對政府權力的限制，「越來越多的國際發展機構承認，必須把政府的角色限定在為生產提供良好的環境和實現公平分配上，而不應該對市場機制進行不必要的干預。」[72]但是這種觀點顯然是以社會的自我發展和強大的自我組織功能為基本前提，這種情況在現代的非西方社會經常被證明是不存在的。越來越多的事實也證明，在一個強大社會而又不能進行良好自我組織的政治情境下面，社會治理出現問題的機率可能還要更大一些，臺灣近些年民粹主義盛行就是典型例子。

於是，治理概念在經歷了矛盾與折衝之後開始向技術性的方向發展。治理概念主要強調其程序性和制度性層面的內容，如強化行政和司法系統的功能、公共

部門管理的進展、為發展經濟而建構的法律框架效能、更嚴格的經濟審核及責任的明確、地方與中央的關係、對待腐敗的政策、公共服務機構的改革、決策者和公眾就重大政策問題進行的溝通等，其最廣的含義是協調社會生活的各種方法和途徑。[73]還有的學者在此之外加入了「權力」的內容，特別是在經濟領域。於是，良治就變成了包括各種組織和政策的複合體，在其中可以保護私有權力，支持獨立的司法審判。有人把治理看作是在政治經濟生活中扮演重要角色的非政府部門和私人部門與政府形成的一個網絡（network）。[74]這些政治行為的核心都是透過強化溝通，增強政治系統解決重大問題的能力，形成社會平衡發展和比較穩定的政治環境。有論者將治理能力進行簡化以後，認為「良治包括新聞自由、強大的法律系統和有效的管理機制，這些都要透過政黨以政治運動的方式對貧窮人口的政治動員來達成。儘管學者在研究國家理論時不斷增加對個人主義的限制條件，但是代議制民主仍然為爭論不休的重大社會問題提供了解決之道。因此，良治的重點是強化民主制度，而不是因為日益增多的個人和機構之人為干預而荒廢了這一基本方面。」[75]當然，如果將治理概念進行延伸的話，正如目前在有些西方學者那裡看到的那樣，治理概念成為一種類似意識形態的話語，成為政治經濟原則、統治規則、經濟生產和社會分配的結合體，這種概念顯然更加抽象，更具有哲學層面上的意涵。

　　無論是從產生的地域性背景還是主要涉獵的問題來說，治理的概念均強調政治權威的利用及其運作方式。綜合起來看，治理概念其實是一個概念的綜合體，包含了政治權威、社會和經濟資源的管理、政府制定並有效執行政策的能力等內容。在許多學者那裡，社會治理能力的概念基本上成為對一個政府是否可以完成治理任務的基本測量標準。所以，從根本上說，儘管有反對的聲音，但是社會治理能力其實反映的本質依然在於干預和控制，這是由於政治系統的本質屬性決定的。一方面，社會治理是「有目的、直接的社會政治互動形式。」另一方面，「社會治理能力不只是政府單方面的事。……由於不同層次上的互動所具有的複雜性、動態性和多樣性，政府管理和治理能力不能被看作是引導、管理、控制或規範等孤立而不重要的做法，而是應該被看作是反映了和體現了系統的基本特徵。」[76]與傳統的政治統治模式不同的是，民主化理論語境中的治理概念在政

治互動方面加入了社會力量的因素,因而導致了社會治理概念內涵的複雜化。這裡,政治權力執行的方式、權力運作各個鏈條中不同群體的溝通方式、衝突解決及利益衝突問題的處理等,均是治理的重要內容,也是治理概念與以往單純統治概念不一樣的地方,後者往往更強調權力的單向運動,而治理概念則更強調權力的雙向運動。

實現良治的關鍵是治理能力。治理能力至少包含以下幾個層面:1.政策執行的效率,即政治權威能夠在多大程度上得以貫徹。2.政治整合及其制度化程度。這種整合應該包括兩個方面的內容,首先是各政治子系統的整合,例如面對不同的政黨和政治勢力,如何將他們整合進目前的體制中來,以減少對抗性的政治衝突;其次是整個政治系統的良好運作,即政治過程中的雙向互動,包括下層政治利益的表達與綜合,政治壓力的傳遞機制等。3.強化整個社會的整合機制以應對衝擊的能力,這種衝擊可能來自外部,也可能來自內部。這種能力所反映出的是制度的韌性和彈性。

治理能力不足或者治理能力喪失即為治理失靈,或者可以稱為治理失效。有學者認為,無治理能力問題主要討論政治領導被接受的問題,如缺乏一致性、遵從性越來越差等。無治理能力在政治激進主義盛行的國家和地區往往會變得非常明顯:厭惡學派體制、出現新的社會運動和非正統的抵制、犯罪率提高以及再私有化力量增強等。[77]在治理失靈的情況下,不但制度化受到破壞,政治溝通機制和正常的政治運作機制也遭到瓦解,制度規範對於政治行為的約束力會大為減弱,體制外的活動不斷增加,政治混亂開始出現,整體政治效率下降。可以說,治理失靈是政治衰退一個重要表現。治理失靈的問題如果處理不當,甚至可能導致政治崩潰。

三、語境(context)

「語境」(context)本來是語言學領域的一個概念。一般的解釋是:語境即「語言環境」,包括兩層意思:1.話語的現實情境,即運用語言進行交際的具體場合,一般包括社會環境、自然環境、時間地點、聽讀對象、作(或說)者心境、詞句的上下文等因素。廣義的語境還包括文化背景。語境是人們理解和解釋

話語意義的依據。2.專指某個語言成素（主要是句子）出現的「上下文」。[78] 近年來，「語境」一詞開始在歷史學、哲學、解釋學、政治學等學術研究中頻繁出現，已經成為學術研究的一個較為主流的話語工具。在政治哲學和政治思想史的研究中，甚至形成了以語境重建為主要方法論依據的歷史研究學派，該學派主要以包括波考克（J.G.A. Pocock）和斯金納（Quentin Skinner）等思想家在內的英國劍橋學派為代表。他們強調政治思想系由論述所構成，論述之所以可能，必須掌握該論述所運用的語彙及觀念之「語境」。這派學者所致力從事的歷史分析，即在於辨識以及重建政治思想家同時代的「語境」範圍與樣態，然後進一步檢視思想家如何在此種脈絡上，提出自己的理論系統。劍橋學派的主要觀點是，一個文本或觀念系統的提出，唯有在重建語境的基礎上，方有可能理解行動者提出這些觀念時，空間所為為何。[79]在這個意義上說，語境重建的研究及理論已經具有了學術基礎的功能。

從概念內涵上來看，語境具有層次性。社會環境、自然環境、人物的生活經歷和社會認知、文化背景等屬於比較基礎層面的語境，或者可以叫深層語境。而時間地點、聽讀對象、作（或說）者心境、詞句的上下文等則是屬於比較表層的語境。不同層面的語境對行為的影響是不一樣的。有學者在研究政治態度與語境的關係時發現，公民對於候選人和政黨的評價直接受到他們的鄰居們即時評論的影響，這也就是說，受到現時討論語境的影響。比較而言，公民們在自我認同問題上對更加穩固的、具有黨派傾向的政治環境保持著高度的敏感性。這意味著，社會影響的政治效果起作用的方式對目前流行的政治爭論具有嚴重的依賴性，社會背景在更為廣義的溝通系統中是作為運行機制而非政治訊息的外部來源而存在的。[80]顯然，基礎語境對於文本和概念的影響更為穩定。

中國大陸歷史學者趙世瑜在論及語境對歷史學研究的重要性時，對於史料語境功能的表述或許能給我們更多啟發。他認為，歷史研究和歷史文本的分析中，語境分析是非常重要的組成部分。史料留存到今天，與其原初形態已經有了很大的不同。在其存在至今的過程中，史料可能被重新詮釋，因而史料可能帶有不同時代的烙印，從而影響到了史料本身的基本樣態。只有對這些因素進行全面分析，才能真正讀出史料所蘊藏的意涵。概括起來說，對史料及其語境的詮釋包含

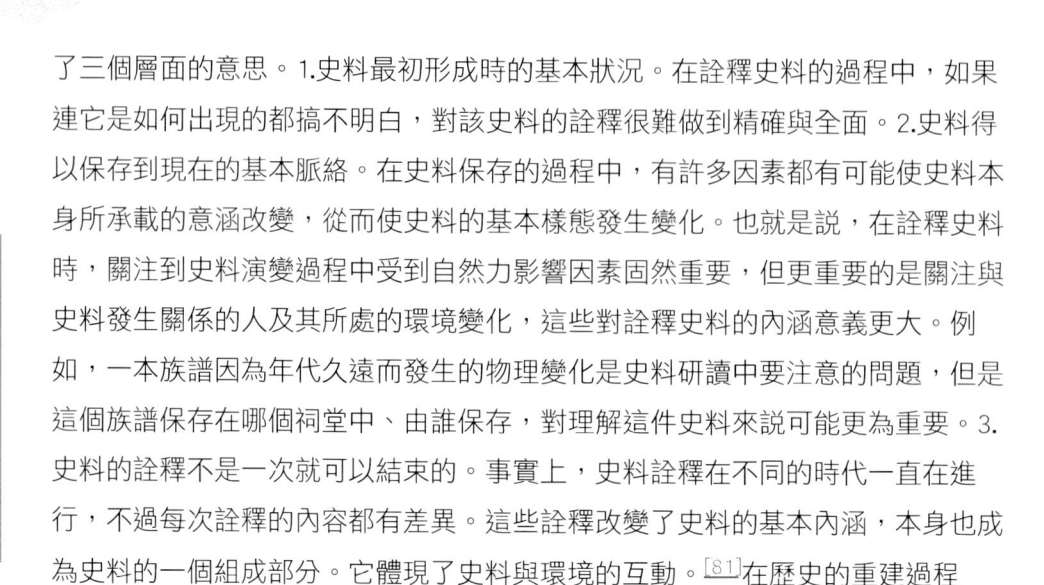

了三個層面的意思。1.史料最初形成時的基本狀況。在詮釋史料的過程中,如果連它是如何出現的都搞不明白,對該史料的詮釋很難做到精確與全面。2.史料得以保存到現在的基本脈絡。在史料保存的過程中,有許多因素都有可能使史料本身所承載的意涵改變,從而使史料的基本樣態發生變化。也就是說,在詮釋史料時,關注到史料演變過程中受到自然力影響因素固然重要,但更重要的是關注與史料發生關係的人及其所處的環境變化,這些對詮釋史料的內涵意義更大。例如,一本族譜因為年代久遠而發生的物理變化是史料研讀中要注意的問題,但是這個族譜保存在哪個祠堂中、由誰保存,對理解這件史料來說可能更為重要。3.史料的詮釋不是一次就可以結束的。事實上,史料詮釋在不同的時代一直在進行,不過每次詮釋的內容都有差異。這些詮釋改變了史料的基本內涵,本身也成為史料的一個組成部分。它體現了史料與環境的互動。[81]在歷史的重建過程中,唯有強調從語境的角度去理解,才能儘可能接近歷史的真實。

　　與文本相比,作為理論基石的概念及其變遷與語境的關係更為密切。對文本而言,由於它是一個實際存在,具有相對穩定性,所以只存在解讀的問題。但是對概念而言,從一開始就屬於意識的範疇,是主觀理解的產物,所以不可避免地呈現出易變的特徵,在不同的時代和背景之下會出現不同的流變,這就是概念的變遷。概念變遷及對概念變遷的理解相比而言對語境的依賴性更大。政治學者羅伯特・馬丁(Robert W.T. Martin)認為,理解政治學概念的變遷(conceptual changes)應該主要基於語言情境(linguistic context)和作者敏銳的洞察力,許多意義重大的概念變遷需要更加語境化的工作(contextualization)去理解其言詞上的變遷和表述中的邏輯。[82]馬丁提出這樣的看法主要是基於目前學術研究中出現的問題。現實的情況是:在政治學的學術研究中,對一些基本概念往往有不同的理解,而在學術爭論中這些概念甚至成為不斷改變涵義為某種觀點進行辯護的工具。這些概念在特定時代促進了政治理論的發展,也成為政治理論得以建立的基礎和核心,但是這些概念在後來的時代中和發展過程中均發生了一定程度的變遷。因此,馬丁等學者主張要從文本出發重新恢復概念產生的語境,從而較為真實地還原概念本來的面目。

　　就文本和概念本身而言,語境與文本的關係最起碼應該具有以下幾個方面的

內容：1.語境本身具有本體性功能。這種情況主要是指文本和概念的產生而言。簡而言之，語境是文本和概念產生、發展直至消亡的「母體語境」，因此對文本和概念發揮著本體功能。在這個意義上說，語境本身就是文本或者是概念的一個有機組成部分，有著無法分離的功能性聯結，一旦離開具體的語境去單獨尋求概念和文本的解釋，就會造成這種功能聯結的撕裂。2.釋義功能。釋義功能的實現和語境本體性功能有密切聯繫，釋義功能主要指對文本的解讀而言。在現代語言學中，「語境化」是消除歧義的一個重要手段。語境的釋義功能對政治學也具有同樣的價值，它是解讀文本不可少的手段。3.敘事功能。所謂「敘事功能」，即「有效敘事功能」，即透過語境的封閉，消除敘事話語可能出現的歧義，保證敘事話語的有效性。[83]正是因為如此，對語境較為全面的理解是實現文本和概念客觀解讀的前提。

語境的提出及其運用到政治學領域對於政治學理論發展有著明顯的理論意義。簡單而言，最起碼有以下幾個方面：

1.理論變遷的路徑可以沿著兩條路線演進。在某種意義上說，理論也只能沿著這兩條路線前進。其一是概念和理論體系本身的變遷，或者可以稱為文本或是理論的變遷；其二是語境的變遷及其對於理論變遷的影響。就前者而言，它是理論變遷的主要載體，也是主要形式，反映的是一個時期社會發展的抽象化描述和理論化概括。理論本身在形成之時就容納了語境的要素。或者說，當時的語境本身就是理論的一個組成部分。當然，不同的時代，理論會以不同的文本形式表現出來，不同時段的文本流變構成了理論發展的基本脈絡。理論的發展有時表現為新的概念和理論的生成，有時表現為舊有理論的改造。例如，同樣是國家治理的概念和理論，在亞里斯多德的筆下，最優良的政體共同體應該是由中產階級執掌政權，「凡是中產階級階層龐大的城邦，就有可能得到良好的治理，」[84]可以實現城邦的目的，即「最高的善」。但是在馬基維利那裡，國家治理成功的關鍵在於君主能夠成功地駕馭人民，而且這種駕馭的手段可以突破傳統的道德束縛，[85]這與亞里斯多德的城邦治理模式顯然有很大差別。總之，在不同時代理論和概念的發展構成了理論發展主要脈絡。

但是同時也不能忽視語境變遷對理論發展的影響，語境的變遷是理論變遷的一個重要組成部分。當理論形成以後，隨著時間的推移，形成理論文本時的語境發生了變化，對理論文本本身的解讀就成了問題。在具體的歷史條件下，理論的形成具有特定歷史語境的支持，一旦離開這種語境，可能出現理論意涵的流失，或者概念外延與內涵的伸縮，進而導致理論和概念所反映出來的各種意涵與作者原來想說的意思有較大差異。出現這種情況，除了理論文本本身表達的歧義之外，語境的變化是一個重要的影響因素。無庸置疑，作者在原文寫作時一定會有特定歷史背景的支持，這種背景在當時是作為一個顯然的、無需論證的基本認知存在，成為當時作者闡發自己觀點的一個基本支撐。但事過境遷之後，後來的讀者卻沒有意識到或無法把相應的背景呈現出來，或者即使呈現出來也不是原作者所體悟到的那種背景，而是讀者自己所主觀理解的背景，這種背景條件下的文本呈現，也必然造成文本意思與作者所表達意思的差異。[86]所以，在不同的時代背景之下，讀者的差異和閱讀方法的差異，均可能造成文本理解的差異，這並非文本解讀者個人的主觀意願。甚至可以說，對文本的差異性理解基本上都是在無意識當中完成的。

2.理論發展的地域性和歷史性。從語境的角度出發去理解概念和理論的形成及發展過程，一個必然的推論就是理論發展的地域性和歷史性。由於理論總是與特定的語境相聯結，所以特定的理論總是與一定範圍內、一定時間內的社會實踐相交融，或者說是特定歷史時期的社會實踐的昇華，對於當時和當代的社會現實具有較強的解釋力。但是，隨著時間的推移，或者隨著地域的改變，這些理論的解釋力和適用性就會相應下降。如果用這些理論來指導實踐的話，則可能出現和原來語境下差異很大的結果。托克維爾在論及美國的民主時說，美國之所以能維護民主制度，應歸功於地理環境、法制和民情。「總體來說，美國的立法是極其適應它所治理的人民的天才和國家的性質的。」與此形成比較的是，墨西哥所處的地理位置，其有利性不亞於美國，而且墨西哥還採用了與美國相同的法律，但墨西哥沒有促使自己建立民主政府的民情。[87]所以在墨西哥就沒有出現美國那樣協調發展的民主社會。

進而言之，政治實踐活動中如果要進行政治制度的設計，更得注意理論與地

域性特徵的契合。艾克斯坦（Harry Eckstein）指出，在政治變遷過程中，當然無法排除對政治系統進行結構性改革使其按照已設定方向發展的努力。但需要注意的是，在現代社會，無論是大規模還是小規模的政治修補（political tinkering）都是地方性的（endemic）。[88]二戰以後，西方國家為發展中國家和地區政治發展所開藥方多遭失敗，特別是蘇聯解體以後俄羅斯按照西方模式進行經濟復甦的「休克療法」所遭遇的挫敗，都一再說明了理論的地域性特徵及理論的局部有效性。[89]西方國家給發展中國家和地區所開藥方屢遭挫敗的原因在於，西方國家往往會以自己的經驗對發展中國家的發展進行路徑設計，與這些國家發展的語境其實相去甚遠，關於這個問題，學界已經有許多討論，這裡不再贅述。

　　3.由語境的角度去解讀理論，是政治學理論跨文化傳播和本土化的前提。長期以來學術界所謂的「外來理論是否會水土不服」「西方的政治學概念是否適合東方社會」等問題的爭論，都是這些問題比較集中的體現。顯而易見，理論和制度可以移植，但是語境卻無法移植，這自然會導致理論的解釋力和適用程度弱化。尤其是，如果這種理論移植在跨文化背景下進行，恐怕出現問題的機率更大。因為在語境的諸構成要素中，文化要素對理論的形成和基本樣態影響最為深刻。文化一旦形成，就會形成比較固定的心理認知，會對概念和理論產生選擇功能。「我們所意識到的外部世界結構，是由文化的選擇功能提供的，這種功能既確定了我們同外部世界的哪一部分建立什麼樣的交流關係，又保證了交流活動中訊息傳收的適度與平衡。」[90]這種選擇功能會自動導致行為者對理論和概念的改造，從而使其適應本土社會的基本特徵。選擇者會按照自己的解讀接受理論中的若干基本要素，然後再結合自己所在的語境去進行適應性建構。馬克思主義到了俄國經過改造以後成為列寧主義，而到了中國之後則成為毛澤東思想和鄧小平理論等理論形態，就非常典型地反映出這種理論本土化的現象。

　　理論的跨文化傳播困難在於不同文化下的人在觀念上具有較低的同質性，缺少共同的經歷，因而導致語境形態訊息匱乏，對理論和概念的理解會出現重大差異。但是反過來看，一旦傳播開始，則會啟動另外一個過程，即理論的傳播可能會塑造新的語境。經過改造的理論會逐漸形成新的文化，透過一般的認知、情感和傾向（predispositions），新的文化將人的新觀念和經驗轉化為行動。至於轉

變的模式，因社會不同而有變化，因社會階級的不同而有差異。這個過程也是一個文化學習與情境適應的過程。早期學習經驗會成為後期學習的文化環境，而且這些學習還涉及尋求自身認知與政治安排同一性的過程。一旦一種文化觀念成為社會主流觀念，會迫使其他的文化觀念發生改變，因為只有這樣做，才能將行動決策的成本降低，並增加社會交往過程的可預測性。[91]經歷了這一系列複雜的轉換之後，理論的跨文化傳播才算基本告一段落，新的語境形成，再反過來影響理論的發展。以此為基點，語境與理論展開一輪新的互動過程。[92]不過，從歷史發展的經驗來看，這個過程相當漫長，而且其中還不乏失敗的例子。正是從這個角度出發，有的學者將政治發展定義為：一個國家或地區根據本地區的具體情況把人類文明的已有成果應用到本國的實踐，實現政治制度的創新和人的能力提高的過程。[93]這裡反映出的，還是發展模式的問題。

總之，政治衰退其實是政治變遷的一種結果，政治衰退的過程只能在政治變遷的過程中展開；同時，政治衰退的程度與政治系統的結構及系統內部自我修復與協調能力強弱也有比較重要的關聯，政治衰退在治理能力退化的語境下形成，一旦語境發生了變化，政治衰退的涵義也會有所調整。正是這三個基本概念構成了政治衰退的基本理論前提，也構築了政治衰退基本內涵的約束框架。

1.2.2 政治衰退的基本涵義

從詞源學的角度說，Decay主要有兩個來源，一是源自拉丁語cadere，一是源自古法語decair，兩者均有「減低」、「變弱」的意思。在現代英文辭典中，decay的涵義主要有：引起事情緩慢毀壞（destruction）的自然化學變化；壞掉的部分；信念、信仰、社會和政治組織的緩慢毀滅；從經濟上的成功變得很窮困；建築或者結構因為缺少照料而漸漸毀壞。[94]也有的英文辭典將其解釋為「失去權力（power）、活力（vigour）、影響力（influence）」等。[95]儘管不同的辭典對於decay的解釋不盡相同，不過大致看來，decay主要應該包含以下幾個方面的涵義：1.事物的某一層面特徵逐漸由有序走向無序，最終結果是走向消亡。2.decay的完成是一個比較緩慢的過程。3.decay既可以是部分的，也可以是整體

的。4.從系統的角度而言,decay發生的過程伴隨著功能的弱化。5.就人或者制度而言,decay也包含有能力弱化的意涵。

和decay在理解上出現的多義性情況一樣,在學術界,對political decay的理解也是五花八門。僅從對political decay的翻譯上面就可以看出分歧。大陸學界有將其翻譯為「政治衰朽」者,[96]也有將其翻譯成「政治衰敗」者,[97]而臺灣學者有將其翻譯成「政治衰退」者,[98]但是大都將其翻譯成「政治衰敗」。[99]如果從字面上理解,「政治衰退」的概念顯然較為強調政治變遷的過程,以及在這個過程中出現的、與預設的價值目標相反的政治結構變遷方向。從這個角度上說,政治衰退是與狹義的「政治發展」相反的一個概念。而政治衰敗與政治衰朽的概念則更強調政治衰退以後的結果,更強調一種結構上的既成事實。由於本書強調在政治變遷過程中考察政治的負向變遷問題,所以採用了「政治衰退」的譯法。

在對政治衰退概念的理解中,當代學者有相當大的不同。在杭亭頓看來,衡量政治變遷是否走向衰退的基本指標有很多,他認為有關穩定（instability）、腐敗（corruption）、威權主義（authoritarianism）、國內暴力（domestic violence）、制度退化（institutional decline）和政治瓦解（political disintegration）的理論,作為政治發展理論的反面,「可能告訴我們更多的東西」。[100]前文已經提到,杭亭頓基本上還是在政治現代化的基本脈絡中去考察政治衰退問題,所以他衡量政治衰退與否的指標大都取自政治現代化理論中的基本指標,如制度化、結構分離、政治參與等。約翰·吉利斯（John R.Gillis）則用艾森斯塔特的政治衰弱（political breakdown）概念來解釋政治衰退問題。所謂的「政治衰弱」,按照艾森斯塔特的定義,是指這樣一種狀態,對付日常統治問題的關鍵制度能力不斷下降,不僅精英集團的效率處於一種比較低的程度上,而且這個集團應該具備的一些重要原始功能已經喪失。吉利斯指出,18～19世紀歐洲革命的原因在於政治衰弱引起的政治衰退,這種解釋不同於歷史學者和社會學者的解釋路徑,但是有效性是明顯的。[101]大陸學者楊先保認為,政治衰退其實是政治發展的反面,與政治發展的進步意義相反。政治衰退主要是指政治進

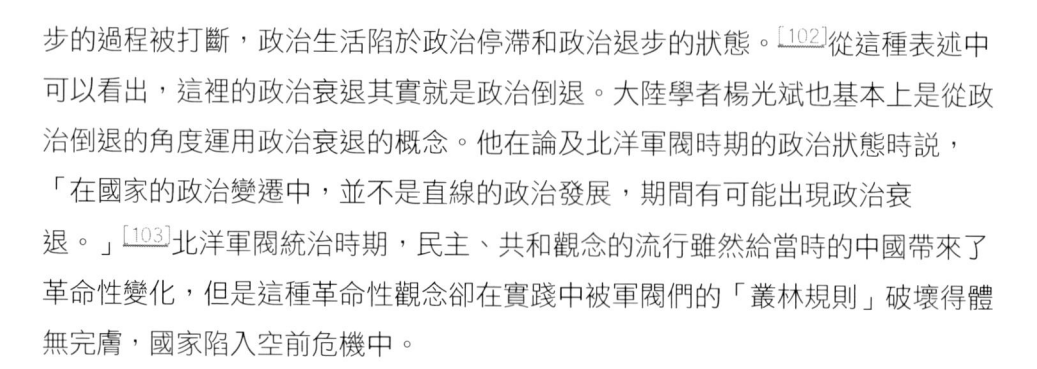

步的過程被打斷,政治生活陷於政治停滯和政治退步的狀態。[102]從這種表述中可以看出,這裡的政治衰退其實就是政治倒退。大陸學者楊光斌也基本上是從政治倒退的角度運用政治衰退的概念。他在論及北洋軍閥時期的政治狀態時說,「在國家的政治變遷中,並不是直線的政治發展,期間有可能出現政治衰退。」[103]北洋軍閥統治時期,民主、共和觀念的流行雖然給當時的中國帶來了革命性變化,但是這種革命性觀念卻在實踐中被軍閥們的「叢林規則」破壞得體無完膚,國家陷入空前危機中。

從學者們的研究指向看,大致來說政治衰退有以下幾個方面的內涵:

一、政治系統的功能弱化。即政治系統不能按照設計的目標完成其本來應該具有的功能,這種功能弱化既有制度的面向,也有政治運作流程內部軟約束機制的衰退,例如文化等更為深層的面向。形成這些衰退的原因各種各樣。Sumit Ganguly所舉出的例子說明,制度的衰退在許多國家和地區主要是政治參與和選舉動員的擴大所導致的。全球範圍內,日益增長的政治動員不可避免,行政當局出於各種方面的考慮,可能會透過強制的方式來限制政治參與的需求,但是這種做法的後果會很嚴重。以強制方式對政治參與限制的努力從長期來看只能導致去制度化(deinstitution-alization)的結果。這種制度衰退(institutional decay)的代價是非常高的。事實上,利用強制方式對付意識到並要求政治權力的運動是非常冒險的。從長期來看,採取這種措施可能反而會破壞其採取措施時所持有的目標,也就是說可能會得到與預期相反的後果。這些政策的最終結果就是局勢愈發惡化。[104]由於政治制度是政治系統的主要載體,所以制度的功能衰退相應地會導致整個系統的功能衰退。

二、治理能力的退化(deterioration of governance)。上文已經提到,治理能力在一般意義上強調的是政治權威的有效性,即政治權威在社會運行過程中,在價值分配和資源分配中占據支配地位。在治理的概念及理論框架內,治理更強調的是政治溝通和不同意見的統合,最終達到政治系統的良性運轉。儘管治理的概念和邏輯思路與純粹技術層面的政治系統運作不盡相同,但是從追求結果是達成政治系統良性運作這一目標來看,其實兩者還是有邏輯上的一致性。治理能力

的退化主要表現在政治權威和政治系統對意見及行動整合的能力下降。如有學者在談到香港的政治發展問題時認為，香港在政治和社會秩序穩定的同時，也出現了一定程度上治理能力退化的問題。主要表現在於：許多民眾走上街頭反對特區政府的改革政策。而且，政治衰退不但表現為市民的反對運動，也包括愛國者的動員和支持北京的政治團體動員起來支持特區政府政策等，同時也表現為政府內部對待遊行示威者態度越來越大的分歧。[105]治理能力退化最後產生的結果可能就是臺灣學者呂亞力教授所說的弱質民主。按照他的解釋，弱質民主是指以民粹民主為主的民主形式，這種民主的兩個主要特點是：（1）多數民意，即對少數民意並不重視。（2）對多數民意擁戴的領導者之絕對信任，只要是該領導人所為，必獲「社會」支持。這種民主在人種、民族（省籍）、宗教等多元的社會中，有其危險性，因為少數在感到不獲尊重，甚至喪失安全感的情況下，可能採取激烈的行動。[106]一旦這種情況出現，極有可能意味著政治動盪和社會混亂。

三、政治向無序化方向發展。政治衰退的主要表現形式之一，是指政治的失序，或者說是政治動盪與混亂。這種情況不一定導致政治系統的崩解，但是會使社會發展長期處於停滯不前甚至是倒退的狀態，從這個角度上說，這種政治衰退其實已經是一種結果，用「政治衰朽」的概念進行表述可能更為合適。這種情況可以稱作「極度政治衰退」，在民主化國家和地區並不少見。山繆·迪卡羅（Samuel Decalo）曾經對極度政治衰退進行了描述：經濟發展長期停滯，宗教衝突嚴重，在國家名義之下充滿了互不相容的亞民族主義（subnationalism），缺乏具有代表性的政治機構，整個國家充斥著尖銳的矛盾以及製造不穩定的嘗試。社會衝突的根源最起碼牽涉到社會結構和管理結構兩個層面。政府對資源和人口的控制力量微弱，國家應該具備的機構和服務要嘛非常原始，要嘛付諸闕如，即便存在也處於迅速萎縮的過程中。[107]就目前的情況而言，國內學者所指的政治衰退大都是指這種情形而言。而國外學者對於政治衰退概念運用時，涵義的涵蓋範圍要相對廣泛一些。

政治衰退與一般意義上的物質系統衰退有比較大的差別。就一般性的物質（例如建築物等）出現的衰退而言，由於系統整體上有向無序方向發展的趨勢。所以，除非有外部力量的介入，這種衰退是不可逆的。也就是說，其衰退的最後

結果就是系統走向毀滅。但是對於政治系統來說，由於內部具有自我調節能力，所以可以對政治衰退所造成的消極後果進行消解，從而避免整個系統的崩潰。以美國的政黨政治為例。漢斯（Garland A. Hans）認為，隨著1840年威廉・亨利・哈里森（William Henry Harrison）的當選，美國完全意義上的兩黨制形成了。美國的政黨系統迅速分化，從國家統一的工具變成了為某些個人和集團服務的工具，內戰時期是為小團體的利益服務，1877年以後則是為貪婪的個人利益服務。到19世紀末，在政治中已經沒有真正的議題，兩個主要的政黨都忽略了窮苦人的要求，內部的分歧取代了政黨的統一，共和黨和民主黨都在為了金主和有錢人的利益激烈鬥爭。[108]但是這種政黨功能衰退並沒有從根本上導致美國政黨政治的衰退，隨著政黨競爭的激烈程度增加，同時因經濟發展而興起的勞工階級的擴大，美國的兩個主要大黨（先是民主黨和輝格黨，後是民主黨和共和黨）不得不調整各自的政策綱領，以贏得新黨員。[109]從這個意義上說，政治衰退可能引發政治更新，舊制度的功能衰退可能引發制度的變革，也有可能導致制度的功能更新，這在不同的政治情境下有不同的演進路徑。

政治系統的部分衰退與整體功能實現並不矛盾。對政治系統來說，部分衰退可能導致政治系統的整體衰退，但是政治系統也可能透過自身的修復功能對其進行更新，從而使系統免於出現惡性發展甚至是系統崩潰的局面。而是否能夠達到這種結果，主要取決於整個政治系統對於政治衰退的抵抗和修復能力。

在考慮政治衰退概念涵義的時候不能不注意到語境變化對政治衰退概念內涵的影響。就政治衰退理論的提出者杭亭頓的情況來看，他在提出這個概念時所處的基本語境為：1.大量的新興國家出現在國際政治舞臺上，而對於這些國家發展的解釋卻相對滯後；2.冷戰中，美國防止共產主義擴散的需求；3.美國公司海外利益的擴展需要對這些發展中國家和地區的政治變遷情況有比較準確的瞭解。除了這些內容之外，還有學者尋找新的理論增長點的慾望，以及獲取研究經費的誘惑等。[110]這些基本語境決定了杭亭頓政治衰退研究主要的焦點集中在發展中國家的政治穩定上面。他所描述的一系列政治指標，包括政治權威的合理化、結構的分離、政治運作的制度化程度等，均是從穩定的基點上出發去分析問題。相對的，所謂的「政治衰退」問題主要指因革命、政治參與爆炸而出現的政治混亂以

及由於軍人干政而出現的政治動盪等情況。事實上,二戰後美國關於政治發展研究的領域也主要集中於對發展中國家和地區進行社會改造的層面,不過分析的視角和路徑不同而已。從早期的羅斯托、利普塞特,到後來的阿爾蒙德和杭亭頓,均主要從政治系統本身的變遷如何達到政治現代化的標準來考察政治發展與衰退問題。這些理論顯示出來的基本關注點,主要還是政治現代化理論脈絡下的政治變革,或者說西方模式在多大程度上能夠改造發展中世界的問題。這是西方語境下政治衰退研究的主旨,相應的概念正是在這個語境下面展開。

一旦語境發生改變,政治衰退的意涵顯然也會發生變化。對廣大的發展中國家和地區來說,政治衰退研究關注的焦點是如何從實際情況出發進行制度設計,實現本國家或地區的良好治理。這個目標包括了內部的政治穩定、良好的社會秩序、社會的可持續發展、人文關懷的不間斷實現等方面的內容。也就是說,對於發展中國家和地區來說,更關心的不僅僅是政治穩定和西方語境下的「民主化」問題,而是在實現根本性政治變革的同時實現良好的社會治理。顯然,如果具體到發展中國家和地區本身的政治訴求和政治現實,對政治衰退意涵的探討就不能僅僅侷限於政治動盪、專制統治、軍事獨裁和政治混亂等層面,而是要涉及更深層次和更廣範圍的內涵與外延。或者說,在發展中國家和地區本身的語境中的政治衰退,除了杭亭頓等所說的「政治衰朽」的基本涵義外,還包含了社會、文化結構的衝突與協調等基本內涵。概括起來說,發展中國家和地區語境中的政治衰退概念應該具備以下幾個方面的基本特徵。

一、結果與過程的矛盾與統一。如果要描述結果的話,還是用「政治衰朽」或「政治衰敗」的概念比較恰當。政治衰退結果反映的是一種實然的狀態,而政治衰退的過程則反映的是此一結果達成的基本路徑。就學理的研究來說,政治衰退的過程顯然更為重要。政治衰朽的表現形式具有較高的外顯性,可能是功能的衰減,也有可能是價值的缺失。但是政治衰退的過程卻表現出明顯的隱性特徵。具體而言,一個決策做出之後,或者一個制度形成之後,並不一定當時就能夠看到其負面影響。從決策者自身的角度上說,政治決策在當時的情境下一定是最優的選擇。但是,政治衰退的過程確實是在這些制度設計完成後和決策形成之後才開啟的。

二、部分與整體的矛盾與統一。政治系統的局部功能性衰退並不一定導致整體的功能性衰退。整體反而可能借部分的功能性衰退進行功能的升級與重整，不但有避免系統崩潰的可能，甚至可能會強化整體的功能。

三、表層與深層的矛盾與統一。在政治系統的表層結構上，可能表現出不同的政治衰退和政治衰朽形態。如腐敗問題、專制問題、軍人干政問題等。但是在深層的結構層面，政治衰退和政治衰朽在一定的範圍內一般會反映出一定程度上的相似性。例如，中國歷史上長期重複的由王朝初期的政治清明到王朝後期政治衰退的政治變遷模式，就是一個較為典型的例子。當然，表層與深層關係還可以劃分出更細緻的次結構層面的矛盾與統一。例如，政治變遷過程中內部因素與外部因素的對立統一問題。有的學者在研究發展中國家和地區政治變遷時認為，政治發展或者政治變遷理論的一個前提就是國內與國際層次政治系統的整合，因為在政治運作中，這兩者不可能截然分開。正如在一些貧窮國家看到的那樣，國際結構和特定的國際行為者扮演了關鍵性角色。因而，在解釋國內政治系統及其對社會其他部分造成的客觀後果時，對國際結構和特定行為者的影響一定要給予足夠的重視。[111]不過這個觀點卻沒有解釋這樣的問題：同樣的國際結構下面，為什麼在不同國家和地區產生的政治後果卻大不相同？從根本上來說，外部結構還是要透過內部結構起作用。再如，在政治變遷過程中，同樣是借鑑西方的政治變遷模式，不同的國家和地區卻表現出不同的發展樣態。威亞爾達在論及政治變遷與經濟發展的關係模式時說，事實已經證明羅斯托等人的早期發展理論完全弄錯弄反了：不是經濟發展帶來民主，而是首先需要一個致力於正當使用資金的、較為民主的政權，然後才能實現真正的經濟發展。對於這條準則，東亞是個例外。東亞的幾個大的或小的「虎」——日本、韓國、臺灣、中國香港和新加坡，真正實現了經濟發展，經濟發展又導致社會變遷並最終帶來民主化的實現。[112]或許這可以歸結到文化的因素，但是單純的文化基礎顯然也沒有足夠的解釋力。從以上分析大致可以看出，不同政治體表層的政治衰退差異性大小與這些政治體深層的社會政治、經濟、文化結構差異有著相當的關聯。

1.2.3 政治衰退的基本面向

作為政治變遷過程的一個面向和可能結果之一，政治衰退在不同的政治背景下可能會表現出不同的形態。如果沿著政治發展反向運動產生的原因這一基線進行分析，政治衰退可以由制度變遷、社會結構變遷和政治文化變遷三種原因引起。

一、制度變遷引發的政治衰退。

按照新制度主義的解釋，制度安排可以是正式的，也可以是非正式的。正式的制度如憲法、法律與規定等，而價值觀點、意識形態和習慣就是非正式的制度安排。社會中正式和非正式制度安排的總和被稱為制度結構。[113]但是顯然，制度的概念並不是如此簡單。大陸學者辛鳴曾對不同學科對制度的定義做了簡單的分類，大致有以下五種觀點：制度是一種規則；制度是一種習慣；制度是一種組織；制度是一種模式；制度是一個系統等。[114]在這個龐雜的概念叢林當中，筆者比較認同日本學者青木昌彥的觀點：給諸如「制度」之類的任何概念下一個合適的定義都將取決於分析的目的。他從博奕論的角度出發，將制度研究限定在兩個層面上：1.將當代不同國家整體性制度安排的複雜性和多樣性理解為某種多重均衡現象（共時性問題）。2.在與均衡制度觀相一致的框架下理解制度變遷的機制，同時又允許新奇性出現的可能性（歷時性問題）。[115]從本書分析目的出發，此處的「制度」主要是指成文法律規範，以及圍繞著這些法律規範發展起來的政治制度安排。

制度衰退總體來說是制度功能的逐漸衰減。制度的設計本身是為執行政治、經濟或社會職能而產生的，一旦這些功能不能順利完成，制度的衰退就出現了。辛格（L. P. Singh）在19發表的關於印度政治發展的文章中說，從杭亭頓政治發展的定義出發，政治衰退可以定義為政治程序與政治組織的去制度化（deinstitution-alization）。他據此認為，國大黨在1967年選舉中的失敗是印度政治發展歷史階段的終結，而國大黨的分裂則是印度政治衰退的開始。原因在於，隨著一黨占優勢政治局面的結束，印度的政黨政治將出現去制度化的局面，印度將出現多個某些形式的「動員系統」（mobilization system），政治穩定也將隨之結束。[116]這裡他主要考察的是某一時段內政黨制度變遷與政治穩定的關

係，不過如果將時段拉長的話，在基本的政治框架內，當一黨獨大的制度化安排被打破以後，政治格局會展開重新制度化的過程，從整體上來看並不一定會影響制度的穩定。當然，對於當時的國大黨來說，隨著執政優勢的喪失，該黨執政時作出的制度安排必然失去功能，從這個意義上認為國大黨面臨著制度衰退並無不可。

制度衰退可能產生兩種結果：一是制度功能的重新調整和制度結構的變更，這種局面導致的是制度的漸進性變遷；另外一種就是制度崩潰。

有學者在談及1970年代印度在甘地夫人當政期間的政治改革時說，正如憲法保證的選舉不一定能導致制度化的政治參與一樣，憲法性的威權主義（constitutional authoritarianism）制度安排也未必一定就會自動產生超級政治意志（supreme will）。在甘地夫人當政期間，她利用了憲法中存在的矛盾，透過強勢的政治改革，在一定程度上壓制了政治參與，維護了政治的穩定。這種情況其實是在憲法範圍內進行的政策調整，或者說在一定程度上改變了憲法的功能。因為政治改革的合法性基礎依舊來源於憲法，而且改革也是在憲法的框架內完成的。論者將這種情況稱作「憲法的衰退」（Decay of the Constitution）。當然，他也認為這是印度憲法有彈性的表現，憲法可以直接形塑或適應政府的制度化努力，甚至可以創造制度化的機會。[117]憲法的彈性創造了重新制度化的機會，也創造了制度功能重新調整的空間。

在較為極端的情況下，制度衰退的結果就是制度崩潰。從上文的定義出發，制度其實代表了某種社會秩序和模式，而制度化則是這種秩序和模式的獲得過程。[118]或者說，制度化的過程本身就是制度功能的實施和貫徹過程。對某些制度而言，由於先天的缺陷和歷史發展的原因，已經完全無法實現其功能，而制度本身又沒有被調整的可能，最後的結果就只能是該制度的崩解或消亡。在對斯里蘭卡政治動盪局面的研究中，有學者指出，50年中，僧伽羅人占統治地位的斯里蘭卡推行的是「控制的民主」（Control Democracy），即強勢族群僧伽羅人避開族群議題，以國家名義控制了幾乎各個層次的權力，其制度安排就是要建立僧伽羅人的一族統治制度。在這種制度安排下，泰米爾人不斷被邊緣化。正是因為

這樣，這種制度遭到了泰米爾人的持續抵抗，出現了非常嚴重的制度衰退（Institutional Decay）。[119]所以，雖然2009年泰米爾人的抵抗被弭平，但是如何調整政治制度，實現族群平等，消除對抗的根源，仍是斯里蘭卡政府面臨的艱鉅任務。

無論是制度功能的重新調整還是制度的崩潰，都意味著舊有制度的逐步解體和新制度的確立，不同的是，一個過程較為溫和，而另一個過程比較激烈而已。但是不管是哪一種方式，制度變遷都是各種政治力量在原有平衡被打破之後尋求新平衡的過程，在這個過程中都較容易出現政治動盪和激烈的政治鬥爭，政治系統功能失靈的概率非常高。

二、社會結構變遷引起的政治衰退。

結構同樣也是一個複雜的概念，本書無力也無意對這個概念進行詳細辨析，僅就一些基本層面進行簡單清理。按照一般的解釋，結構主要與功能相對而言，指系統內部的各組成要素之間相互聯繫、相互作用的方式，是系統組織化和有序化的重要標誌。就系統整體來說，結構既是系統存在的基本方式，又是系統的基本屬性，是系統形成整體性、層次性、功能性的基礎與前提。[120]結構主義大師皮亞傑說，如果說結構是一個轉換體系，它含有作為整體的這個體系自己的規律和一些保證體系自身調節的規律，那麼，一切有關社會研究的形式，不管它們多麼不同，都是要導向結構主義的：因為社會性的整體或「子整體」，都從一開始就必須作為整體來看不可；又因為這些整體是能動的，所以是轉換的中樞；還因為這些整體的自我調節，能用社群所強加的各種類型的限制和各種標準或規則這樣一個有特殊性的社會事實表現出來。[121]在最簡單的意義上說，結構強調的是「關係」的組合，其中部分（成分）之間的相互依賴是以它們對全體（整體）的關係為特徵的。[122]從有序化的角度而言，結構體現了關係之間的相對穩定性。也正是因為這樣，結構的變化對於系統而言更加具有根本性和深層次的影響。

本書所討論的影響政治衰退的社會結構主要是指在政治變遷過程中的結構分化。這裡的結構分化不同於杭亭頓所說的結構分化概念。杭亭頓認為，「在歐洲，權威的合理化和權力的集中曾經伴隨著更為專門的政府機構和部門的出現以

及職能的區分。當然,這些發展變化是對社會的日益複雜及其對政府要求的不斷增加的反映。」[123]杭亭頓所說的政治分化從根本上說還是一種制度分化。而我們所謂的社會結構分化主要是指在政治變遷過程中形成的對立與衝突的結構,即對政治制度的功能產生負面拉扯作用的結構。從這個定義出發,影響政治衰退的社會結構主要有兩個方面,一是階級結構,二是族群結構。

按照馬克思主義的觀點,階級結構的形成主要根源於社會生產力發展過程中資產階級對無產者不斷加重的剝削與掠奪,「資產階級生存和統治的根本條件,是財富在私人手裡的累積,是資本的形成和增殖;資本的條件是僱傭勞動。僱傭勞動完全是建立在工人的自相競爭之上的,資產階級無意中造成而又無力抵抗的工業進步,使工人透過結社而達到的革命聯合代替了他們由於競爭而造成的分裂狀態。」[124]因為階級之間的衝突與對抗而造成的政治衰退往往以一種比較劇烈的形式表現出來,這在東西方的近代歷史上看得很清楚。

族群結構造成的政治衰退又是另外一種情形。族群(ethnic group)一詞在英語中的意涵為「具有語言、種族、文化和宗教特點的人們共同體」。也就是說,族群的邊界是多元的,如果說階級的邊界主要以經濟狀況來劃分的話,族群的邊界劃分則複雜得多。它的出現是西方社會後現代主義思潮影響下的「認同政治」、「差異政治」的產物,同時也與移民現象密切相關。[125]從現實中的族群問題來看,族群的邊界可以是地域特徵、文化特徵、宗教特徵、種族特徵等。歷史上的清教徒在英國就是一個以宗教為邊界的族群,美國的黑人是種族為邊界的族群,韓國湖南人和嶺南人的區分則是地域區隔的例子,臺灣地區的本省人和外省人的差別是省籍矛盾的結果。所以說,族群問題從根本上是認同問題,族群邊界的形成與群體觀念的形成、政治建構的內容及模式都有密切關係。但是無庸置疑的是,沿著族群的邊界,很容易形成長久的對抗與衝突,從而導致政治衰退的出現。

三、政治文化改變導致的政治衰退。

相較於制度和結構的概念,文化的概念更加龐雜。美國有代表性的人類學家克魯伯(A. L. Kroeber)和克魯喬(Clyde Kluckhohn)藉翁特瑞納(Wayne

Untereiner）協助，合著了一本書《文化，關於概念和定義的檢討》（Culture, A Critical Review of Concepts and Definitions）。在這本書中，羅列了從1871年到1951年這80年間關於文化的定義至少有164種。殷海光先生進行了整理，歸納出了記述的定義、歷史的定義、規範性的定義、心理的定義、結構的定義、發生的定義等不同的類型。[126]從文化的分類來看，從器物文化到精神層面，幾乎涵蓋了人類生活的各個方面，在有的定義中，乾脆將文化定義為「生活方式」。本書此處的政治文化主要指民眾對政治系統的情感狀態，包括對政治系統的知識、認知和對政治系統感知的方式。[127]政治文化反映的是民眾對政治系統的基本態度，不同的態度會產生不同的政治行為，進而對政治系統的運行與變遷產生不同程度的影響。

　　政治文化層次產生的政治衰退主要表現在政治認知上的歧異可能導致的對立與衝突。這種分歧與衝突所引起的政治制度功能衰退和政治混亂成為政治衰退的根源之一。在政治認知的歧異化過程中，可能會產生一系列的次要文化及衝突。在阿爾蒙德看來，政治次要文化是指按地域型、依附型、參與型的政治制度與相應的政治文化劃分。在這種語境下，主要有兩種政治次文化：1.政策性次文化：大多數國民持久性地適應政策輸入與輸出，適應政治制度與政治結構，只是在有關的內政或外交政策上保留不同的觀念。2.結構性次文化：即在混合型的地域─依附型文化裡，一部分國民適應擴散的傳統權力，另一部分國民適應中央集權政治系統的結構，所以既出現了依附型次文化，也保留著傳統的、互不聯繫的次文化。換言之，大多數國民尚未就具體的政治制度達成共識，從而造成政治不穩定。[128]當然，阿爾蒙德主要是從政治系統運行的角度出發，依政治輸入和政策輸出的邏輯鏈條來詮釋政治次文化。從更為廣泛的範圍內說，政治次文化的形成還有其歷史與現實的原因。諸如族群因素、經濟因素等均有可能成為政治次文化的促成因素。在這種視角下的政治文化，可能包含不同的符號系統、不同的政治歸屬感、不同的文化表徵方式以及不同的政治行為模式等。在這些情形中，各種次文化均以其他次文化的存在作為自己存在的鏡像，在與其他次文化的比較中劃分出我者與他者的界線。

　　政治次文化的形成並非一定是經濟原因。相反，在大部分的情況下，經濟的

原因在政治次文化的形成過程中處於次要的地位。一般來說，族群的情感聯結、歷史遺留下來的政治認同等反而處於較為主要的地位。

在一個充滿著不同政治次文化的社會中，政治認知的分歧因為次文化的強化作用而不斷增強，甚至形成對立的政治群體。如果政治分歧擴大到一定程度，就有可能成為族群劃分的標準。在這個意義上說，政治次文化之間的衝突類似於民族之間的衝突，而不單純是阿爾蒙德所說的政治輸入與政策輸出方面的認同分歧了。這種次文化所帶來的衝突往往更為持久而且具有較高的烈度，所導致的政治衰退也更加明顯。

政治制度、社會結構、政治文化三個層面上的政治衰退所反映出來的其實是政治衰退的不同形式。在這些不同的層次上，政治衰退所產生的影響也是不一樣的。就制度層面來說，雖然政治衰退不能被消滅，但是透過制度功能的重新調整，在一定程度上規避政治衰退帶來的負面影響，是可能而且是可以操作的。但是一旦政治衰退出現在政治社會結構和政治文化方面，透過政策調整的方式對政治衰退造成的負面影響進行規避就變得非常困難。這也說明了，為什麼同樣是政治衰退，有的國家和地區透過改革輕易地就可以走出困境，有的國家和地區卻出現了長期的政治動盪。

1.2.4 政治衰退的測量

政治衰退有不同的維度，因此對其測量也不會有固定的標準。上文提到，按照層次的不同，可以分為制度的衰退、社會結構的衰退和政治文化層面的衰退，這種按照不同層面對政治衰退進行的描述，是依循結構和功能的分析路徑展開。如果按照程度的不同，可以分為低度衰退、中度衰退和重度衰退等不同的類型。各種不同的類型所反映的是政治變遷過程中政治衰退對整體政治變遷產生影響的程度問題。所以，低度衰退可以認為是衰退雖然存在，但是卻不足以影響政治變遷的整體進度。在這種情況下，政治衰退往往表現為政治發展過程中需要解決的問題。而在中度衰退和重度衰退的情況下，這些需要解決的問題往往表現出結構化、制度化和永久化的特徵，它們已經成為社會難以治癒的痼疾沉痾，並導致各

種社會矛盾不斷累積，直到爆發。從這個意義上說，中度衰退其實更可以認為是一個國家和地區政治走向衰朽的一個過渡階段。在這個階段中，如果相關的問題能夠得到解決，則可能實現政治發展，如果干擾發展的問題和矛盾無法解決，則可能會導致政治系統的崩潰。一旦出現這種情況，就可能出現發展停滯、政治動盪和政治倒退。事實上，在發展中國家和地區，政治衰退的各種面向互相交織，形成了阻礙發展的結構性網路，要解決政治衰退帶來的影響殊為不易。威亞爾達曾舉例說明發展中國家和地區所面臨的困境：不發達國家和地區要實現經濟上的增長，然而沒有社會和政治現代化它們不可能吸引到資金；但是頗具諷刺意味的是，除非他們經濟上獲得了增長，否則它們不可能實現社會和政治體系的現代化。對於幾乎所有的發展中國家和地區來說，如何打破這些悖論，是一個相當麻煩的問題。這些國家和地區很難從不發達的泥淖中脫困，反而會出現長期的不穩定，分裂和崩潰更是家常便飯。這種國家和地區便成為一般學者所稱的「不易治理的」或「失敗的」國家或地區。[129]這些國家和地區因為不能有效解決政治衰退帶來的問題，所以走向政治衰朽就成為一個難以避免的結局。

從這個角度上說，杭亭頓以「政治穩定」為主要衡量指標的政治衰退其實已經屬於重度衰退了。從具體語境來看，杭亭頓「政治穩定」的衡量標準與臺灣學者呂亞力的定義有若干吻合之處，呂氏認為，一般研究者使用政治穩定的概念，往往含有兩層涵義：一、合憲的政府或具有合法性的政府存在之時間。倘若一個國家，其政府常因不合憲的方式如政變等更換，則它的政治穩定程度必然不高。二、暴力意味的政治事件如群眾示威、暗殺等發生的頻率，及在這類事件中喪生的人數。[130]如果按照這個標準，一旦出現「政治不穩定」，已經是整個局勢難以控制情況下的社會嚴重失序了。

當然，不同層面的政治衰退也有程度上的不同，不過這已經屬於次級層面的問題，這裡暫不討論。

在杭亭頓看來，政治穩定是變遷社會能夠走向現代化的一個重要前提和保證。這誠然是沒有錯的，無論從經濟發展還是從政治發展的角度來看，都確實如此。這種觀點在國外學者中並不少見。有學者從實現民主化的角度出發，列出了

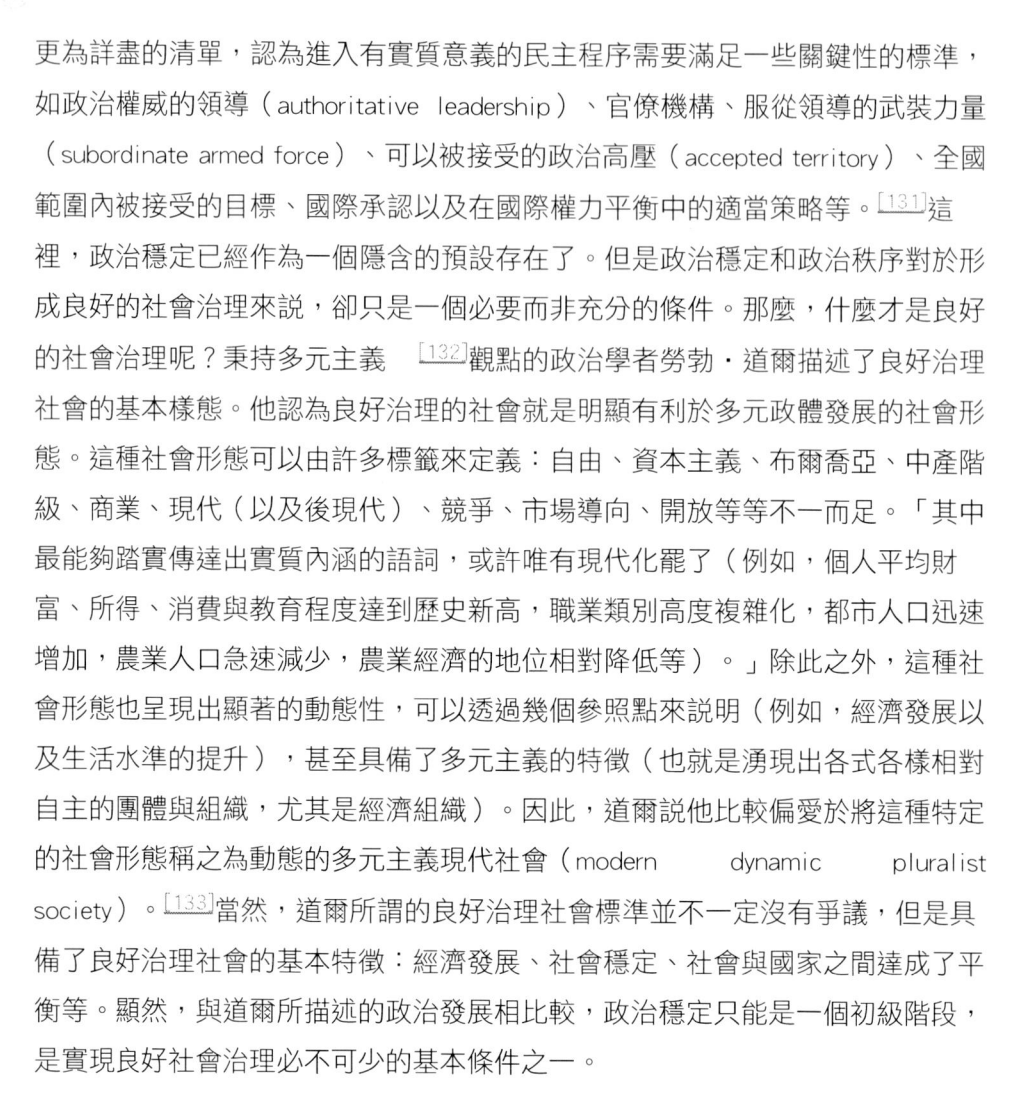

更為詳盡的清單，認為進入有實質意義的民主程序需要滿足一些關鍵性的標準，如政治權威的領導（authoritative leadership）、官僚機構、服從領導的武裝力量（subordinate armed force）、可以被接受的政治高壓（accepted territory）、全國範圍內被接受的目標、國際承認以及在國際權力平衡中的適當策略等。[131]這裡，政治穩定已經作為一個隱含的預設存在了。但是政治穩定和政治秩序對於形成良好的社會治理來說，卻只是一個必要而非充分的條件。那麼，什麼才是良好的社會治理呢？秉持多元主義[132]觀點的政治學者勞勃‧道爾描述了良好治理社會的基本樣態。他認為良好治理的社會就是明顯有利於多元政體發展的社會形態。這種社會形態可以由許多標籤來定義：自由、資本主義、布爾喬亞、中產階級、商業、現代（以及後現代）、競爭、市場導向、開放等等不一而足。「其中最能夠踏實傳達出實質內涵的語詞，或許唯有現代化罷了（例如，個人平均財富、所得、消費與教育程度達到歷史新高，職業類別高度複雜化，都市人口迅速增加，農業人口急速減少，農業經濟的地位相對降低等）。」除此之外，這種社會形態也呈現出顯著的動態性，可以透過幾個參照點來說明（例如，經濟發展以及生活水準的提升），甚至具備了多元主義的特徵（也就是湧現出各式各樣相對自主的團體與組織，尤其是經濟組織）。因此，道爾說他比較偏愛於將這種特定的社會形態稱之為動態的多元主義現代社會（modern dynamic pluralist society）。[133]當然，道爾所謂的良好治理社會標準並不一定沒有爭議，但是具備了良好治理社會的基本特徵：經濟發展、社會穩定、社會與國家之間達成了平衡等。顯然，與道爾所描述的政治發展相比較，政治穩定只能是一個初級階段，是實現良好社會治理必不可少的基本條件之一。

因此，如果從實現良好治理的角度來看，政治衰退所涉及的層面顯然比單純實現政治穩定和政治秩序更為複雜。因而，如果要對政治衰退進行測量的話，最起碼應該包含以下幾個方向。[134]

一、權力的集中與制衡

政治活動的核心問題在於權力。在政治變遷過程中，權力的正常行使對維持社會穩定、促進經濟發展的作用是顯而易見的。但是，如果權力失去制衡，那麼

權力對社會形成的傷害同樣是顯而易見的。阿克頓勛爵的名言:「權力導致腐敗,絕對的權力導致絕對的腐敗。」這就是指缺少制衡的權力而言。事實上,在不同國家和地區以及不同的文化下面,權力的集中對於社會的發展和治理產生的作用是不一樣的。東亞國家和地區[135]的基本模式大致可以概括為「威權主義下面的經濟發展→社會結構變化→政治參與擴大→制度結構調整和威權主義衰落」的基本路徑。這與其他非儒家文化圈內國家與地區的情況可能存在著比較顯著的差別。

權力的制衡可以分為制度內制衡和制度外制衡兩種類型。制度內的制衡是指用一系列的規則對政治權力的轉移、運作過程進行規範,形成較為穩定的權力運作框架,進而保證政治運作的穩定性。而制度外的運作則大多是由於制度的缺乏,權力制衡者不得不利用示威、遊行甚至是公開的武裝衝突等比較激烈的方式進行抗爭,達到權力制衡的目的。相比較而言,後者比前者破壞性要大得多,而且極易失控,出現政治混亂的可能性也大得多。

二、政治系統應對政治參與擴大的方式及成效

政治參與擴大是一個國家和地區經濟和社會發展到一定程度以後必然面對的一個現象,從根本上說是社會結構和心理認知結構發生變化的必然結果。但是從學理的角度上來說,政治參與擴大與民主化之間的關係到底為何?到底政治參與以什麼樣的速度和程度介入政治變遷過程對於政治發展是正面的?這些問題學界已經有熱烈的討論,但是並沒有定論。究其原因,政治參與的效果本身具有地域性特徵,在不同時期和不同地域有著較大的差異性,或許根本無法尋求一個比較一致的解釋框架。中國大陸學者楊光斌認為,不能簡單地理解政治參與與民主的關係,說什麼更廣泛的政治參與是好的,等於無視一定情況下參與膨脹對政治系統的危害;同樣,強調參與活動的增加會降低政治生活的質量,又等於否認公民的社會權利。[136]不過不管怎麼說,政治參與的擴大必然帶來一些結構性的變化,例如政治權力分配結構、政治觀念結構等均會發生或大或小的改變。因此,政治參與的增長幅度,以及政治參與引發的政治變遷的可控程度,是判斷政治參與對政治衰退或政治發展影響的一個重要指標。在政治參與擴大的過程中,如果

出現了民粹政治的局面，則導致政治衰退的可能性要大得多。

三、政治決策及其效率

在以競爭性選舉為中心的民主政治下面，不可避免地會出現行政當局如何與民眾互動的問題。由於執政當局的權力來源於民眾，在權力運作的過程中，可能會出現幾個方面的趨勢：1.片面討好民眾，形成無能政府的局面。由於民意本身所具有的分歧性與複雜性，當政者可能會在這些分歧的民意結構下面無所適從。2.政策的短視。選舉一般幾年一次，這就要求政治人物在當政的幾年間做出成績，從而取得選民的支持。所以許多政策一定要追求短期效應。執政當局效率的降低無疑是政治衰退的一個較為重要的衡量指標，如果行政效率下降的幅度不大，社會可能付得起這個成本，如果行政效率下降太多，則社會的治理成本會成為一個難以承受的負擔。

四、政治腐敗及其控制

儘管有許多理論試圖解釋腐敗的原因，但是基本上沒有一種理論能夠完美地完成這個任務。這裡不擬討論腐敗的產生原因及其危害，其實這個看似常識性的領域背後有許多有待清理的問題。例如，有的理論甚至認為在第三世界國家出現的整體性腐敗具有某種程度上的有益功能。[137]本書的觀點是：腐敗是政治制度失靈的一個重要方面，對政治系統的正常運轉產生的負面和消極影響是相當明顯的。這種影響既有制度層面的，更有價值層面的。本書後面還會提到這個問題，這裡不作過多解釋。在社會變遷的過程中，政治腐敗現象往往會出現多發的趨勢，一個社會政治腐敗的程度及其能否受到有效遏止，是政治衰退的重要衡量標準。

五、社會價值共識的建構

社會價值共識其實就是社會成員在社會重大問題上的觀念一致性。這是一個社會據以營造政治上層建築的重要基礎。政治上層建築符合社會共識的期許，是該上層建築合法性的最基本來源。大衛·赫爾德認為，合法性將意味著，人民之所以遵守法律和規範，在於他們實際上認為這些法律和規範是正確的且值得尊重

的,合法的政治秩序被人民視為規範。[138]所以,合法性在根本上說就是合社會價值性。不同社會價值觀念的差異也在一定程度上可以解釋為什麼在世界不同的地方,許多國家都在推動政治發展,但是具體的發展路徑卻各不相同,結果更是千差萬別。艾森斯塔特認為,不同發展模式的具象化反映(crystallization)在世界各地不斷出現,至於形式,則包括各種不同的現代化組織和制度等。雖然諸如城市化、工業化和現代溝通方式的擴展等情形對於某些國家和地區來說變得相當普遍,但是在發展過程中的具體制度安排還是千差萬別,這在相當大程度上取決於對當時的政治和社會基本概念的理解。[139]也就是說,社會成員對社會價值系統的理解是否一致,或者說,即使一致,這些理解是否有利於政治發展,是一個非常重要的問題。發展中國家和地區在政治發展過程中面臨的一個重要的危機就是傳統價值系統的瓦解。這些國家和地區的傳統價值即便不是徹底瓦解也受到劇烈的衝擊,尤其是在後發外生型現代化國家,更是如此。所以,這些國家和地區在進行政治變革時,在表層上來說,是制度變遷與經濟發展的問題,而在深層來說則是社會價值觀念的重建問題。相比較而言,後者更為重要,因為它在根本上決定了經濟發展和制度變遷能否成功。如果一個國家或地區對於類似腐敗這樣的行為保持持續的價值壓力,則反腐敗的阻力相對來說就小得多;相反,如果一個國家或地區對於腐敗採取的是縱容或默認的態度,腐敗可能形成制度化的結果,並成為政治結構的一個組成部分。一旦出現這樣的結果,社會治理的成本將大為增加,政治衰退的可能性也會大為增加。

六、經濟發展與民主化的關係

政治變遷中的經濟發展如何維持?政治變遷的各個層面會對經濟發展產生什麼樣的影響?經濟發展與政治合法性之間到底是什麼關係?如果政治變遷結果(例如政治參與的擴大)對經濟發展產生了相對滯緩的作用,則可以認為產生了政治衰退。政治與經濟的關係非常複雜,把政治變遷的結果與經濟發展聯結起來尋求其中的因果關係難度很大。但基本可以肯定的是,如果經濟發展不能保持一定程度的增長,極有可能會導致政治變遷路線發生偏轉。當然,這種情況在不同的時期、不同的國家和地區的具體情況也不一樣。就如同1929年的經濟蕭條在美國導致了凱恩斯主義的興盛,而在德國和日本則加速了法西斯的上臺一樣。當

政治變遷推進到一定階段的時候，特別是競爭性選舉得以實現以後，選民對經濟決策能夠施加的影響會越來越大。一方面，民眾對經濟與政治關係的認知變化，以及政治經濟發展對民眾切身利益影響的分歧性判斷會反映到政府的經濟決策中來；另一方面，對於環境保護和生產安全的擔憂也會透過政治參與對經濟決策產生壓力。再加上民主化過程中各種保護性法律的頒布，勞動力成本提高等，均會在一定程度上影響到經濟發展的速度和經濟結構的演變。於是，經濟發展和民主化之間會形成這樣的弔詭局面：經濟發展可能推動民主化進程，但是民主化的發展卻又對經濟發展未必有利。當然，從價值和關懷的角度來說，對人本身的價值關懷是經濟發展的終極目標，經濟發展不能以犧牲環境為代價。不過這裡仍然沒有解決的問題是：政治變遷如何與經濟發展成為兩個互相促進的過程？政治變遷過程中政治結構的變遷對經濟發展產生的衰退性影響，到底如何避免？這顯然也是一個相當麻煩的問題。

從上面的分析可以看出，政治衰退的測量標準並不是單一的，也不可能以單一標準就判定一個社會是政治發展還是政治衰退。這裡其實是一個單項與綜合衡量標準之間關係的問題。整體上來說，社會能實現平衡和穩定的變遷，實現一定程度的社會治理，那麼這個社會整體的政治變遷就應該視為政治發展，單項的政治衰退雖然可以降低政治發展的「總量」，但是並不能從根本上否定政治發展的基本趨勢。同樣，對於上文所提到的「失敗的」和「不易治理的」國家和地區而言，單項的政治發展也未必能扭轉整體的政治衰退。政治衰退在政治變遷中的坐標可以用下表表示：

表一 政治衰退在政治變遷中的位置

	政治衰退（–）←政治變遷（民主化）→政治發展（+）	
權力結構	集權與制衡失靈	有效實現權力制衡
行政效率	行政效率降低	行政效率提高
政治參與擴大	形成社會和政治對立	民主制度消除矛盾
經濟發展	阻遏經濟發展	促進經濟發展
社會共識	共識缺乏、認知分歧	社會共識增加
政治腐敗	腐敗增加，反腐敗難度增大	腐敗減少，反腐敗成效顯著

政治衰退的測量是在政治變遷和社會治理的語境下展開的，所以說必須結合政治變遷的具體情況來評價其對社會治理的影響，只有這樣，政治衰退概念相對於民主化概念來說才具有現實意義。

注　釋

[1].山繆·杭亭頓、喬治·多明格斯著：《政治發展》，見格林斯坦、波爾斯比編，儲復耘等譯：《政治學手冊精選（下卷）》，商務印書館，1996年，148頁。

[2].　本書發表於1966年，1978年再版，更名為《比較政治學——體系、過程和政策》。

[3].Lucian·W·Pye，「Introduction：Political Culture and Political Development，」in Lucian W.Pye and Sidney Verba，eds.，Political Culture and Political Development，Princeton University Press，1965，p.3～26.大陸也有學者將白魯恂的名字直譯為路辛·派伊。

[4].在一些學者眼裡，作為政治發展重要標準之一的民主化同樣也是以政治參與的擴大為核心展開的，認為「就技術操作層面說，民主化主要表現為政治制度的改變，核心則在於政治參與的擴大。」見郭秋永著：《當代三大民主理論》，（臺灣）聯經出版事業公司，2001年。該書認為不論在初期民主政治中，還是在民主政治的轉型過程中，或是在成熟的民主政治中，政治參與皆居核心地位而具有無與倫比的重要性，見郭著11頁。

[5].山繆·杭亭頓著，王冠華等譯：《變化社會中的政治秩序》，上海世紀出版集團，2008年。

[6].白魯恂：《政治發展的面向》，轉引自嚴強、魏姝主編：《社會發展理論——發展中國家視角》，南京大學出版社，2005年，170頁。

[7].徐珣：《早期政治發展理論流脈及其價值探討》，《江南大學學報（人文社會科學版）》，2008年5期。

[8].山繆·杭亭頓著，王冠華等譯：《變化社會中的政治秩序》，上海世紀

出版集團，2008年。

[9].姚建宗著：《法律與發展研究導論：以經濟與政治發展為中心的考察》，吉林大學出版社，1998年，272頁。

[10].霍華德·威亞爾達著，劉青、牛可譯：《新興國家的政治發展——第三世界還存在嗎？》，北京大學出版社，2005年。

[11].霍華德·威亞爾達主編：《非西方發展理論》，北京大學出版社，2006年，2～3頁。

[12].劉軍寧、王焱著：《自由與社群》，三聯書店，1998年，267頁。轉引自王孝勇、周瑩冰：《西方政治發展理論的生成、發展與批判》，《前沿》，2008年1期。

[13].David Potter、David Goldblatt、Margaret Kilon、Paul Lewis等著，王謙等譯：《最新民主化的歷程》，（臺灣）韋伯文化國際出版有限公司，2003年。本書為論文集，初版為1997年，Polity Press。

[14].亞當·普沃斯基著，包雅均、劉忠瑞、胡元梓等譯：《民主與市場——東歐與拉丁美洲的政治經濟改革》，北京大學出版社，2005年，本書初版為1991年，Cambridge University Press。

[15].亞當·普沃斯基著，酈青、張燕等譯：《國家與市場：政治經濟學入門》，上海出版集團·格致出版社，2009年。

[16].哈瑞森（L.E.Harrison）、山繆·杭亭頓主編，李振昌、林慈淑譯：《為什麼文化很重要》，（臺灣）聯經出版事業股份有限公司，2003年。本書為論文集，初版為2000年。

[17].從絕對的意義上說，政治衰退是不能避免的。但是這並不否定可以在一定程度上減輕某些政治衰退所帶來負面影響之命題。

[18].山繆·杭亭頓著，王冠華等譯：《變化社會中的政治秩序》，上海世紀出版集團，2008年，序言，6頁。

[19].孫關宏、胡雨春、任軍鋒主編：《政治學概論》，復旦大學出版社，2004年，326頁。

[20].利普塞特著，劉鋼敏、聶蓉譯：《政治人——政治的社會基礎》，商務印書館，1993年，33頁。

[21].沃爾特·惠特曼·羅斯托（W.W.Rostow）著，郭熙保、王松茂譯：《經濟增長的階段——非共產黨宣言》，中國社會科學出版社，2001年。

[22].多布關於發展問題的論述在其1946年出版的專著《資本主義發展問題研究》中有系統表述。1951年多布曾作為德里大學經濟學院的客座教授訪問印度，就不發達國家社會經濟發展問題作了多次演講，演講的內容後編輯為《關於經濟發展的幾個問題》一書出版。

[23].漢譯本為2000年商務印書館出版。

[24].「經濟剩餘」是巴蘭理論的核心概念。

[25].張雷聲著：《不發達國家社會經濟發展理論的發展軌跡》，《財貿研究》，1992年4期。

[26].章開沅、羅福惠主編：《比較中的審視：中國早期現代化研究》，浙江人民出版社，1993年，16～17頁。依附理論是一個洋洋大觀的理論流派，經典依附理論一般可以分為兩個主要流派：（1）以塞爾索·福塔多與奧斯瓦爾多·桑克爾為代表的改革派，起源於拉美經濟委員會的內部，認為拉美國家在現有政治框架的基礎上，進行一系列的社會改革，就能促進經濟發展與社會進步。（2）以安德萊·弗蘭克與特奧多尼奧·桑多斯為代表的革命派，認為在拉美國家發展資本主義，最終只能成為發達國家的附庸.必須進行社會主義革命才能實現邊緣地區的發展。見周運清主編：《新編發展社會學》，武漢理工大學出版社，2003年，24頁。

[27].韋伯斯特（Webster，A.）著，陳一筠譯：《發展社會學》，華夏出版社，1987年，49頁。

[28].亞當·庫珀、杰西卡·庫珀編，復旦大學譯：《社會科學百科全書》，

上海譯文出版社，1989年，179頁。

[29].吉爾平（Gilpin，R.）著，楊宇光等譯：《國際關係政治經濟學》，經濟科學出版社，1989年，306頁。

[30].Samuel・P・Huntington，「Political Development and Political Decay」，World Politics，Vol.17，No.3（Apr.，1965），p.392.

[31].張小勁、景躍進著：《比較政治學導論》，中國人民大學出版社，2001年，261頁。

[32].王邦佐等編：《新政治學概要》，復旦大學出版社，2006年，318—321頁。

[33].沈文莉、方卿主編：《政治學原理》，中國人民大學出版社，2007年，258頁。

[34].張小勁、景躍進著：《比較政治學導論》，中國人民大學出版社，2001年，206 頁。杭亭頓這樣一種推崇政府權威的基本取向理所當然地被稱為「新權威主義」。

[35].山繆・杭亭頓著，王冠華等譯：《變化社會中的政治秩序》，上海世紀出版集團，2008年，1968年英文版前言。

[36].彭懷恩著：《臺灣政治發展民主化》，（臺灣）風雲論壇有限公司，2005年。

[37].許介鱗著：《李登輝與臺灣政治》，社會科學文獻出版社，2002年，143頁。

[38].黃俊杰著：《儒學與現代臺灣》，中國社會科學出版社，2001年，298頁。

[39].許倬雲著：《從歷史看時代轉移：在臺灣洪建全基金會的系列演講》，廣西師範大學出版社，2007年，10頁。

[40].姜南揚著：《臺灣大轉型——40年政改之謎》，（臺灣）克寧出版

社，1995年。

[41].孫代堯著：《臺灣威權體制及其轉型研究》，中國社會科學出版社，2003年。

[42].黃嘉樹、程瑞著：《臺灣選舉研究》，九州出版社，2002年。

[43].林震著：《李登輝主導下的臺灣「民主化」進程》，見北京大學世界現代化進程研究中心主編：《現代化研究（第3輯）》，商務印書館，2005年。

[44].趙勇著：《臺灣政治轉型與分離傾向》，中央編譯出版社，2008年。

[45].鄭海麟著：《從對抗走向融合》，（香港）明報出版社，2002年。

[46].林昶著：《兩岸觀察評論選（共四冊）》，（澳門）東望洋出版社，2008年。

[47].張沱生、史文主編：《對抗‧博弈‧合作：中美安全危機管理案例分析》，世界知識出版社，2007年，238頁。

[48].陶文釗主編：《冷戰後的美國對華政策》，重慶出版社，2006年，220頁。

[49].陳峰君著：《東亞與印度：亞洲兩種現代化模式》，經濟科學出版社，2000年，153頁。

[50].俞新天著：《東亞現代化的前景及其對世界的影響》，羅榮渠、董正華編：《東亞現代化：新模式與新經驗》，北京大學出版社，1997年，75頁。

[51].吳德榮：《民主化過程中臺灣行政改革的困局》，見《公共管理評論》編委會編：《公共管理評論（第5卷）》，清華大學出版社，2006年。

[52].Bruce.J.Dickson，「Democratization in China and Taiwan：The Adaptability of Leninist Parties」，Clarendon Press，Oxford，1997。

[53].丹尼‧羅伊著，何振盛等譯：《臺灣政治史》，（臺灣）商務印書館股份有限公司，2004年。

[54].Philip Paolino and James Melnik,「Democratization in Taiwan：challenges in transformation」,Ashgate,2008。

[55]. Chilik Yu,Chun-Ming Chen,Wen-Jong Juang and Lung-Teng Hu,「Does democracy breed integrity？Corruption in Taiwan during the democratic transformation period」,Crime,Law and Social Change,2008 Vol.49 No.3,p.167~184。

[56].恩格斯著：《社會主義從空想到科學的發展》,《馬克思、恩格斯選集（第三卷）》,中央編譯局編,人民出版社,1995年,733頁。

[57].陳鴻瑜著：《政治發展理論》,吉林出版集團有限責任公司,2009年,48—49頁。

[58].楊光斌著：《制度範本：一種研究中國政治變遷的途徑》,《中國人民大學學報》,2003年3期。

[59].Robert・C・Lieberman,「Ideas,Institutions,and Political Order：Explaining Political Change」,The American Political Science Review,Vol.96,No.4（Dec.,2002）,p.711。

[60].杭亭頓認為,政治變遷研究受到忽視的原因大致有以下幾個方面：（1）西方的政治學者長期生活於穩定不變的政治系統內,他們只研究次級系統的變遷,而不關心整體之變遷；（2）政治學的行為主義影響的遺緒,行為主義強調系統內的循環,但是對重大政治變遷難以作歷史性的分析；（3）比較研究不受重視的結果。見陳鴻瑜著：《政治發展理論》,吉林出版集團有限責任公司,2009年,42~43頁。

[61].Martin・C・Needler,「Political Development in Latin American」,Random House,1968,p14。

[62].里普森著,劉曉等譯：《政治學的重大問題：政治學導論》,華夏出版社,2001年,326頁。

[63].Carole・Pateman,「Political Culture,Political Structure and Political

Change」,British Journal of Political Science,Vol.1,No.3（Jul.,1971）,p.292。

[64].Gerald・J・Bender,「Political Socialization and Political Change」,The Western Political Quarterly,Vol. 20,No.2,Part1（Jun.,1967）,p.393。

[65].Gabriel・A・Almond,「A Developmental Approach to Political Systems」,World Politics,Vol.17,No.2（Jan.,1965）,p.185。

[66].發展和衰退有不同的判斷標準。別的不說,如果分別從目的論和價值論的視角來看,區別是相當明顯的。目的論視角下的發展和衰退問題評價標準可能是經濟指標、政治體的實力、社會統合的效率等,但是價值論下的發展則主要反映人文關懷。

[67].恩格斯著:《社會主義從空想到科學的發展》,《馬克思、恩格斯選集（第三卷）》,中央編譯局編,人民出版社,1995年,第736頁。

[68].Paul・Streeten,「Review:（untitled）,Reviewed work（s）:Sustainable Development and Good Governance」.by Konrad Ginther;Erik Denters;Paul J.,I.M.de WartInternational Affairs（Royal Institute of International Affairs 1944-）,Vol.72,No.1（Jan.,1996）,p.178。

[69].俞可平著:《引論:治理與善治》,見俞可平主編:《治理與善治》,社會科學文獻出版社,2000年,3~4頁。

[70].David・Harris,「Review:（untitled）」,Journal of the International African Institute,Vol.71,No.1（2001）,p.180.

[71].Patrick・McAuslan,「Good Governance and Aid in Africa」,Journal of African Law,Vol.40,No.2,Liber Amicorum for Professor James S.Read.（1996）,p.169~182。

[72].Kempe・Ronald・Hope・Sr.,「Development Solutions for Africa:The Need for Policy Reform and Good Governance,Issue:A Journal of Opinion」,Vol.25,No.1,Commentaries in African Studies:Essays about African Social

Change and the Meaning of Our Professional Work（1997），p.38。

[73].安德魯・海伍德著，吳勇譯：《政治學核心概念》，天津人民出版社，2008年，22頁。

[74].B・C・Smith，「Good Governance and Development」，Palgrave Macmillan，New York，2007，pp.3～6。

[75].Sarah・Joseph，「Democratic Good Governance：New Agenda for Change」，Economic and Political Weekly，Vol.36，No.12（Mar.24-30，2001），p.1011。

[76].詹・庫伊曼著，周紅雲譯：《治理和治理能力：利用複雜性、動態性和多樣性》，見俞可平著：《治理與善治》，社會科學文獻出版社，2000年，第234頁。

[77].雷納特・梅因茨著，周紅雲譯：《統治失效與治理能力問題：對一個理論範本的評價》，見俞可平著：《治理與善治》，社會科學文獻出版社，2000年，200～201頁。

[78].辭海編輯委員會編：《辭海》，上海辭書出版社，2000年，第481頁。

[79].蕭高彥著：《史金納〈現代政治思想的基礎〉導論》，見昆丁・史金納著，奚瑞森、亞方譯：《現代政治思想的基礎・卷一・文藝復興》，（臺灣）左岸文化，2004年，8 頁。這裡有兩個需要說明的問題：（1）臺灣一般將Quentin Skinner的名字翻譯成「昆丁・史金納」，而大陸一般習慣譯成「昆廷・斯金納」，本書採用了大陸的譯法。以後凡是遇到國外學者名字或者重要的學術概念，臺灣的譯名和大陸不一樣的，如果採用的是臺灣的譯本，則採用臺灣的譯名，但是會在註解中給予說明。（2）劍橋學派的主要代表作除了上述昆丁・史金納的《現代政治思的基礎》之外，還有波考克的「The Machiavellian Moment」（Princeton University Press，Princeton，1975.）等。

[80]. Michael・MacKuen and Courtney・Brown，「Political Context and Attitude Change」，The American Political Science Review，Vol.81，

No.2（Jun.，1987），p.471。

[81].趙世瑜著：《文本、文類、語境與歷史重建》，《清華大學學報（哲學社會科學版）》，2008年1期。這裡的「文本」主要指任何傳遞歷史訊息的材料。對於這一概念，其實隱含了以下的預設：（1）這些材料，哪怕是歷史時期遺留至今的實物，都並不等於它們所處時代的歷史，而是時人的創造物；（2）這些材料之所以是以這樣的、而非那樣的面貌存在，具有相對獨立於它們產生情境的邏輯；（3）歷史只能重建而不能重現，這一重建又與文本無法分離。

[82].Robert・W・T・Martin，「Context and Contradiction：Toward a Political Theory of Conceptual Change」，Political Research Quarterly，Vol.50，No.2（Jun.，1997），p.413～436。

[83].吳昊著：《語境是什麼？》，《求索》，2007年12期。

[84].亞里斯多德著，顏一等譯：《政治學》，中國人民大學出版社，2003年，138頁。

[85].尼科洛・馬基維利著，潘漢典譯：《君主論》，商務印書館，1985年，第18章。

[86].易小明著：《差異語境下的馬克思文本閱讀》，《湘潭大學學報（哲學社會科學版）》，2007年5月，第31卷第3期。需要提及的是，這裡所謂的「文本」，與上文趙世瑜教授所說的「文本」所指對象並不相同。這裡的「文本」可以稱為狹義的文本，主要是指理論的文字形式，或者說是理論的客觀載體。而趙世瑜教授所說的「文本」可以稱為廣義文本。如果沒有特殊說明，本書一般是從狹義的層面上去理解「文本」概念。但是就對客觀存在的訊息載體進行理解這個層面上說，兩者卻是相同的。易小明同時認為，不同讀者對文本的差異性理解，從實踐的角度來講，是人們現實生活差異的反映，從理論的角度來講是人們認知差異的結果，它是理論發展的必然表現形式。

[87].托克維爾著，董果良譯：《論美國的民主》，商務印書館，2004年，356～357頁。這裡所謂的「民情」是指人在一定社會情況下擁有的理智資質和

道德資質的總和，見該書354頁，註解。

[88].Harry‧Eckstein，「A Culturalist Theory of Political Change」，The American Political Science Review，Vol.82，No.3（Sep.，1988），p.789～804。

[89].這裡必然產生的一個問題是，到底有沒有「普世」的概念和理論？由於這個問題不是本書能夠解釋清楚的，所以這裡暫時對其不作過多討論。筆者認為，普世的概念和理論是不存在的。當然，這並不影響某一理論對其他地區社會發展現實的部分適用性，這是完全不同的兩個問題。

[90].劉堅、程力著：《語境控制理論的跨文化傳播意義》，《東北師大學報（哲學社會科學版）》，2007年4期。

[91].Harry‧Eckstein，「A Culturalist Theory of Political Change」，The American Political Science Review，Vol.82，No.3（Sep.，1988），p.789～804。

[92].這裡牽涉到的一個問題是：語境與理論何者為先？這無疑又是一個雞生蛋、蛋生雞的問題。本書在處理理論與語境的關係時，專指某一理論形成時與其形成語境之間的關係聯結並將其作為起點展開相關分析。

[93].盧正濤著：《新加坡威權政治研究》，南京大學出版社，2007年，第37頁。

[94].《朗文當代英語詞典》，外語教學與研究出版社，1997年，第350頁。

[95].霍恩比著，李北達譯：《牛津高階英漢雙解詞典》，商務印書館，1997年，第368頁。

[96].主要的代表就是王冠華等翻譯的杭亭頓《變動社會中的政治秩序》（「political order in changing societies」）一書。

[97].同樣是上文所提及的杭亭頓「political order in changing societies」一書，李盛平、楊玉生的譯本譯名為《變革社會中的政治秩序》，其中的

politicaldecay則被翻譯成「政治衰敗」，而在這本譯著中，「政治衰敗」與「政治衰退」又是通用的。見山繆‧杭亭頓著，李盛平、楊玉生譯：《變革社會中的政治秩序》，華夏出版社，1988年，目錄及第一章標題。此外，「政治衰敗」的譯法也見於胡福明主編，鄒農儉等編：《中國現代化的歷史進程》，安徽人民出版社，1994年，154～155頁。

[98].Samuel‧P‧Hantington著，江炳倫等譯：《轉變中社會的政治秩序》（「political order in changing societies」），（臺灣）黎明文化事業股份有限公司，1981年。

[99].彭懷恩著：《臺灣政治發展與民主化》，（臺灣）風雲論壇有限公司，2005年。

[100].Samuel‧P‧Huntington，「Political Development and Political Decay」，World Politics，Vol.17，No.3（Apr.，1965），p.393.

[101].John‧R‧Gillis，「Political Decay and the European Revolutions，1789～1848」，World Politics，Vol.22，No.3（Apr.，1970），p.350。

[102].楊先保著：《北洋軍閥與政治衰朽》，《湖北大學學報（哲學社會科學版）》，2006年5月，第33卷第3期。不過在這篇文章中，作者沒有清理「政治進步」概念，似乎將政治現代化與政治進步等同。同時，這篇文章中「政治發展」和「政治進步」的概念是通用的。

[103].楊光斌著：《制度變遷與國家治理》，人民出版社，2006年，233頁，註2。

[104].Sumit‧Ganguly，「Explaining the Kashmir Insurgency：Political Mobilization and Institutional Decay」，International Security，Vol.21，No.2（Autumn，1996），p.106。

[105].Herbert‧S‧Yee，「Review：(untitled)，Reviewed work(s)：Governing Hong Kong：Legitimacy，Communication and Political Decay by Lo Shiu-hing」，The China Quarterly，No.172（Dec.，2002），p.1081。不過應該指

出的是，香港的民主政治現在仍在比較劇烈的變動過程中，這種民主發展成何種樣態，還有待觀察。

[106].呂亞力著：《政治發展》，（臺灣）黎明文化事業股份有限公司，1995年，120頁。

[107].Samuel・Decalo，「Regionalism，Political Decay，and Civil Strife in Chad」，The Journal of Modern African Studies，Vol.18，No.1（Mar.，1980），p.23。

[108].R・Hal・Williams，「Review：（untitled），Reviewed work（s）：The Politics of Disintegration：Political Party Decayin the United States，1840 to 1900.by Garland A.Haas」，The Journal of American History，Vol. 82，No.2（Sep.，1995），p.732。

[109].施密特、謝利、馬迪斯等著，梅然譯：《美國政府與政治》，北京大學出版社，2005年，180～192頁。

[110].霍華德・威亞爾達著，劉青、牛可譯：《新興國家的政治發展——第三世界還存在嗎？》，北京大學出版社，2005年，第32頁。

[111].Egil・Fossum，「Political Development and Strategies for Change」，Journal of Peace Research，Vol.7，No.1（1970），p.21。

[112].霍華德・威亞爾達著，劉青、牛可譯：《新興國家的政治發展——第三世界還存在嗎？》，北京大學出版社，2005年，第46頁。

[113].林毅夫著：《關於制度變遷的經濟學理論：誘導性變遷與強制性變遷》，載J・R・科斯等著，胡莊君等譯：《財產權利與制度變遷》，上海三聯書店，1994年，第378頁。轉引自楊光斌：《制度的形式與國家的興衰》，北京大學出版社，2005年，15頁。

[114].辛鳴著：《制度論》，人民出版社，2005年10月，39～44頁。

[115].青木昌彥著，周黎安譯：《比較制度分析》，上海遠東出版社，2001

年，2~3頁。

[116].L·P·Singh,「Political Development or Political Decay in India？」,Pacific Affairs,Vol.44,No.1（Spring,1971）,p.65~80。

[117].Henry·C·Hart,「The Indian Constitution：Political Development and Decay」,Asian Survey,Vol.20,No.4（Apr.,1980）,p.428~451。

[118].羅納爾德·L·杰普森著：《制度、制度影響與制度主義》，157頁。見〔美〕沃爾特·W.鮑威爾、保羅·J.迪馬吉奧主編，姚偉譯：《組織分析的新制度主義》，上海人民出版社，2008年。

[119].Neil·DeVotta,「Control Democracy,Institutional Decay,and the Quest for Eelam：Explaining Ethnic Conflict」,Pacific Affairs,Vol.73,No.1（Spring,2000）,p.57。

[120].辭海編輯委員會編：《辭海》，上海辭書出版社，2000年，第1412頁。不過需要說明的是，《辭海》在解釋結構時主要是針對物質結構而言。筆者認為，在一些非物質系統中，如觀念系統等，這個解釋也同樣具有參考價值。

[121].皮亞傑著，倪連生、王琳譯：《結構主義》，商務印書館，1984年，82頁。

[122].J·M·布洛克曼著，李幼燕譯：《結構主義》，中國人民大學出版社，2003年，第6頁。不過在這本書中，作者也指出，這種說法本身表明的意思太少了，結構概念被假定的同一性與包含在這一概念中的真實關係的多樣性之間存在著矛盾，如果這類困難不解決，結構主義的「結構」概念的運用就仍然有三個特點：多義性、語境關聯性和滲透性。見布洛克曼上引書，6~7頁。

[123].山繆·杭亭頓著，王冠華等譯：《變化社會中的政治秩序》，上海世紀出版集團，2008年，第89頁。

[124].馬克思和恩格斯著：《共產黨宣言》，見中央編譯局編：《馬克思恩格斯選集（第一卷）》，人民出版社，1995年，第284頁。

[125].徐曉萍著：《臺灣的族群問題與「台獨」勢力的政治利用》，《中央民族大學學報》，2006年6期。

[126].殷海光著：《中國文化的展望》，上海三聯書店，2002年，28頁。本書初版為1965年，（臺灣）文星書店出版，但是出版不久即遭查禁。

[127].加布里埃爾·A·阿爾蒙德，西德尼·維巴著，馬殿君等譯：《公民文化——五國的政治態度和民主》，浙江人民出版社，1989年，122～123頁。本書初版為1972年。當然，對政治文化的定義也有多種，這裡不再贅述，本書從分析的需求出發，主要取阿爾蒙德的政治文化概念。

[128].王樂理著：《政治文化導論》，中國人民大學出版社，2000年，第92～93頁。

[129].霍華德·威亞爾達著，劉青、牛可譯：《新興國家的政治發展——第三世界還存在嗎？》，北京大學出版社，2005年，第25頁。

[130].呂亞力著：《政治發展》，（臺灣）黎明文化事業股份有限公司，1995年，第47頁。

[131].Nigel·Parsons，「The Political of the Palestinian Authority：From Oslotoal-Aqsa，Routledge Taylor and Francis Group」，New York and London，2005，chapter1，p.3～17。

[132].杭亭頓的「現代化」概念核心內涵是以政治參與擴大為中心而展開的制度設計，可以認為主要內容就是西方理論語境下的民主化。在這個意義上說，現代化其實就包含了良好治理的基本意涵。勞勃·道爾的多元主義理論強調在社會運行的過程中權力是分散的，社會治理其實就是這種多元權力不斷妥協的結果。因此，道爾是從另外一個路徑上討論了實現社會治理的問題。所以，儘管兩人所使用的概念不同，但是在實現治理的意涵上卻有相通的地方。

[133].勞勃·道爾著，李培元譯：《民主及其批判》，（臺灣）韋伯文化出版有限公司，2006年，402～403頁。臺灣學界一般將道爾（Robert·A·Dahl）的名字翻譯成「勞勃·道爾」。

[134].政治衰退的衡量標準不是絕對的,本書僅從實現社會治理的意義上提出衡量政治衰退的六個指標。事實上,在不同的理論視角和不同的語境下,政治衰退的標準會有所不同。

[135].主要指儒家文化地區,例如日本、韓國、新加坡等。

[136].楊光斌著:《政治冷漠論》,《中國人民大學學報》,1995年第3期。

[137].大衛・米勒、韋農・波格丹諾主編,鄧正來譯:《布萊克維爾政治學百科全書・政治腐敗(制度卷)》,中國政法大學出版社,2002年,第594～595頁。

[138].大衛・赫爾德著,李少軍、尚新建譯:《民主的模式》,(臺灣)桂冠圖書有限公司,2002年,第239頁。

[139]. S・N・Eisenstadt,「Introduction:Historical traditions,Modernization and Development」,see Patterns of Modernity Volume II:Beyond the West,Edited by S.N.Eisenstadt,France Pinter,London,1987,p.11。

第2章 臺灣民主化過程中的政治衰退

　　臺灣民主化的歷程始於何時，目前並沒有確切結論。從形式上來說，自從1950年代初國民黨開放地方選舉，其實就可以認為是臺灣民主化過程的開始。不管當時的選舉到底有多少問題，但是確實給後來的黨外運動提供了一定的活動與生存空間，這也是臺灣的民主化過程得以展開的一個重要制度性前提。

　　不過目前大部分學者更加傾向於認為臺灣的民主化過程開始於蔣經國時期的政治改革。丹尼·羅伊認為，「臺灣的政治反對勢力，在長時期持續的壓力下，利用內外政治情勢等戰略，終於獲得突破，而將下列問題：政府組織改革、代表臺灣人社會的新政黨合法化、保護公民自由權以及允許公開討論臺灣前途等議題，一一推展開來。這20年來一連串的事件所產生的強大凝聚力，造成了實質上的政治自由化。」[1]顯然，羅伊看待臺灣民主化問題的主要標準是「政治自由化」。其主要內容包括：獨裁領袖的偶像崇拜情結在臺灣已經不復存在；一個所有政黨認可的公平選舉方式終於被採用；國民黨雖然在臺灣還處於執政的地位，但影響力大不如前；國民黨黨內的民主有所發展等。

　　大陸學者孫代堯在述及臺灣的政治轉型時也主要依據這樣的標準，認為以「戒嚴令」和「黨禁」、「報禁」的解除為標誌，臺灣威權政治的自由化轉型完成。在這個過程中，國民黨領導階層採取了主動開啟政治改革的應對方式，轉型的過程處於當局的控制之下，基本上沒有發生大的政治動盪。從而保證了從威權主義到政治自由化的「軟著陸」。[2]不過孫代堯對民主化的分析還是主要集中於制度層面，民主化所涉獵的內容主要是制度改革，即革除了原來的「萬年國會」等威權主義政治體系代表結構，包括廢除「萬年國會」，開放從省長、「國會」到「總統」等所有職位的公民直選等。

　　臺灣自蔣經國時期開始的政治改革所實現的政治民主化確實成為臺灣政治變

遷的一個重要轉折點。此後臺灣政治變遷進入劇烈結構性變動時期。以西方社會的認知模式來看，臺灣確實實現了民主化，政治變遷的結果基本上符合代議制民主的形式要件。按照政治學理論的一般觀點，當代民主主要是指代議制民主。在現代社會中，除規模較小的基層政治活動，或是特定重要政治議題可透過公民投票方式，讓民眾直接參與外，絕大多數政治活動其實並不具備讓民眾直接參與的條件。職是之故，間接民主或代議民主，就成為民主政府不得不接受之妥協參政方式。代議民主具有下面幾項比較重要的特徵：1.主權在民；2.政治競爭；3.權力更迭；4.人民代表；5.多數決；6.表示異議與不服從的權利；7.政治平等；8.大眾諮商；9.新聞自由。[3]以這些標準來衡量戰後臺灣政治變遷歷史，臺灣在制度結構上已經實現了民主轉型。

另一方面，臺灣民主化轉型後形成的民主制度不僅具有形式要件，也有相應的、與民主制度一致的價值演變作為支撐。一些基本的民主價值如對權力的監督、對公正選舉結果的尊重以及對政治正義程序性結果的追求等，均隨著民主化進程的推展在一定程度上成為臺灣社會的共識。例如，陳水扁在家族弊案東窗事發以後，很快經過司法審判被定罪並受到了監禁，這在威權時期是不可能出現的情形。臺灣社會在經歷了民主化歷程以後，整個社會實現了從制度到價值觀念的蛻變，這些蛻變所展現的是臺灣半個多世紀以來的政治發展成果。

同時，我們也必須看到臺灣政治變遷過程中的政治衰退問題。在民主化過程中，往往會伴隨著權力的進一步集中、社會階層的分化、政治觀念的對立與衝突、經濟發展遲緩、政治腐敗等方面的問題。而且，民主化的推展往往和權力重組及政治博奕是分不開的，臺灣地區的情況也是如此。在臺灣的民主化過程中，權力博奕對政治變遷的基本樣態有重大影響。羅伊認為，李登輝時期，雖然推動了臺灣的政治民主化和自由化進程，「但是他對臺灣民主化的積極作用是值得懷疑的」。就當時的情況來看，民主化與李登輝掌握權力的慾望相互衝突，因此他在推動民主化的同時，在國民黨內仍採取強硬的手段以維持紀律，鞏固權力。綜觀而言，李登輝於任期中擴展權力的手段，以及參加1996年臺灣地區最高領導人選舉連任的決定，在在顯示他的一切作為雖然對臺灣政治的民主開放有一定影響，但是其最終目的還是為了滿足個人的野心。[4]也就是說，李登輝對民主化的

推動是以他的政治利益為中心展開並為他爭奪政治權力服務的。所以，透過權謀性操作，李登輝在鞏固權力的同時實現了政治自由化，但是卻留下了族群對立、政治腐敗與「黑金政治」的後遺症。

臺灣政治衰退的影響力已經逐步展現出來。2000年民進黨執政以來臺灣的政治亂像已經非常明確地說明了這一事實。當然，如果仔細追究，臺灣政治衰退的不同層面對社會產生影響的程度是有差異的。具體來說，有些政治衰退屬於因變量層次，而有些則屬於自變量層次。[5]臺灣學者石之瑜曾對這種不同層面的政治衰退現象有形象的描述，他說：「臺灣的政治發展確實出現了問題，諸如經濟不振、社會貧富分化等問題越來越嚴重。但是這只是病徵而不是病因。真正的病因在於缺乏靈魂，則無以遠慮，當然立有近憂。」[6]相對來說，因變量層次的政治衰退大多是政治結構和社會結構深層次的、比較穩定的因素所引起。臺灣社會當前出現的問題，與各個層面上的政治衰退都有或大或小的關聯。

臺灣政治變遷（民主化）過程中政治發展與政治衰退現象的大致情況如下表所示：

表二 臺灣民主化過程中政治變遷的兩個面向

	政治衰退←—政治變遷（民主化）→政治發展	
權力結構	「衝突型的半總統制」。	司法一定程度的獨立，媒體的監督加強等。
行政效率	「政治無能」，行政效率降。	選民可以對行政效率降低表達不滿，壓迫當政者提高效率。
政治參與擴大	族群撕裂與政治對立。	體現「主權在民」原則。
經濟發展	經濟發展議題政治化，影響經濟決策的效率。	經濟決策更能反映民意的要求。
社會共識	亞層面的認知分歧，如「國家認同」、本土性認知等。	基本層面的共識，如政治制度，人文關懷等。
政治腐敗	腐敗增加，「金權政治」和「黑金政治」嚴重。	反腐敗鬥爭取得一定成效。

本章擬從上表所列的六個方面對臺灣政治衰退現象進行逐一考察，力求對臺灣政治衰退問題有較為全面的描述。

2.1 「總統」權力的集中與制衡弱化

在臺灣的政治變遷過程中，權力的集中現象比較明顯。權力（power）是政治分析中的一個基礎性概念。儘管存在著一些爭議，許多政治學者還是承認，權力在最低限度上講是指一個行為者或機構影響其他行為者或機構態度和行為能力。[7]不過，在政治行為中，僅僅依靠「影響」層面的權力是不夠的。在更加傾向於制度分析的語境下，支配的能力顯然更能比較確切地表述權力的內涵。這種能力的核心在於對行為者和機構的支配權，是做事和控制他人行為的能力。按照美國政治學者勞勃·道爾的說法，就是使其他人做他們不願意做的事情的能力。[8]更為狹義的說法，政治權力應該主要指決策權，即對政治資源分配的主導權。以此為基點進一步分析，政治權力主要包含的內容應該有正式制度層面的權力和非正式制度層面的權力兩個方面。

2.1.1 「總統」權力集中的制度基礎

民主化過程中，臺灣政壇的權力集中首先表現在制度性擴權。自李登輝以來，臺灣當局經過七次「修憲」，已經將「總統」的權力大為擴增。可以說，自1991年以來臺灣「憲改」的過程，其實就是制度性擴權的過程。

按照臺灣原有的制度設計，應該是虛位「總統」的「議會內閣制」。按照1946年的《中華民國憲法》，總統的權力受到立法院和行政院的極大牽制。如第37條規定，總統依法公布法律，發布命令，須經行政院長之副署，或行政院長及有關部會首長之副署。而宣布戒嚴和發布緊急命令均需得到立法院的透過或追認（第39 條和43條）。[9]但是，這種權力制衡的制度設計在臺灣基本上沒有發揮作用，自1946年中華民國憲法制定以來，這些條款基本上就處於凍結狀態。到了臺灣以後，蔣介石和蔣經國作為政治強人長期統治著臺灣政壇，在李登輝上臺之前，個人集權的政治格局一直保留下來。

1949年以後蔣氏父子集權的法律依據主要來自於「動員戡亂時期臨時條

款」和「戒嚴令」。1948年4月18日，在人民解放軍的強大攻勢下，蔣介石為了加強控制，「應付緊急時機」，由王世杰等人提議制定「動員戡亂時期臨時條款」，主要內容為：「茲依照憲法第一百七十四條第一款程序[10]，制定動員戡亂時期臨時條款：總統在動員戡亂時期，為避免國家或人民遭遇緊急危難，或應付財政經濟上重大變故，得經行政院會議之決議，為緊急處分，不受憲法第三十九條或第四十三條所規定程序之限制。前項緊急處分，立法院得依憲法第五十七條第二款規定之程序[11]，變更或廢止。動員戡亂之終止，由總統宣告，或由立法院諮請總統宣告之。」[12]透過這個「臨時條款」，蔣介石成功擺脫了立法院對他的制衡，建立了後來政治集權的法源基礎。此後，「動員戡亂臨時條款」經過1960年、1966年兩次修訂和1972年的修訂後，授權「總統」設立「動員戡亂機構」，決定有關大政方針，並得調整「中央政府」之行政機構及人事機構。包括蔣介石出任第三任「總統」等重大違反「憲法」的政治情事，均在「動員戡亂臨時條款」的名義下找到了法源。[13]在「臨時條款」授權下組織的「國家安全會議」，實質上成為決策的中心，不但「行政院」提報「立法院」的各項預算、法律案須經「國安會」審議，且「國安會」對「行政院」提報之預算及法案，有變更之權。經過了「臨時條款」的系統破壞，所謂的「憲法」所規定的制衡程序事實上已經成為具文，政治強人的統治也正是在這個基礎上建立起來。

　　1949年5月19日，臺灣省警備總司令部發布「戒嚴令」，宣布自5月20日起實施戒嚴。這就是國民黨當局到臺灣後長達38年的戒嚴之始。國民黨當局的戒嚴影響到民眾的人身自由、遷徙自由、意見表達自由、集會結社自由等方面，是國民黨全面實行威權統治的法律基礎，也是政治權力集中的重要法源之一。如果說「動員戡亂時期臨時條款」是比較直接地為政治權力集中提供了「憲法」層面的法律依據，那麼戒嚴令則以比較間接的方式支持了政治強人統治。按照臺灣學者的說法，戒嚴令禁止新的政黨成立，因而沒有出現分裂「國家意志」和多黨林立等現象，黨爭和權力傾軋的情形也不致出現，「國民意志」亦較能集中，政治較易維持團結和諧。同時，戒嚴令禁止罷工、罷課、罷市及限制聚眾遊行，因而使社會秩序得以維持。[14]簡言之，戒嚴令為政治集權創造了較為理想的政治環境，在這種環境下，很難形成對抗國民黨當局政治集權的反對力量。

臺灣民主化與政治變遷：政治衰退理論的觀點

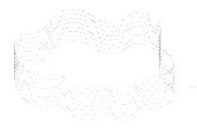

　　「動員戡亂時期臨時條款」和戒嚴令是國共內戰和兩岸對抗語境下形成的特殊制度設計，這些制度設計帶有臨時性的特徵，即這些制度設計基本上都是立基於「反攻大陸」的政治訴求上。透過這些制度設計，蔣氏父子從法律制度層面完成了對臺灣的政治改造，達到了集權目的。

　　1987年7月14日，臺灣當局發布命令，宣布自15日零時起解除戒嚴。蔣經國去世後，臺灣當局內部就臺灣的政治走向問題展開了激烈的爭論，最後形成了「回歸憲法」的共識。1991年4月22日，第一屆「國民大會」第二次臨時會召開，透過廢止「動員戡亂時期臨時條款」的決議，隨後李登輝宣布自1991年5月1日起廢止「動員戡亂時期臨時條款」。[15]臺灣政治體制進入劇烈結構調整期。一旦原有臨時體制廢除，則「中華民國憲法」中偏向於「內閣制」的制度設計對當政的李登輝立即產生了巨大的權力約束，使「總統」的權力有遭到弱化的風險。因此李千方百計地要擺脫這些制度性束縛，擴大自己手中的權力。

　　概括起來說，李登輝及其後的政治集權是經過七次「修憲」逐步達成的。[16]經過「修憲」以後，「總統」權力有了明顯增加，臺灣的政治體制由1946年《中華民國憲法》偏向於「內閣制」的制度設計轉而成為類似於「總統制」的制度設計，「總統」的權力不斷擴大，並缺乏相應的制衡機制。具體來說，主要有以下兩個方面。

　　一、臺灣地區最高領導人直選，權力基礎得到強化。1992年的「修憲」規定，臺灣地區最高領導人由「自由地區」全體人民選舉。這實際上意味著：一方面，李登輝透過這種方式，割斷了臺灣與大陸在「法統」上的內在聯繫；[17]另一方面，臺灣地區最高領導人取得了直接的「民意基礎」，為其擴權和集權提供了直接正當性支持。

　　二、臺灣地區最高領導人的職權擴增。其中最主要者，是規定「總統」得設「國家安全會議」及所屬「國家安全局」（1991年「修憲」時透過）。這兩個「戡亂時期」非常體制產物的「就地合法」，必然導致「總統」與「行政院長」既存法律關係遭到破壞。按照臺灣學者的說法，「國安會組織法無論將國安會定位為決策機構或諮詢機構，但是以總統擔任主席，行政院長為第二副主席，將破

壞憲法上最高行政決策權的規定，而這個『太上行政院』將面臨『有責者無權』，『有權者無責』的局面。」這種在最高行政機關之「行政院」之上，另設一個兼具策劃與執行之治安機關，實已破壞整個行政體系的完整性。[18]再從另一個增修條文中所謂「總統為決定國家安全有關大政方針，得設國家安全會議及所屬國家安全局，其組織以法律定之」來看，何謂「國家安全」？又何謂「有關大政方針」？這等於給「總統」職權開了一張空白的權力支票。因此，島內對於這個條款認為其實是「回歸臨時條款」，而非回歸「憲法」。[19]此外，經過幾次「修憲」以後，「總統」取得了對「司法院」、「考試院」和「監察院」正副「院長」的提名權，加上原來就有的「行政院長」提名權，「總統」已經取得了「五院」中「四院」的正副「院長」提名權，從而為「總統」將權力滲透進這些機構提供了便利。

2.1.2 黨國體制與「總統」權力集中

臺灣在「憲法」和「政府」組織體制下進行的政治集權可以稱為制度[20]層面的集權，而以國民黨的組織系統為中心，結合相關法律規範進行的政治集權可以稱為結構性集權。眾所周知，臺灣在1949年之後，除了制度層面的集權以外，黨國體制結構下進行的集權是臺灣民主化過程中權力集中的重要方面。

在臺灣開放黨禁以前，制度層面的集權和結構層面的集權其實是一體兩面的關係。蔣介石敗退臺灣之後，對國民黨進行了全面改造，加強了黨在決策系統中的功能，同時也加強了黨的組織對各層行政組織的滲透。改造後的國民黨組織形式上維持民主，依黨章以「全國代表大會」為最高權力機構，但是這種四年召開一次的黨員代表大會，徒具有名義上的權力。至於「全代會」產生的中央委員會，也不具有真正的實權。只有中央委員會中依主席提名同意產生的中央常務委員會，才是較為具有權力的決策機構。在蔣氏父子時代，黨主席是最具實權的政治人物。他們提名、經中央委員會同意的中央委員會祕書長是協助黨主席處理日常事務的代理人，也是政黨組織的代理人。中央黨部以下，分有地方黨部及特種黨部。地方黨部分為省、縣、區三級，仿蘇聯的模式，以小組為基本單位，形成

細胞式的基層形態。[21]國民黨這種組織結構得到強化以後，對政策決策的控制也在加強。其中對決策影響最大者，是國民黨中央委員會下面的業務機構，以及政策委員會和各個部分的黨部等機構。例如，有關「立法部門」法案之決策過程中，黨籍「立法委員」的提案先要送交「立法院」黨部審查，然後送政治會審議，最後才送「立法院」完成三讀程序。這些機構最終受到政治強人蔣氏父子的支配，他們的建議或指示往往成為政策制定的根源；另外在以政治決定人事的黨章規定下，黨的領袖對重要幹部都有提名權，亦使黨的領袖處於決策權力的頂峰。[22]國民黨到臺灣後經過改造，形成了嚴密的組織結構，強化了對社會和政治系統的控制。因此，日本學者若林正丈認為，1949年以後國民黨在臺灣的「改造」，不只是黨組強的整頓與改組，而是要克服黨內派閥，貫徹領導者的指導，以黨對「國家機構」（政、軍及「特務」）進行單一化的指導，重建政權為「政黨國家」。其精神是「以黨領政」、「以黨領軍」。黨是「政府」和軍隊的靈魂，也是導演、引擎，「政府」和軍隊不過是演員、車輪。但是國民黨為了表示自己的正當性，也為了得到美國的支持、承認自己屬於「自由陣營」，不得不讓「黨退到背後」，留下「民主憲政」的口號和架構。經過這樣的改造後，臺灣型疑似的（或不完全的）黨國體制形成了。[23]在這個體制中，權力的集中主要是透過黨的系統對政治系統進行控制達成的，以「政府」為中心的政治系統基本結構和組織樣態到底如何已經不是那麼重要了。

　　黨國體制的前提就是政治領導人對黨機器的絕對控制權。蔣氏父子對國民黨的絕對支配權主要來自於他們在長期政治活動中形成的政治權威。也就是說，在蔣氏父子的集權過程中，雖有制度和結構的因素在起作用，但更多是政治權威個人因素產生的影響。及至李登輝上臺以後，以他的資歷，很難在黨內取得政治強人的地位。所以，對他來說國民黨的龐大機器已經不能像蔣氏父子那樣發揮政治集權的功能。相反，黨內殘存的親蔣勢力反倒成為李登輝加強自己政治地位的障礙，在這種情況下，李登輝推動「憲政改革」，弱化國民黨在政治資源分配中的地位，有其必然性。1993年8月召開的國民黨「十四全」上，李登輝提出，國民黨的性質已經由「革命民主政黨」變為「具有革命精神的民主政黨」，明確提出黨的政策以「民主為歸依」，黨的任務是在「政治競爭中贏得選舉」，鞏固政

權。按李登輝的解釋，就是要重修國民黨這個「百年老店」，使它煥然一新，完成「民主政治」的目標。[24]此後，國民黨的改造在理論與實踐上都朝著這個方向推進，國民黨按「人團法」的規定，向有關部門登記，完成了「法人」登記手續，形式上將自己變成了和其他政黨一樣的普通政黨。這個措舉意味著，國民黨雖然當時仍然在政治資源分配中占有決定性地位，但是黨國體制已經失去了制度性基礎。

與國民黨政治地位弱化同時進行的，是李登輝在國民黨中地位的強化。李透過對國民黨的改造和調整，逐步消滅了黨內的反對力量。所以，隨著國民黨的民主化，黨內的權力集中更加明顯，權力的行使更具有壟斷性。[25]以國民黨內的提名制度為例。該黨雖然自1989年增額「立委」、縣市議員和縣市長選舉中開始採取初選制度，但長期以來，這種初選投票一直是作為提名的參考，起不到決定性作用。黨內的提名依然採用精英決定的模式。對於李登輝等國民黨高層人士來說，這種模式更容易左右提名的結果，從而變相控制提名過程。[26]2000年國民黨下臺之前提名制度改革一直滯礙難行的重要原因即在於此。在國民黨改造的過程中，透過嚴密的政治操作，李登輝加強了自己的實力，雖然其對國民黨的控制力與兩蔣時代相比已大為不如，但是李在國民黨裡的地位逐步鞏固卻是不爭的事實。

隨著黨國體制逐漸崩解，到2000年下臺以後，國民黨中央已經不再是政治決策的中心，黨機器開始向選舉機器的方向轉化。對黨而言，資源分配的功能相對減少，即便是在提名制度上黨中央還有一定的發言權，但是也要依靠協商和制度化的技術操作完成，而不是靠政治強人來決定。雖然在這個過程中政治領袖還可以施加一定的影響，但是卻難以像以前那樣以一己之力完全左右提名結果。

但是也不能因此說臺灣的政黨機器在政治集權方面已經完全失去功能。2000年政黨輪替之後，黨國體制瓦解，臺灣的政黨與行政權力關係漸漸疏遠。於是，政治集權的方式也有了改變。政黨由原來自身作為權力集中的重要工具，變成「總統」權力的收集器。這種情況在國民黨和民進黨中都存在。在這個過程中，黨中央地位下降，「總統府」的地位上升。在制度上說，臺灣的「總統」已

經是「有權無責」的超級領導人,而在黨政關係上,「總統」的支配能力也在不斷增加。主要原因有二:首先,「總統」手中握有大量行政資源,可以用這些資源換取政治支持。其次,由於「總統」是政黨行政績效的代表,也是政黨政治形象的代表,「總統」的施政績效對政黨來說可能帶來整體紅利,也可能帶來連帶性損害,雙方形成了榮辱與共的緊密關係,根本無法切割。以上原因給了「總統」利用政黨機器集權的正當性。

以前由政黨擔負的政治資源分配職能現在轉移到了「總統府」。由於臺灣的政黨帶有一定程度剛性政黨的特徵,並不像美國的政黨那樣,主要擔負選舉的功能。故而臺灣政黨政治運作過程中,政治資源如何在黨內進行分配始終是一個大問題。「總統」作為最大的政治資源掌握者,顯然要利用這些資源去拉攏自己的支持者,壯大自己所屬的政黨,而黨內也有這樣的要求。例如,2000年陳水扁上臺後,開始啟用唐飛「內閣」,力圖打造出一個「全民總統」的形象,但是不久以後就發現根本無法抵擋住黨內要求政治酬庸的聲音,最後不得不向民進黨全面執政的要求妥協。正是因為這樣,「總統府」在黨內擁有絕對的權威,可以透過政治資源的分配統合內部不同的聲音,同時也可以透過這種方式對黨內決策施加影響。這在民進黨執政時期表現得相當明顯。而2008年馬英九上臺後,雖然在政治酬庸方面與民進黨有相當大的不同,體現了「效率優先」與「操守優先」的訴求,但是這只是說明馬有「政治潔癖」,並不說明他利用手中行政資源進行政治酬庸的空間已經消失。

在臺灣目前的政治結構下,必須要整合「府」、「院」、黨的分歧,保證施政的順暢。這自然不是容易的事情。民進黨在執政八年的過程中也沒有找到一個比較適當的模式去處理這個問題,最後還是在權力的協調問題上被整得焦頭爛額。但是不管怎麼說,就施政績效的達成而言,在客觀上「總統」需要整合「府」、「院」、「黨」的力量,減少分歧和內耗,保證施政的協調。陳水扁和馬英九在當選臺灣地區最高領導人之後都曾經表示不會擔任黨主席,但是後來都沒有遵守自己的諾言。其實對於馬英九和陳水扁來說,並不是主觀上願不願意信守諾言的問題,而是現實情況迫使其不得不然。其中主要的原因就在於除了「總統」以外,沒有誰有能力統合黨內不同的意見。馬英九最大的教訓就是他提名的

「監察院」人選在「立法院」遭到了國民黨「立院黨團」的狙擊。從這個角度上說，「總統」集黨權和行政權於一身自然有它的合理性。這也正是臺灣民主政治有意思的地方：在經歷了長期的民主化以後，集權的趨勢卻越來越明顯。也許米歇爾斯說得對，「民主在本質上傾向於以威權的方式解決問題，它渴望榮譽和權力。」[27]在臺灣的政治情境下，也許只有威權的方式才能解決問題，特別是牽涉到改革問題的時候。

2.1.3 對「總統」權力制衡的失靈

臺灣的政治設計中，「總統」權力日益擴大，但是相關的權力制衡設計卻越來越弱，甚至付諸闕如。自李登輝以降開始一系列「修憲」過程中，當權者不斷增加「總統」職權，原有的權力制衡設計被逐步廢除，卻沒有新的權力制衡的制度設計，使臺灣的政治制度無法體現權責平衡的原則，這也開啟了未來政治發展的不確定性。

在臺灣的政治制度中原來有若干對最高領導人權力制衡的設計，廢除「動員戡亂臨時條款」以後，這些制度設計對李登輝鞏固和擴大自己權力形成了巨大的障礙，於是在李主導的「修憲」過程中，對「總統」權力進行制衡的相關制度設計被逐步破除。除了上面提到的「國家安全會議」和所屬「國家安全局」等「動員戡亂時期」的非常設機構就地合法外，透過「憲改」，臺灣政治制度設計中「總統」的人事任免權力擴大也較為典型。經過「修憲」後製訂的「憲法修正案」先後廢除了以下幾個方面對「總統」人事權的制衡設計：

一、「總統」任命「行政院長」時「立法院」的副署權。「中華民國憲法」原來規定「行政院長」由「總統」提名，經「立法院」同意任命[28]，後來改為由「總統」直接任命[29]。這樣一來，「行政院長」直接變成了「總統」的幕僚長。由於權力直接來自「總統」，所以雖然在名義上對「立法院」負責，但是「行政院長」更多地還是需要向「總統」負責。即便「立法院」對「行政院長」的候選人不滿，也沒有辦法在人事任命上進行牽制，這種制度設計直接削弱了「立法院」的權限而強化了「總統」的行政權力。

二、修改後的「憲法修正案」規定,「總統」發布「行政院院長」依「憲法」經「立法院」同意任命人員之任免命令及解散「立法院」之命令,無須「行政院長」之副署。[30]這事實上又擺脫了「行政院長」在人事任命權上對「總統」的牽制,進一步弱化了「內閣」在整個政治系統中的地位,「內閣」已經完全無法對「總統」進行制衡,使原來「內閣制」的設計已經基本失去了制度依託。

於是,臺灣的政治體制在經歷一系列改革之後由原來的「內閣制」向「總統制」的方向發展,行政權力日益集中於「總統」手中。當然,也有的學者認為臺灣現在實行的是類似於法國的「雙首長制」。主要的依據是,在1997年「修憲」時,賦予「總統」任命「行政院長」不需「立法院」同意的權力,但是也賦予「立法院」「倒閣權」來制衡「總統」。[31]故而臺灣地區的政治制度設計與法國的政治制度最為接近。臺灣學者周育仁認為,1997年「修憲」產生的「修正案」的藍本就是法國的「雙首長制」。

雙首長制也稱為「半總統制」,是以法國第五共和國為代表的政治制度安排,這種制度一般來說主要有三個衡量指標:總統由民選產生;總統擁有重要權力(considerable powers);存在獨立的內閣,並對國會負責。[32]在這種制度安排下,一般認為,總理權限的大小主要不是根據憲法,而是取決於他與總統的私交和黨派關係。總理與其他部長同事的關係,大約也不止於在同僚中坐頭把交椅,他的眾多職能之一是在議會為總統的政策爭取多數支持。因為按照憲法,如果議會透過一項反對政府的政綱或者不信任案,政府就必須辭職或者議會就必須被解散。「這是唯一使法國的總統制政體與美國或墨西哥的總統制政體相區別的地方。」[33]這種制度安排在法國的政治情境下確實產生了制衡的效果,從而使得在總統和議會屬於同一政黨時會形成偏向於總統制的雙首長制,而當議會與總統屬於不同黨時會出現偏向於內閣制的雙首長制。

但是,在臺灣的語境下,制度設計上對「總統」的制衡只能說是為實際的權力制衡提供了可能而已。按照1997年「憲法修正案」的規定,「立法院」確實可以對「行政院」提出不信任案,「總統於不信任案透過後十日內,經諮詢立法

院長後,得宣告解散立法院(戒嚴和緊急命令生效期間除外)。立法院解散後,應於60日內重新選舉,並於選舉結果確認後十日內自行集會,其任期重新算起。」[34]但是問題正是在這裡,「立委」選舉在臺灣是一項成本非常高的事情,在臺灣推行複數選區單記非讓渡制(single nontransferable vote system,SNTV)時已經如此,單一選區兩票制實施以後,成本更高。在這種情況下,「立委」自然不希望解散以後重新選舉,所以寄望於「立法院」對行政權進行牽制根本是不切實際的幻想。例如,2001年「立法院」改選後,民進黨成為國會最大黨,雖然仍未過半數,但勝選的氛圍使陳水扁更勇於選擇任命同黨的張俊雄擔任「行政院長」。泛藍陣營因為親民黨的成立、新黨的泡沫化和國民黨的挫敗,雖然總席次仍過半,但考慮到如果「倒閣」後遭解散而必須再次選舉,既沒有勝選把握,再加上「立委」競選高昂的成本,使這些「立委」們猶豫再三。而且,在「立法院」進行抵制帶來的媒體曝光效益更有助於下一次競選的連任,其效益與風險的比較自然優於「倒閣」的決定。所以這次「倒閣」最後胎死腹中。

所以,有臺灣學者認為,在目前的制度框架下,基本上行政權的歸屬是由「總統」選舉結果來決定,而非「立法院」的選舉。換言之,目前「立法院」選舉的結果與哪一個政黨掌握政權並無關係。[35]臺灣的現實情況是,「總統」依個人意志強行任命「行政院長」,「政府」的各項行政決策,無論是對外或內政事務,亦由「總統」來主導,使得「總統」與「行政院長」之間的權力關係分際相當模糊,甚至是「總統」凌駕於「行政院院長」之上,而使「行政院長」成為「總統」的執行長,並在「總統」領政的情形下與「立法院」對抗,亦使「行政院院長」更加依賴「總統」。所以,臺灣學者王業立將臺灣的這種體制稱為「衝突型的半總統制」。[36]在這種情況下,「立法院」僅在理論上存在著對「總統」權力的牽制,但是實際上根本沒有辦法發揮對於「總統」行政權的干預功能,也無法干預「行政院長」的人事任免權。這也是為什麼無論是國民黨的領導人還是民進黨的領導人,取得執政權後均不將「立法院」當成切實制衡者的原因。

制度性制衡的缺失使領導人行使權力時顧忌減少。對於「總統」濫用人事權和行政權力的情況,臺灣社會大概只能透過體制外的方式進行制衡。主要的方式

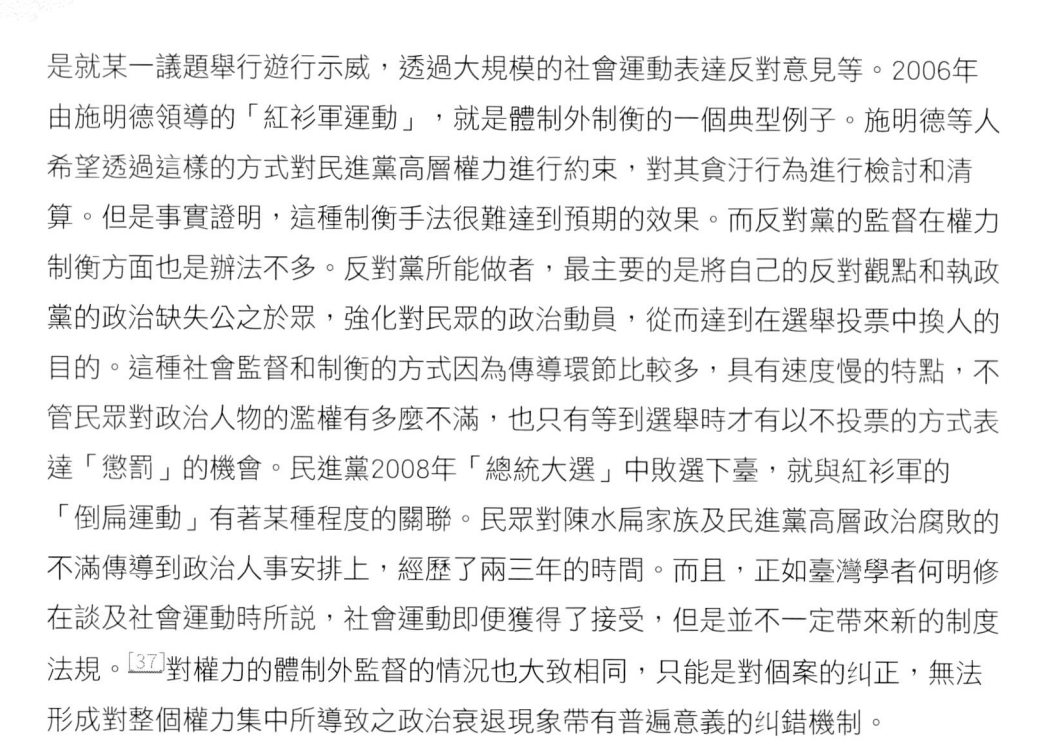

是就某一議題舉行遊行示威，透過大規模的社會運動表達反對意見等。2006年由施明德領導的「紅衫軍運動」，就是體制外制衡的一個典型例子。施明德等人希望透過這樣的方式對民進黨高層權力進行約束，對其貪汙行為進行檢討和清算。但是事實證明，這種制衡手法很難達到預期的效果。而反對黨的監督在權力制衡方面也是辦法不多。反對黨所能做者，最主要的是將自己的反對觀點和執政黨的政治缺失公之於眾，強化對民眾的政治動員，從而達到在選舉投票中換人的目的。這種社會監督和制衡的方式因為傳導環節比較多，具有速度慢的特點，不管民眾對政治人物的濫權有多麼不滿，也只有等到選舉時才有以不投票的方式表達「懲罰」的機會。民進黨2008年「總統大選」中敗選下臺，就與紅衫軍的「倒扁運動」有著某種程度的關聯。民眾對陳水扁家族及民進黨高層政治腐敗的不滿傳導到政治人事安排上，經歷了兩三年的時間。而且，正如臺灣學者何明修在談及社會運動時所說，社會運動即便獲得了接受，但是並不一定帶來新的制度法規。[37]對權力的體制外監督的情況也大致相同，只能是對個案的糾正，無法形成對整個權力集中所導致之政治衰退現象帶有普遍意義的糾錯機制。

　　因為政治權力相對集中於「總統府」，而「立法院」和「行政院」又沒有制衡的辦法，所以出現了許多問題。較重要者，這種結構容易形成以「總統」為中心的「恩庇」體制。按照史考特（James C.Scott）的定義，庇護關係是指一種角色之間的交換，可以被界定為一種涉及雙邊的工具性友誼關係的特殊情況，其中具有較高社會經濟地位的個人（庇護者）使用自己的影響力和資源向社會經濟地位較低的被庇護者提供保護和利益，被庇護者向庇護者提供一般性的支持和幫助（包括個人服務）作為回報。[38]有學者認為，無論在什麼時代，作為一種決策體系或政治體系的庇護主義，主要特點包括以下諸方面：權威來自於個人；領導者壟斷了政治權力且不負責任；領導者與支持者之間關係是非透明的，缺乏可靠性；領導者透過提供個人恩惠以獲得追隨者的忠誠從而維護權力；決策過程是祕密進行的，缺乏公共討論和民眾參與，政黨是圍繞個人組織起來的；決策的標準是私下的，缺乏透明的程序；支持者的利益引導了政策方向等。[39]「恩庇」體制與現代民主制度和民主精神如果不是相反的，最起碼也是不一致的。但頗具諷刺意味的是，在臺灣的政治發展過程中，恰恰是在民主化的過程中化育出了庇護

制度，臺灣學者一般將其稱為「恩庇—侍從（Patron-Client）」體制。[40]不過臺灣學者在講「恩庇—侍從」體制時主要是針對國民黨當政期間處理與地方派系關係的操作模式，但對於臺灣民主化轉型完成後，特別是民進黨上臺以後的「恩庇—侍從」體制發展卻少有論述。但是不管承不承認，臺灣的制度設計都為「恩庇—侍從」體制留下了相當大的空間。

國民黨時期的「恩庇—侍從」體制發展較為典型，學者也多有論述，此處不擬多花筆墨。這裡簡單論述一下民進黨上臺後的「恩庇—侍從」體制發展。在民進黨上臺後八年的時間裡，權力分配結構基本上都是以陳水扁為中心建構的。從黨的人事安排上可以看出，民進黨一方面是要逐步加強陳水扁的個人地位，同時也要照顧黨內各個派系的利益，權力的分配與利益的分配基本上同步進行。經過了八年變遷，事實上在民進黨內部形成了一個利益共生結構，即以陳水扁為中心，以扁系人馬為基本力量，以各個派系（有的派系只是「山頭」）的制衡為基本機制，以整體利益的保證為原則，以政客個人的利益實現為根本目的，共同分享龐大的政治資源。在整個民進黨內，形成了一個龐大的「恩庇—侍從」結構，各個政治山頭從陳水扁那裡取得政治資源，然後以政治忠誠作為回報。這樣，以政治資源分配為中心的政治運作模式成為民進黨內的主流統合模式。

「恩庇—侍從」結構的形成和不斷強化在相當大程度上影響了民進黨的發展方向。一方面，從民進黨上臺以後在政治資源分配過程中不雅的吃相來看，該黨在野時期所宣揚的「民主」理想逐步褪色。另一方面，對於大部分民進黨人來說，政客化的傾向越來越明顯，對民主有理想、有堅持的民進黨人要嘛被邊緣化，要嘛選擇退出民進黨。對於大部分民進黨政客來說，自身利益的實現成了終極目標。也正是因為如此，在執政以後，民進黨迅速走向腐化，「金權化」速度遠遠超過了當年的國民黨。這種「恩庇—侍從」結構的根源其實就是權力集中而又缺乏制衡的制度結構。

權力的集中傾向使臺灣的政治過程帶有更多不確定性，其中主要的一個表現就是政治清明的實現在相當大程度上要依賴於領導人的個人品質。在相當多的情況下，由於缺乏制度制衡的手段，只能依靠領導人的操守保證權力不被濫用。在

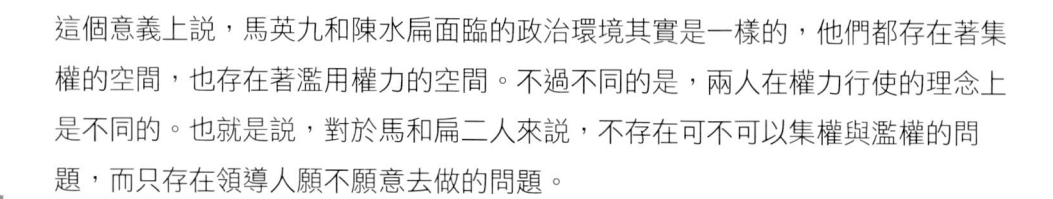

這個意義上說，馬英九和陳水扁面臨的政治環境其實是一樣的，他們都存在著集權的空間，也存在著濫用權力的空間。不過不同的是，兩人在權力行使的理念上是不同的。也就是說，對於馬和扁二人來說，不存在可不可以集權與濫權的問題，而只存在領導人願不願意去做的問題。

2.2 「政治無能」

在臺灣政治集權程度不斷增加的同時，「政治無能」的問題也越來越突出，民眾對行政當局處理問題的能力低下屢有詬病。臺灣的政治無能主要是指行政當局難以提供有效的公共服務。按照臺灣政治評論家南方朔的說法，行政當局在提供公共服務方面已經出現了重大缺失，每當出現重大的公共事件時，第一時間總是看不到當局的影子。他認為這既是行政當局執行能力的嚴重衰退，更重要的是當局敢於承擔責任之施政精神的喪失。[41]政治無能現象的出現，主要反映出行政治理能力的不斷衰退。

一般認為，行政治理能力的概念至少應包括生存與服務、政治與理性、輸入與系統，以及方法與結果四種不同的解釋。就生存與服務的目的而言，政府行政治理能力的表現不僅要能維持政府組織的生存與永續發展，且要能夠積極善用政府體系本身的權力與資源，充分扮演好服務提供者的角色，正當化政府的存在意義與價值；就政治與理性的選擇而言，政府行政治理能力的表現不僅要能依據事實數據加以分析、描述、以科學化的方法規劃設計解決方案，同時亦要能夠考慮到政治的權謀與變動性，權變因應，正確抉擇；就輸入與系統的轉化而言，政府行政治理能力的表現不僅要能夠積極爭取資源，豐富組織能量，也要能夠有效轉換資源輸出，活化運用，滿足體系成員的需求；就方法與結果的改善而言，政府行政治理能力的表現就是要充分借由政策分析與規劃、執行與評估等系列過程，有效改善公共問題。[42]行政治理能力的基本樣態是政治系統能否順暢運轉的關鍵影響因素。概括起來說，行政能力主要指能否有效調動資源解決公共問題。這

裡可以分為兩個層面,一個是解決例行性的公共問題,一是解決突發性的公共問題。對臺灣當局而言,政治無能主要表現在官僚系統的惰性、危機處理能力的缺失、政治決策的短期化以及突發事件處理能力的低下等。

按照官僚制的一般特徵,政治無能主要肇因於行政官僚系統的龐大、科層制的繁冗等因素,有時也與相關的法律法規過時有關。[43]例如臺灣在處理兩岸關係問題時,由於原有的法律制度已經跟不上時代的發展,所以出現無法滿足兩岸交流中產生之實際需求的情形。不過臺灣的政治無能問題顯然沒有那麼簡單。概括起來說,民主化過程中出現政治無能的原因主要有以下幾個方面:

一、制度改革導致的行政協調不力。行政治理效率低下一度成為李登輝時期「精省」及「修憲」的一個重要藉口。但是經過了制度和法律改造之後,臺灣的行政治理效率卻越來越低。「精省」之後,地方建設乃至於公路修護等工作青黃不接,完全無法與省府時代相比,基層建設與重大災害因應的效率更是明顯下降。

二、政治對立引發的行政懈怠。民進黨上臺以後,臺灣的行政效率也沒有太多改善。由於藍綠對立升高,「行政院」成為防止國民黨「復辟」的重要堡壘,「行政院長」緊跟在「總統」後面堅守行政權,將行政空轉的責任置於事外。如2007年新加坡《聯合早報》的社論所言,臺灣「立法院」朝野對立的僵持讓許多「政府計劃」寸步難行,導致掌握最多資源的「政府」,無法在經濟發展上充分扮演主導角色。行政當局可以毫不避嫌地大開政策支票,不過是反映了執政黨的政治利益,最終落實的可能性很小。

三、官僚機構惰性增加。國民黨重新上臺執政後,行政效率低下的情況依然如故。僅以公文流轉為例,臺灣曾經出現過當時的「行政院長」劉兆玄交辦的一件公文「旅行」了五個月還沒有結束的個案,南投縣政府的一紙公文也創下了「旅行」33天的紀錄。由於臺灣公務部門的組織結構繁冗,公文須層層審核,每個機關層級多,蓋章的人也多,又因會辦單位多,蓋章的人更多,處理程序繁瑣冗長,無法在有效時間內辦理完成,總是成為民眾詬病的焦點。在臺灣當局行政執行過程中,互相諉賴、推諉的現象是民眾尤其痛恨的。2009年11月出現的

《蘋果日報》「動新聞事件」，[44]開始時幾個機關紛紛表示對這樣的事情「沒有辦法管」，及至隨後民怨沸騰，這些機關又紛紛改變態度，都找到了應該管的理由和可以管的條文，開始介入「動新聞事件」。在這個事件中，顯示出的是行政部門「多一事不如少一事」的官僚體制惰性以及對問題不負責任的態度。

　　四、行政當局處理突發事件的能力不足。民進黨上臺執政不久的2000年7月22日，四名工人於八掌溪河床上遭洪水圍困，苦等救援不至，最後不幸遭滅頂之災。這一事件透過媒體全程實況報導，震動了臺灣社會。在事件的處理過程中，暴露出救援系統在溝通協調上的遲滯與疏失，以及行政官員的輕忽與懈怠。當日時值週六，一些官員甚至直到工人被沖走後仍不知有此事件。首次執政的民進黨政府面對輿論的痛批，數次向社會公開道歉，並且懲處了多名官員。透過這一事件可以看出臺灣當局行政效率之低下。無獨有偶，2009年8月發生的「八八風災」中，馬英九當局在災難發生後不能快速反應，沒有啟動「國安機制」，引發了社會的強烈反彈。根據臺灣媒體的報導，甚至出現了當局與地方政府之間溝通困難，救災系統運轉不靈的情況。「災民看不到政府救援，只好轉往媒體哀嚎求助。」[45]事實情況是否如此，可能藍綠陣營的學者會有不同的說法，不過在風災開始後的幾天，臺灣行政當局手忙腳亂卻是不爭的事實。

　　五、選舉等因素引發的政治無能。臺灣的選舉在政治生活中的地位相當重要，在選舉中獲勝是各個政黨和政治人物實現自己政治訴求的重要前提。對政治人物而言，重要的是如何在選民那裡行銷自己並獲得選民的支持。目前臺灣政壇上所出現的政治人物在「立法院」採用「焦土戰術」提高曝光度、透過街頭抗爭為自己爭取媒體版面、「全臺走透透」與民眾博感情等，均體現出競爭性選舉為中心的政治體系所共有的基本特徵。南方朔把這種現象稱為「懈怠、畏事、只做秀不做事」的「民主症候群」，並把這種現象背後的制度設計和制度安排稱作「什麼都不做的民主」（Do nothing Democracy）。[46]不過，說實在的，從成本收益的角度來說，作秀遠比踏實做事所得到的政治利益為多，行政當局和政治人物中的許多人不願做事，而對作秀趨之若鶩是難免的。

　　臺灣的行政部門在處理日常事務中特別注意「民意」的反映，把「民意」的

走向作為政治決策的重要依據，甚至有時為了達到自己的某種目的而不惜製造「民意」。李登輝就是一個操弄「民意」的高手，他的許多行政決策，如「亞太運營中心」的發展計劃等，均是在「民意」的旗號下完成的。李登輝時期的重大政治決策尤其如此，民意成為其「台獨」理論的重要藉口。民進黨執政後，蘇貞昌出任「行政院長」時，標榜「走正道、做實事的廉能政府」，所有的政策均以民眾的好惡為標準，甚至誇張到以報紙報導作為主要依據制定政策的地步。據說「蘇貞昌每天早上親自主持晨報，和幾位核心幕僚，仔細詳閱相關媒體的報導，再討論因應之道」。如此施政，固然對輿情反應迅速，「但是做得比較多的卻是危機處理，跟在社會脈動後面疲於奔命，因為只能治標，所以格局越來越小，而事情也越來越細。」[47]如此執政，政策的短視和漫無章法自然可以想見。2008年國民黨上臺後，繼劉兆玄後任「行政院長」的吳敦義也要求搜集民怨，並要優先解決「十大民怨」。這樣做從「行政以民意為皈依」的意義上說並沒有什麼問題，但是如果主要以這種方式施政，難免會使格局越做越小，在大的政策規劃方面難以有較為完整和系統的作為。簡言之，看報紙進行政治決策的結果，也使行政當局面臨只能救火而難以未雨綢繆的困局。

　　政治無能問題並不是一個新問題。早在古希臘時期，民主制的效率低下就曾經引起柏拉圖的注意。他認為民主派統治下的國家是無能的，民主制不能維持社會的穩定、統一和強大，民主的雅典戰勝不了有組織有威力的斯巴達。[48]因此，他比較傾向於主張城邦應該實行斯巴達的貴族寡頭政體。柏拉圖在談民主的「效率」時主要涉獵的是其軍事效率，軍事效率高低與否在社會組織相對簡單的古代社會是共同體能否生存下來的重要條件。現代人談及民主的效率時顯然已經遠遠超越了軍事效率的範圍，而主要是從生活方式、政治正義等方面去討論民主制度及其出現的問題。[49]但是在民主制下如何提高行政效率確實是一個長期以來困擾政治學者的問題。密爾提出，如果要讓民眾把所有的權力都集中在自己手中，親自處理政治生活中的每一件事情，那只會導致庸人的政治、無能的民主。所以他主張採用代議制民主，即以精英政治與大眾政治結合的方式，既能保證公共權力始終控制在人民手中，又能依靠官僚的專門知識和技能實現管理的高質量、高效率。[50]然而，代議制民主同樣也存在問題，因為在社會治理中，效率

訴求與民主體制所呈現出的決策遷延之間的矛盾一直無法得到較好解決。所以，哈耶克在談到由民主制度引發的缺陷時說，民主的議會在貫徹似乎是人民明確授權方面的無能為力，將不可避免地導致對民主制度的不滿。議會漸漸被視為「清談館」，不能或無力貫徹他們被選出擔負的任務。[51]在這個意義上說，民主化需要解決的是尋找一種既能體現民眾的意志，但是又能實現行政治理效率的制度形式。

可以看出的是，不管以何種邏輯起點來分析民主制，經過人民同意進行社會治理是民主政治的基本規則，按照目前一般意義上的西方民主模式，主要是透過選舉形成代議制政府，也就是在公共事務的決定中體現大多數人的意志。在這個層面上說，把民主制神化是毫無根據的。具體語境下的民主模式既不一定能解決公平與正義的問題，[52]也未必能解決效率的問題。相反，由此反倒可能帶來政治無能的情況。

另外需要提到的是，政治無能在臺灣政治特定的語境下有比較特定的意涵。臺灣政壇藍綠二分的政治格局對政治無能現象產生了放大的效果。在突發事件的處理和日常的公共事務處理中，反對陣營有時是用近乎苛刻的標準去檢視對方，甚至將不是行政效率的問題也歸為行政效率的問題。例如，在「八八風災」救災過程中行政當局相關行政官員理髮、進飯店吃飯都成為行政效率不彰的口實。郭正亮在文章中甚至攻擊說，「儘管救災急如星火，國防部對派兵救災，卻一再重申　『須依程序申請』。」這種指責已經根本不是行政效率低下的問題，而是藍綠雙方互相攻擊的政治話語了。再如，在「八八風災」以後，民進黨首先攻擊馬英九沒有到災區去。然後又攻擊其坐直升機去災區並不能真正體察災情。有人就說，設想如果馬英九第一時間就到災區去，民進黨肯定會指責他「最高首長應該坐鎮指揮，怎麼能做行政院長該做的事情呢？」無論馬英九怎麼做，民進黨總是能找到攻擊的口實，馬英九團隊都會陷入父子騎驢的窘境。所以說，在理解臺灣的政治行政效率低下問題時，還要行政的歸行政，口水的歸口水。政治無能不光是國民黨在臺上時如此，民進黨在臺上時也是如此。以比較全面的視角看，臺灣的政治無能既有制度的問題，也有政治結構、文化等層面的問題。

2.3 族群撕裂與政治對立

在臺灣的民主化過程中，隨著政治參與的擴大，族群政治和民粹主義作為孿生的政治現象基本同時出現，成為臺灣政治變遷和民主化的重要特徵。

有學者認為，族群是人們在交往互動和參照對比過程中自認為和被認為具有共同的起源或世系，從而具有某些共同文化特徵的人群。族群一般具有鮮明的社會和文化特點，這個概念範疇比「民族」要小一些，與「種族」相比，已經不再明確強調體質特徵，而是更多地著眼於心理認同的一致性。[53]「族群」概念於1960年代引入臺灣後，最初用於對臺灣少數民族的研究。但是不久以後，隨著臺灣社會轉型的推展，族群概念開始被政治學領域借用，成為政治生活和政治學中的重要概念。目前，臺灣政界一般將臺灣社會劃分為四大族群：閩南、客家、少數民族、外省人。[54]但是這種分類方法顯然缺乏學術上的嚴謹性。臺灣學者王甫昌認為，社會學者對族群有一個比較明確的定義，是指一群因為擁有共同的來源，或者是因為有共同的祖先、共同的語言或文化，而自認為，或者被其他的人認為，構成一個獨特社會群體的一群人。[55]如果從這個定義去判斷族群概念內涵，可以看出，族群其實是主觀和客觀綜合作用的結果。但是這一概念定位並沒有說清楚族群概念相對於其他概念如民族概念的比較意義。臺灣學者王明珂則從族群分層的理念出發，認為族群指一個族群體系中所有層次的族群單位，民族則是指族群體系中主要的或是最大範疇的單位，特別是在近代國族主義的視角下，透過學術分類、界定與政治認可的民族，尤其如此。「但是必須提及的是，各層次的族群與民族間並沒有絕對的界線，在族群的發展與變遷問題上，一個民族以下的次族群也可能重建本身的歷史記憶與認同，在主觀上脫離主要族群而成為名實相符的民族。」[56]很顯然，這一概念過分強調了族群建構的外部性和主觀性特徵，縮小了族群問題在特定歷史脈絡中的發展軌跡可能對族群建構所帶來的影響。

在臺灣的政治生活中，對整個政局發展影響最大者，還屬省籍族群問題，即基於省籍身分認同的本省人和外省人區隔。由於特殊的政治環境與歷史發展過

程,本來非常普通的省籍區分卻在臺灣政壇上演化成族群區隔和認同區隔的標尺,一直影響著臺灣政治發展和政治生態的變遷,以至於有的學者認為,「當代臺灣本土化的進程,已經成為觀察臺灣政治的一個重要指標,」並從這個基礎上發展出了「省籍—族群—本土化」的研究模式。[57]

族群概念應用範圍向政治領域擴展的衝動來源於權力鬥爭的需要。1949年國民黨撤退到臺灣以後,壟斷了政治資源的分配權,使本省籍政治精英在政治上長期缺乏上升的通道。本省籍政治精英在體制內無法取得更大政治空間的情況下,不得不訴求於體制外的抗爭路線,利用「本土」身分進行政治動員,擴大政治生存空間。族群邊界也正是在這個過程中形成。兩蔣時期,因為社會統合力的強大,省籍問題和族群問題雖然不斷發酵,但是沒有造成社會的分裂與對立。李登輝上臺後,出於鞏固自己權力的需要,借助於自己的「本省人」身分,開始鼓吹所謂「本省人」與「外省人」的區隔,以「本土勢力」為奧援,打擊反對力量。一方面,李登輝與民進黨暗通款曲,以「在野」壓「在朝」,打擊黨內的外省反李勢力;另一方面,將省籍情結不斷發揮,不斷建構新的族群認同,用以鞏固自己的權力基本盤。「唯李登輝的民主化是依臺灣化的集體意識來推動的,即訴諸臺灣人出頭天的心理來對付原本優勢的外省統治精英,也是所謂的非主流派。」[58]透過這兩個方面的運作,李登輝逐步瓦解與分化了懷有敵意的、以外省政治精英為主的政治集團。1993年,李登輝成功地運用族群動員的方式,以一句「外省人行政院長欺負本省人總統」的政治耳語,將「行政院長」郝伯村趕下了臺。隨後,李登輝操作透過了「總統」直選方案,將自己權力的基本支持來源建立在所謂的「民意」基礎之上。在族群動員的作用下,外省人迅速被排擠出了權力核心。

幾乎與此同時,民進黨族群建構和族群動員的步伐也在加快。民進黨族群理論建構的過程是和以下兩個方面的訴求分不開的:一是反對國民黨的專制獨裁統治,要求實現民主;二是迎合部分人的分離意識而提出的「住民自決」或「臺灣獨立」的主張。[59]在這個基礎上,民進黨發展出了「本土—外來」、「本省—外省」、「愛臺—賣臺」的省籍族群二元概念架構。民進黨的這些做法,與李登輝排擠外省人的努力一起對外省人政治生存空間產生了壓縮的效果。

省籍和族群動員的結果，臺灣政治結構中外省人族群迅速邊緣化，省籍問題當初形成的基礎已經消失。但令人費解的是，族群問題的建構和消費卻遠沒有結束。相反，民進黨特別是以陳水扁為代表的「本土」政治勢力在很長一段時間內仍將省籍問題和族群問題作為政治動員的主要工具。對這一問題，臺灣學者彭懷恩教授給出了解釋，他認為，族群動員一旦形成，就會在獨立的循環中自我強化。「當族群認同形成後，臺灣人與外省人的分野被政治人物進一步政治化。」[60]簡言之，目前政治權力分配結構作為族群和省籍動員的產物出現，而這種結構反過來又強化了已有族群想像。不但如此，族群區隔在不同的情境下會顯示出不同的結構。如張鐵志所說，臺灣政治變遷的特色，包括階級矛盾的黯淡，以及黨國資本主義的支配，使得臺灣民主運動的初期，反對論述主要是以族群間不平等為根基的「本土化」路線。除此之外，黨外運動也以比較可以召喚不同族群支持的「民主化」論述作為動員策略。然而隨著「民主化工程」在1990年代逐漸完成，民主對抗威權的政治分歧退出歷史舞臺，在政治動員中就只剩留下認同政治可以操作，族群身分區隔在政治動員中的作用自然越來越突出。而且，隨著島內政治格局的變化以及兩岸關係的劇烈變遷，以族群區隔為基礎的政治認知模式延伸到兩岸關係領域。按照張鐵志的話說，認同政治在新舞臺上有了新角色：1990年代「臺灣主體性」的上揚，強化了與中國大陸的對抗關係，是故原來的省籍矛盾更被添加上認同矛盾，使問題更加複雜化。[61]從過去執政八年的經歷來看，民進黨的大陸政策其實帶有非常強烈的族群區隔意涵。

　　族群政治毫無疑問地導致了臺灣社會的對抗與衝突。從黨外時期開始，民進黨為了和國民黨相區隔，與本省民眾接近，不斷強調街頭抗爭。民進黨喜歡對抗的政治性格在一定程度上是族群動員和街頭抗爭的結果。在族群區隔的界線越來越明顯之後，自然而然地產生了敵我區隔，這是族群身分區隔的自然邏輯結果。於是，政治對抗自然獲得了正當性。這種情況在2000年民進黨上臺以後的政治變遷過程中表現得更為明顯。這就可以理解，儘管民進黨不斷採取衝突策略，甚至有時已經突破了道德的底線，但是依然還能得到許多本省民眾支持。原因就在於敵我區隔的建構。

　　本省族群挾強大的氣勢對外省族群形成了壓迫，外省族群則透過不斷向「本

省論述」靠攏的方式規避可能出現的風險。不過這種族群對抗在島內已經趨於淡化，無論是本省族群，還是外省族群，都力圖透過放大兩岸關係認同分歧的方式來減弱內部族群衝突造成的影響。因此，當2008年馬英九當選臺灣地區最高領導人後，政治評論人傅建中說，「老實說，馬先生是島上大多數人最後的希望，特別是外省族群，大家當然希望他好，不願見他倒。否則，覆巢之下，絕無完卵。」他認為，大家對馬愛之深，責之也切，但基本上都是為他好，除了那些在政治上和他絕對對立的人們。「不管馬願不願意或喜不喜歡，他已被選為臺灣承先啟後、繼往開來的歷史性人物，馬也是臺灣最後的希望，我們沒有選擇，只有無條件地支持他。我們和他休戚與共，榮辱同處。他的成功，是我們的成功；他的失敗，也是我們的失敗。無論成功還是失敗，馬都得一往直前，義無反顧，我們誓做他的後盾。」[62]這裡，傅建中顯然是在兩岸關係的語境下去討論臺灣的省籍族群問題，將外省族群的未來與馬英九對兩岸關係的處理以及臺灣未來政治發展的前景結合起來。如果我們從這個角度去理解的話，在兩岸關係的發展中，外省族群的兩岸政策取向表現得比自稱是代表本省人的民進黨政治精英更為保守是絲毫也不奇怪的。

2.4 社會共識的缺失

穩定的、一致的和有利於民主制度生存和發展的社會共識 [63]是政治變遷社會能夠走向政治發展、減少政治衰退的重要前提。分裂和動盪的政治局面往往與社會共識缺乏相伴。就民主化而言，有利於民主制度生存的社會共識形成了民主制度得以展開的基本語境，這在所有國家和地區都有其共同性。臺灣學者湯志傑認為，民主是在歷史演進中沉澱出來的概念，是對極其複雜的發展過程的概括，因此是眾多複雜意涵的濃縮，它本身其實隱含了許多結構可能性條件。[64]在這些可能性條件中，社會共識的形成及功能發揮是一個重要方面。臺灣民主化過程中出現的政治衰退，相當程度上肇因於社會共識的缺乏。

社會共識是指一個社會對基本價值的普遍性看法。一旦社會共識形成，往往會形成比較穩定的價值系統，進而規範政治倫理及政治行為。派特南經過研究發現，社會共識不但具有歷史繼承性，而且具有決定政治生活基本結構與基本面貌的功能。對於公共事務有共識的地方，政治生活是完全不一樣的。「那些一個世紀以前人們積極參與新型社會團體和公共動員的地方，今天也恰好就是政治和社會生活具有最徹底公共精神的地方。」而且，將近一千年前，同樣也是這些地方，其公共生活具有明顯的公共精神，其社會生活之發達令人難忘，出現了諸如保護者協會、同業公會、鄰里組織和其他一些公共參與形式。[65]當然，有的學者也將這種決定性因素稱為政治文化。其實，社會共識或社會分歧本身就是政治文化的一個重要組成部分。

　　從這個意義上說，社會共識其實是社會價值系統的基礎性組成部分。具體反映到政治行為上，社會共識表現為公眾對某種社會價值和政治制度的維護，以及對某些政治行為的支持或反對。托克維爾在論及有助於美國維護民主共和制度的原因時，強調了「民情」的影響，包括了人們擁有的各種見解和社會上流行的不同觀點，以及人們的生活習慣所遵循的全部思想。他強調了宗教在美國政治生活和政治制度的形成過程中所產生的巨大作用，以及美國人的教育、習慣和實踐經驗是如何促進美國的民主制度獲得成功的。[66]正是在一些重大的價值問題上存在著共識，所以美國的制度一直是比較穩定的。

　　臺灣地區的社會共識可以分為不同層面，從大的方面可以分為制度及其文化、社會結構、情感等不同的面向。在各個不同的層面上，社會共識又可以分出一些次要層面。在臺灣，民眾在基本價值層面（如對民主價值、人文關懷和「主體性意識」）上有著比較一致的認知。但是到具體的次要層面上，認知卻相當分歧。例如，儘管撕裂族群等政治操作方式有悖於民主價值，也遭到了許多選民的反對，但是經常進行這種操作的民進黨還是得到了臺灣本省民眾的大量支持。無論執政黨還是在野黨，均鼓吹族群和諧，但是真正到選舉的時候，族群問題依然是政治操作的目標。也就是說，民間對於本省、外省的省籍族群區隔還是基本認同的，本省人挾人數優勢形成了類似於沙文主義的族群優越感，而外省族群則可能在強大的壓力下強化自己與本省人的族群邊界。[67]再如，臺灣社會以情感為

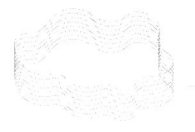

本位的文化特徵決定了選舉的去理性化與去個人化特點,因此在臺灣地區的選舉中,以情感動員超越政策動員的情況比比皆是。這種情況基本上反映出了臺灣社會對民主選舉政策理性共識的缺乏。

　　有趣的是,臺灣民眾對民主制度的認同程度並不高。2003年7月所做的民調中,有堅定民主立場的民眾大約接近三分之一,但也有將近四分之一的堅定地反民主,有四分之一強的民眾對民主制度有疑慮。在這次調查中,當問及「解嚴之前蔣經國時代那樣的政治,是否對臺灣會比較好」時,同意的人數多於不同意的人數。[68]瞿海源將其歸因於:在國民黨近半個世紀的威權統治期間,當局經由長期的政治社會化,使得大部分民眾、尤其是在戒嚴時期成長的民眾,都具有威權而反民主的心態。但是顯然,民主化的推展沒有能夠成功地處理臺灣社會治理中出現的問題,沒有在臺灣社會實現良性治理,是民眾對民主制度認同程度低的重要原因。2007年的統計數據顯示,臺灣地區民眾對民主的支持是東亞和東南亞幾個國家和地區中(菲律賓、韓國、蒙古、泰國)最低的,只有不到一半的民眾認為,民主總是最好的政治制度。2006年統計數據顯示,腐敗問題在東亞是最能影響民眾對民主信心的議題。在臺灣,有58%的民眾認為,大部分的政治人物都是腐敗的。對此,張鐵志分析認為,選民對於認同問題的重視,壓制了在社會層次上的階級矛盾轉化為政治上的主導分歧,並誘使政治人物不會以社會平等作為主要政治主張。問題是,如果「金權政治」和社會不平等不能被有效地解決,人民會開始懷疑新興民主的有效性,甚至正當性。其結果可能是政治的犬儒主義,或是對威權時代的懷念。[69]

　　臺灣以競爭性選舉為中心的民主制度在一定程度上是政治妥協的結果,是解決政治分歧的一種方式。從這個意義上說,民主制度與民主價值在一定程度上是剝離的,政府的想法與做法在很大程度上是精英集團的想法,與普通老百姓其實沒有太大的關係。[70]其實許多研究民主理論的學者也早已指出了這個事實。湯志傑認為,民主制度可以運作為一套解決紛爭的有效工具,讓每一次的政治紛爭涉及不同的結盟組合與敵友關係,讓政治的運作充滿了不確定性,以致暫時居於劣勢的一方願意等待,同時居於優勢的一方也無法趕盡殺絕,而不會僵化為只有一條敵我戰線,導致全面對立的、只能拚個你死我活、別無其他選項的戰爭狀

態。[71]這裡，衝突與民主制度的發展成為了一個互相推動的往復循環的過程。英國政治學者珊妲‧慕孚（Chantal Mouffe）也認為，民主政治不但不會試著消除權力與排除的痕跡，反而會要求我們將這些痕跡放在最顯著的位置，讓它們現身，以使它們得以進入競爭挑戰的範圍。這應被視為一個永無休止的過程，而不該讓人沮喪。因為想要達致最終目標的慾望，唯有導致政治的消失以及民主的毀滅。在民主政體中，衝突與對抗，不但不是不完美的象徵，反而顯現了民主仍充滿活力，而多元主義乃寓於其中。[72]如果不考慮語境的細微差別，珊妲的觀點可以說是比較深刻地說明了民主制度在處理政治衝突時的基本模式及其路徑。同樣，如果不考慮語境的細微差別，這一模式對於臺灣政治變遷的過程有一定的解釋力，政治衝突被和平解決爭端的社會共識所約束，從而被規範在可控的範圍之內，使整個社會保持著一種「亂而有序」的基本狀態。

也就是說，臺灣社會雖然對民主制度的認同程度不高，但是卻接受其作為組織政治生活的基本方式。這一共識保持了一定程度的穩定，在對社會分歧和各種政治力量進行整合方面發揮了比較好的功效，使臺灣地區在民主化過程中避免了許多發展中國家和地區在民主化過程中曾出現的大規模政治混亂，在整體上來說促進了社會的發展。

不過需要說明的是，臺灣社會能夠形成共識的基本層面比較少，在狹義層面上的分歧比較嚴重，幾乎遍及社會生活的各個領域。臺灣社會在人文關懷如何貫徹、政治系統應該如何運作、「主體性」如何體現、如何在民主框架下處理族群的對立與衝突等方面，均沒有太多共識。

這種情況導致的結果是政治權威弱化。這裡所謂的權威並不是單純指權力上的命令，而是包含著道德正當性的權威。或者說，權威做出什麼事情，或不做什麼事情，不是靠發號施令，而是靠正確的請求或建議，就這是人們把權威與受到人們自發支持的領導聯繫在一起的原因，也是西方語境下「民主危機」被稱為權威危機的原因或含義。[73]這裡的權威可以解釋政治的合法性和政治的正當性，權威未必一定是人，也可以是制度和機構。在臺灣的政治生活中，對權威的懷疑與蔑視是經常出現的現象，在藍綠鬥爭的語境下，是非標準越來越模糊。如陳水

臺灣民主化與政治變遷：政治衰退理論的觀點

扁弊案浮出水面後泛綠民眾對「司法不公」的攻擊，就非常典型地反映了權威缺位的現象。

在族群問題上的共識缺乏使得政治鬥爭變得空前激烈。本省人集團在政治資源分配格局的調整結束以後，在價值資源分配上的攻勢還在持續展開，其最終的目的就是要在價值分配上將外省人打入政治的偏僻角落。在這種情況下產生的外省人危機感使臺灣每一次選舉都成為激烈異常的生死之戰。

基礎層面的社會共識是防止由社會分歧引發的社會衝突失控的最後防線，而一些狹義層面的社會共識對於特定的政治系統的良性運作來說也同樣具有重要影響。從這個角度上說，姍妲的論斷顯然忽略了一個重要問題，即政治衝突在一定可控的範圍內才有可能對民主的發展產生積極的促進作用，如果政治衝突超出了系統的承受範圍，不可避免地會出現政治動盪，最終可能形成大規模的政治衰退。臺灣在民主化過程中雖然以較為平穩的態勢進行了政治轉型，但是不斷展現的共識缺失卻給臺灣帶來了諸多結構性危機，也給臺灣政治變遷帶來了越來越多的不確定因素。

社會共識生態其實反映了社會中群體意識的分層及互動情況。在選舉決定一切的民主制度下，作為社會群體意識的社會共識對政治認知和政治運行系統形成的影響是顯而易見的。臺灣社會的一系列政治亂象，其實均可以在社會共識缺乏方面找到影子。因此，臺灣社會的共識分布情況在一定程度上決定了目前政治生態的基本樣態：既能維護基本制度和社會的穩定，同樣也導致了政治亂象與一定程度的政治衰退。

2.5 政治變遷與經濟發展

民主化與經濟發展之間的關係問題，是政治學研究的一個重要領域。在這個領域下面有兩個主要的次要領域：政治民主化對經濟發展的影響；經濟狀況及其變遷對民主化進程、方式及民主鞏固的影響。本書從題目的主旨出發，主要討論

臺灣政治民主化過程對經濟發展影響的若干問題。

2.5.1 政治民主化對經濟發展的影響

民主制度是否能對經濟發展產生較大的推動作用？在目前的研究中，大致有以下三種觀點：第一種觀點認為民主政治對經濟增長有正面的促進作用。這種觀點堅持，民主的增加意味著政治權力的擴大，也意味著經濟權力的擴張，這些方面均可以在正面方向上促進經濟發展。這種觀點有一個前提和假設是：民主制度可以在很大程度上限制行政官員的權力，遏止行政當局權力的濫用，故而能夠壓縮官員利用手中的公權力進行尋租的空間。[74]同時，從經濟政策的層面上說，政府的政策能夠在政治上得到公眾的支持，故而能降低政策執行的成本。所以，民主制度下，即使不是全部經濟政策，只要有一些經濟政策能夠刺激經濟的增長，就有可能對經濟發展產生整體上的正面作用。第二種觀點認為民主政治不但不會推動經濟的發展，反而可能阻礙經濟發展。這種理論分析所依循的邏輯路徑是，在推行西方式民主政治的國家和地區，財富分配不均的情況可能要比那些西方所謂的「非民主」國家和地區來得嚴重。而且，民主制度會強化這種收入分配的不均，會使經濟發展的環境進一步惡化。第三種觀點比較折中，認為經濟增長與政治民主的關係複雜，兩者可能存在關係，但不必然是因果關係。有許多學者堅持兩者之間的關係無法用理論模型進行證明。目前這種觀點已經成為學界的主流。[75]丹麥學者索倫森（Georg Sorensen）對這些觀點進行了更為系統的歸納，認為無論是政治上還是經濟上的理由，都在民主能否促進經濟發展問題上存在著分歧。[76]

表三 民主制度對經濟發展的影響

	民主阻礙經濟發展	民主促進經濟發展
經濟上的理由	民主無法降低消費以支持投資,所以經濟發展受害。	民主對人類基本需要的投資,對經濟成長是有利的。
政治上的理由	民主增加對弱勢政體的壓力。一致的國家行動更為困難。國家是弱勢的。	民主提供穩定的政治環境和經濟多元主義的基礎。民主意味著正當性。一個強大國家也常常是民主國家。

資料來源:喬治‧索倫森著,李酉潭等譯:《最新民主與民主化》,(臺灣)韋伯文化國際出版有限公司,2003年,第68頁。

但是這些結論大都是根據特定國家和地區的發展經驗抽象出來的,至於在一般的意義上,學者研究發現政體與經濟發展之間並沒有太直接的相關性。現有的經驗性資料既不支持民主政治與經濟發展相輔相成的觀點,也不支持威權政體較民主政體更有利於經濟發展的論點。臺灣學者朱雲漢認為,威權政體在特定的歷史條件下,有可能發揮促進經濟發展的功能,這些歷史條件可能包括政治文化、官僚的素質與國家機構的能力,以及國家與社會間既有的鑲嵌性網路關係,而多數威權國家和地區並不具備這些條件;在新興民主國家和地區中,民主化與經濟發展的關係相當複雜,徒具民主形式而缺乏健全民主機制的體制中,絕對無法維持一個均衡的經濟發展模式。[77]美國學者普沃斯基(Adam Pwowski)[78]經過長期實證研究得出的結論也支持了上述觀點。普沃斯基研究最重要的發現,就是政權類型與經濟發展速度之間,沒有統計意義上的關係,找不到政治制度影響經濟發展速度的因果鏈。在民主與經濟發展速度之間,並不構成一種取捨關係,即便在貧窮的民主國家中也是如此。[79]所以說,民主化與經濟發展之間可能只是部分影響的關係。簡言之,民主化可能在部分層面對經濟發展產生影響,但是並不一定完全決定經濟發展的基本走向與基本樣態。

這並不是說要排除在理論上對民主化與經濟發展關係展開探討的嘗試與努力。在某些特定的語境中,民主制度與非民主制度對經濟發展的影響還是有所不同的。在理想的情況下,民主制度還是比不民主的政治制度更加能夠促進經濟的發展。[80]政治不民主的情況下,缺乏對行政當局的監督和約束,因而行政當局就沒有足夠動力去滿足社會成員對公平和透明的自由競爭經濟秩序的要求。同

時，政治不民主也為官商勾結的惡化提供了空間。在缺乏民意制衡的情況下，極易出現權力尋租的現象，而且在相當多情況下還無法進行問責。另外，也是更為可怕的事情，行政當局的權力在沒有制衡的情況下一旦超出了應有的界線，直接參與經營，製造壟斷並由此取得巨額利益，則不但會對市井小民的生活產生影響，還會對整個社會的經濟發展環境造成破壞，這種情況所帶來的危害要遠遠超過普通的企業壟斷。[81]相反，在民主政治中，由於政府一定要考慮到民眾的壓力，所以在公平、透明競爭秩序的建立上，相對於不民主制度下的政府有其優勢。

不過相較於一般意義上的討論，在微觀的層面上說政治制度對經濟發展的影響只能是地域性與獨特性的。姑且不論經濟發展是各種因素綜合作用的結果，不可能單憑政治制度一項指標對經濟發展進行簡單判斷，即使是同樣的民主制度設計，在不同的國家和地區的表現形式和作用機制也有較大差異。在個體的層面上，政治制度及其變遷主要表現為對經濟政策的影響上。對這方面的研究可能比對民主制度和民主化於經濟一般性影響的研究更加具有現實意義。例如，蔣華棟在研究模里西斯的政治對經濟的影響時發現，由於模里西斯實行的是多黨參與議會民主制，各政黨尤其是執政黨受到選民因素的影響，往往實行有利於某一利益集團、而不利於整體經濟發展的政策，迫使國家戰略偏離國家經濟發展的總體要求。[82]模里西斯經驗所透露出的訊息是，由於缺乏必要的社會條件和社會基礎（不是制度的缺乏），民主的政治制度並不能保證經濟發展所需要的正常環境。海哥德（Stephan Haggard）和考夫曼（Robert R. Kaufman）對臺灣1980年代民主化過程中政治經濟關係的研究則從另一個角度說明了政治制度與經濟發展關係的地域性特徵。他們認為，在民主化過程中，臺灣當局一般不會將信貸政策作為一種促進產業發展的手段。雖然它確實在推行一種有選擇的產業政策，在1980年代，它也開始以一種更穩健的方式開放其內部市場，並解除對內部市場的管制。[83]以此觀之，臺灣的政策調整明顯與民主化和市場自由化沒有太多的關聯。顯然，對於模里西斯和臺灣地區而言，從自身的歷史情境出發展開的政治經濟關係研究會有更強的解釋力，對於自身的發展更有現實的參考價值。

2.5.2 臺灣政治民主化對經濟發展的影響

　　臺灣民主化與經濟發展的關係是一個涉及相當廣泛的研究領域。本來，討論民主化與經濟發展的關係就是一個相當冒險的工作。其中最主要的難點在於難以建立起政治變遷與經濟發展的直接因果關係。在經濟發展的研究中，對於經濟運作體制本身的研究占了相當大的一部分，但是經濟發展卻並不一定是經濟運作體制本身的問題。如大家所知道的，經濟發展受到外部環境的影響相當大，但是如何儘可能多地將影響經濟發展的因素全面整合進經濟發展評估的系統中去，卻是比較困難的工作。同時，由於問題的複雜性，在研究政治變遷與經濟發展關係的過程中極有可能出現「選擇偏差」的問題，即以部分的經驗事實作為基礎得出結論，但是這些結論卻未必能對所有的經驗事實都有效。這也是在社會研究中經常會遇到的問題。通常說透過現象看本質，但是看清本質卻沒有那麼容易。有的時候事物之間表面上的聯繫會產生很強的欺騙性，甚至可以遮蔽住尋求事物本質的路徑。「選擇偏差」就是這樣的一種思維陷阱，該現象的產生既有主觀原因也有客觀原因。從主觀上說，人大都有理想化的傾向，並希望事情向自己理想的方向發展；從客觀上說，事物之間的因果關係錯綜複雜，在探究這些關係時會有一定的困難。「選擇偏差」的存在使我們很容易陷入一種困境：不是把所謂「本質」本體論化、形而上化，就是缺少分析不同層次現象之間複雜關係的分析視野和工具。[84]所以，在討論民主化與經濟發展之間的關係時，要避開選擇偏差的陷阱，就必須要充分考慮所建構範本的邏輯周延性，要注意分析範本的前提和預設的合理性。也就是說，分析範本只能是在具體的語境中才有解釋力。

　　討論臺灣政治變遷對經濟發展的影響時同樣也面臨著這樣的問題。對這些問題的討論，就存在著在一定語境背景下對所討論領域的前提進行限定的問題。本書因主要集中於討論政治變遷過程中的政治衰退問題，無意也無力對民主化於經濟發展的全面影響進行解釋。從這個角度來說，本書的這種研究屬於實證研究的範疇。所以，本書的研究主要有以下幾個約束：1.只討論臺灣的個案。2.集中討論民主化變遷對於經濟政策決策、政策執行方面的影響。3.本書分析的依據，為臺灣社會到現在為止出現的事實，至於這是否為政治變遷過程中出現的階段性現

象，或者未來是否會出現不同的趨勢，則是另外一個問題，不是本書討論的重點。4.筆者無意否定政治發展和民主化對經濟發展的促進功能，但是從本書研究題目所設定的目標出發，集中於分析政治變遷和民主化對經濟發展的負面影響。

概括起來說，臺灣社會政治變遷和民主化過程對經濟發展的負面影響主要有以下幾個方面。

一、影響經濟決策的因素日益多元化。一般認為，在西方式的民主體制下，影響效率問題的關鍵，往往不在技術層面的規劃與執行能力，而是在政府的決策效率，而這主要取決於政治體制的利益整合能力。[85]就臺灣社會而言，在民主化轉型以後，對經濟決策產生影響的因素不斷增加，從而導致了決策效率的下降。如果僅從經濟發展的角度來説，威權時代的經濟決策可能不必考慮太多的因素，而僅從技術的角度出發就可以了。但是在民主體制下，各種各樣的社會運動可能對經濟決策產生相當大的影響，從而使經濟決策的過程發生較大變化。

以臺灣的環境保護運動為例。臺灣的環境保護運動涵蓋的範圍比較大，自然保育、野生動物保護、綠色消費等均屬此類。如果按照運動所指向的目標來分類，環保運動可以分為：1.生計取向的環境保護運動，即因為現代化工程而危及到民眾的生活而引發的社會運動，運動的指向是為了維護自己生存的權力。2.品質取向的環保運動，即主要強調對經濟發展過程中出現的汙染等危害公共安全問題之關心而產生的環境保護運動。前者相對來説較為具體，一般是針對特定地區的特定項目所產生的問題展開；後者較具有一般性的意義。比較而言，臺灣的社會運動比較強調生計議題，而品質取向相對不是那麼突出。臺灣學者何明修收集了自1980至1998年間的1727個個案，其中絕大多數屬於反對汙染的抗議活動，如果將性質與此相近的反核運動放在一起的話，兩者幾乎占了所有社會運動90%的份額。臺灣社會運動的這個特點決定了這些社會運動具有較強的對抗性。反汙染、反核運動直接挑戰行政當局官僚機構的經濟規劃與資本家的投資決定，一般不可能以體制內的方式達成目的。[86]在臺灣社會，行政當局出於選舉等各方面的考慮不得不重視民眾的意見，所以在政策制定和經濟決策時就不得不考慮來自民間的壓力。早在解嚴之前，80年代臺灣就發生了三個比較有影響的環境抗議

案件，即大里鄉仁化村反三晃化工案（1982年4月至1986年7月）、新竹市水源里反李長榮化工案（1982年7月至1988年4月）、鹿港反杜邦案（1986年1月至1987年3月）。這些案件的結果，都直接改變了當局的經濟決策，也引發了90年代的環境抗爭風潮。作為制度性成果，臺灣環保運動推動了1994年「環評法」的透過。在此之前臺灣當局主要依據「公害糾紛處理法」處理經濟發展中引發的環境問題，即處理既成事實的公害汙染，而「環評法」則是要在開發工程進行之前，就先減低汙染的層次。根據規定，開發案的主事者要事先提出評估報告，明白指出項目形成的環境衝擊與因應改革之道。「環保署」並設有專門的評估委員會，由官員和專家學者組成，他們有權要求限制開發規模，修改工程方式，甚至於完全封殺某項開發案。[87]所以，90年代以後，臺灣社會因為環保運動而延宕下來的投資案件屢見不鮮。

按照新制度主義的觀點，無論是在「政治市場」上還是在「社會市場」上，參與方越多，交易成本越大，達成共識的難度越高。當交易成本的付出高於達成共識所獲得的收益時，合作的可能性幾乎為零，社會將為此付出巨大的代價。[88]也就是說，不管是從技術的角度還是從價值的角度來說，過度的民主顯然不利於經濟的增長。在臺灣社會經濟發展的過程中，民間的聲音不管是透過體制內還是體制外的方式對決策施加影響，都增加了經濟決策的成本。影響決策的因素日益多元化，無疑會使經濟決策的效率在一定程度上降低。

二、經濟問題政治化的傾向非常嚴重。經濟問題和政治問題永遠有著密切的聯繫，政治制度及政治過程對經濟的影響是作為經濟分析的一個基本前提和預設存在的。如普沃斯基所說，「正如用完全市場條件來評價市場缺失的真實世界中的資源配置是沒有意義的，離開政治過程來評價政治達成的資源配置方案也沒有多大的意義。我們必須要問的是，一種配置方式是否是在政治約束下有效率的，即在給定的政治過程中，是否在無人受損的情況下有人得到利益。」[89]在臺灣社會，政治對經濟的影響表現之一就是經濟問題政治化的情況非常嚴重，甚至已經影響到了經濟發展。

大致說來，經濟問題政治化的表現主要有以下兩種情況：

1.金、權關係異常複雜。臺灣社會的「金權政治」一直廣為詬病。在威權時代，當政者以政治特權圖利特定利益集團的情況非常普遍。一般來說，良好的政商關係是在臺灣經商能夠成功的重要前提。這種情況在政黨輪替以前大量存在，2000年政黨輪替以後也沒有太大的改觀。所不同的是，2000年政黨輪替之後，威權體制下的既得利益集團「似乎再也無機會向公營、半公營金融機構要貸多少就貸多少，用來做過度而盲目的投資」，因而導致財務上的周轉不靈。同時，由於社會大眾對未來缺乏信心，以致股價不斷下滑，它們用股票質押所貸的大量資金，也瀕於「斷頭」的境地。影響所及，不少大企業就在破產的邊緣上掙扎，而有關的金融部門也因呆帳比例過高，無不提心吊膽，隨時準備應付本土性金融風暴的爆發。[90]這種情況的另一面是，政黨輪替以後，舊有的利益既得集團衰落，又出現了另外的利益既得集團。為了培養和穩固選舉的「樁腳」，民進黨當局不擇手段「綠化」公營事業及半公營金融機構的決策階層。這些所謂的「綠朝新貴」在占據了經濟部門的要津之後，加速了金、權之間的勾結過程。2005年底爆發出的民進黨弊案已經表明，民進黨執政以後政商勾結情況之嚴重，已經到了觸目驚心的地步，而這種「金權政治」的形成及惡化，對經濟發展的影響負面作用甚大。

　　2.以政治干預經濟，以政治立場取代經濟發展的專業考量。中國大陸學者李非認為，21世紀初臺灣經濟之所以出現嚴重衰退，重要根源還在於政治層面。民進黨執政以來，始終堅持「意識形態政治」和「分離主義路線」的思維模式，以政治立場干預專業決策，並且獨斷專行，拒絕與在野黨分享權力大餅，造成與在野黨紛爭激烈，政治社會秩序持續動盪，無法為經濟運行創造良好的環境。政局混亂嚴重影響工商企業的投資意願，使民眾對執政當局和經濟前景信心渙散，並逐漸陷入消費不振、民間投資下滑的窘境。[91]在臺灣，類似的例子非常多，民進黨上臺之初出現的「核四風暴」[92]就非常典型。「核四」是國民黨執政時期在長期規劃下，針對臺灣未來經濟發展的需要，經再三評估，且經「立法院」透過而興建的大型工程，民進黨上臺後，為了該黨自己的利益，極力反對興建「核四」，不但引發了工商業者極大的不安，甚至造成了社會大眾對民進黨執政信心的動搖。[93]在兩岸問題上，民進黨這種以政治立場指揮經濟政策的情況更

為普遍，相關論述較多，這裡不再詳述。2008年民進黨下臺以後，以「台獨」立場干預兩岸經濟關係的基本政策取向並沒有改變。在兩岸是否簽署ECFA的問題上，儘管臺灣島內的精英大都明白這是兩岸關係不可避免的趨勢，也是推動臺灣經濟發展的一個重要措舉。[94]但是民進黨依舊堅持反對立場，甚至不惜以製造政治衝突的方式進行抵制。在臺灣兩黨政治鬥爭的情境下，經濟問題擔負了過多的政治功能，從而使經濟發展受到了一定程度的影響。

三、經濟決策注重短期效應。在選舉決定一切的臺灣社會，政治人物要想取得民眾的支持，就必須迎合民眾的訴求。而且，在任期固定的情況下，政治人物所採取的經濟決策一定要在下次選舉來臨之前取得效果。因此，自90年代以後，隨著選舉在政治生活中的地位變得越來越重要，以行政資源進行綁樁、固樁的情況越來越多。而且，由於執政黨要利用手中的行政資源進行政治酬庸，政治人物的任期縮短，使其在施政過程中更加注重利用手中可以支配的各種資源為自己博取政治資本，經濟決策注重短期效應的情況愈發嚴重。臺灣學者于國欽甚至認為，政治人物的任期縮短對臺灣經濟發展影響甚大。經過比較後他發現，國民黨時期的行政首腦，從孫運璿到蕭萬長這六任「行政院長」，平均任期有三年七個月。但是2000年政黨輪替後，從唐飛直到謝長廷，每任的任期只有一年四個月，任期之短為50年來罕見，難怪「行政院長」和「部長」們經常自嘲為「高級約聘人員」。也正因為如此，可以發現國民黨執政期間雖經歷兩次石油危機、「十信金融風暴」、亞洲金融風暴，經濟成長率卻能長期維持在6%到9%之間，然而2000年以來，臺灣經濟成長始終低迷不振。[95]雖然將行政官僚任期短暫作為經濟發展減速之原因的說法有點絕對，但當政者更加注重短期效應的做法無疑對經濟發展會有較為顯著的影響。按照朱雲漢的說法，民選政治人物的決策傾向短期回報，為了眼前的利益交換與可分配資源極大化，向未來透支，經常導致財政結構惡化或外債高築的結果。[96]可怕的是，在政治變遷的過程中，政黨結構和政治運作基本模式的制度化程度不斷提高，經濟決策的這種特點對經濟發展的影響會長期化。

四、社會公平[97]實現的程度難以令人滿意，進而影響到了經濟發展。在許多轉型社會，民主化與市場化的同步推進，帶來嚴重的國有資產被掠奪與社會分

配兩極化問題。這種情況在臺灣也表現得相當明顯。不過需要提到的是，社會公平的實現程度可能在各個層面上影響經濟的發展，如內部市場的規模、市場運作基本環境的優劣等，這些都是經濟運作的技術性問題。同時，社會公平實現在更大程度上還是一個價值問題，民主轉型與民主化本身的最主要訴求就是社會的公平與正義。不過在臺灣，事實卻給出了另一個答案：民主化過程本身帶來了更多的不公平。如張鐵志所言，過去20年，臺灣人民辛苦地追尋民主解放得到的是一個貪婪的資本主義、一個被市場力量穿透的政治領域，以及一套無法有效規範的市場帶來的不平等的虛弱民主。[98]這無疑是一個匪夷所思的結果。社會公平的失落，是政治衝突和政治對抗的一個重要根源，嚴重時甚至可能影響到民眾對基本民主制度的信心。[99]因此，臺灣社會公平的相對缺失在不同層面上均影響到了經濟的發展。

從臺灣的實際發展經驗來看，民主化過程對經濟發展的影響大致可以分為兩個層面，一個是技術的層面，一個是價值的層面。從技術的層面上說，隨著民主化進程的展開，市場自由化也會有相應進展，這是依循西方民主模式演進路徑的必然選擇。從這個意義上說，市場的開放以及經濟發展模式的變更中所出現的問題均與民主化過程有關，也可以認為是民主化過程中所引發政治衰退的組成部分。價值層面的意涵主要指民眾對經濟和政治訴求實現程度的基本認知和對民主化的價值實現的認同程度。這些可能會影響到民眾對於基本經濟情勢的看法、基本的消費觀念以及在這些基礎上形成的行為模式之基本樣態。可以看出，民主化導致的價值系統改變對經濟發展的影響顯然更加隱蔽，也更加持久。

2.6 政治腐敗及其控制

2.6.1 政治腐敗：功能問題還是道德問題？

在古代社會，對腐敗的描述和譴責往往帶有比較強烈的道德意涵。但是到了

近代以後，特別是進入20世紀以後，政治學者對於腐敗問題的研究不斷深入，研究的視角也不斷擴展。巴德（Pranab Bardhan）認為，即便是在最一般的意義上說，腐敗的概念在不同的語境下也會有不同的涵義，其所指的事物也不盡相同。[100]即便是在道德的層面上，在不同的語境下，由於社會價值評判標準的不同，對腐敗的基本認知也是有差異的。例如，東亞從傳統社會向現代社會、傳統政治向現代政治過渡的整個歷史進程中，政治獻金或「送禮」都是一種普遍的社會現象。但是在不同的歷史情境下，人們對「送禮」的態度卻大相逕庭。在傳統社會中，送禮有助於維繫和加強對權威的傳統態度，被視為政治運作的一個有效組成部分，但是隨著社會結構和人們的價值觀念發生轉型，挑戰這種關係模式的行為出現了，在法律和公開的價值層面上人們已經有了把這種行為視為腐敗的觀念。[101]這裡僅僅說明，在道德範疇內對腐敗問題進行討論就已經是如此麻煩，如果將腐敗問題的討論延伸到政治系統和功能的領域，情況就會更為複雜。

不過，學界在最廣泛的意義上對腐敗的理解是沒有爭議的。簡單來說，政治腐敗是為了個人和集團的利益而對公共權力和權威的非正當使用。實際上，無論是古代還是現代的政治腐敗概念，都包含著以下幾個方面的要素：一、個人或集團在集體決策和行動中被委以信任；二、存在著對個人和集團行使集體決策和行動的權力進行約束的一般標準；三、個人和集團沒有按照這些標準辦事（breaks with the norms）；四、違反標準的目的通常是為了圖利個人和集團，這個行為同時卻損害了集體的利益。[102]顯然，政治腐敗行為主動者主要是執行政策決策的個人和集團。也正是這個原因，有的概念強調，政治活動家、政治家或官方決策過程中的官員，利用他們擔任公職而掌握的資源和便利，為另外一些人謀取利益，以換取一些已允諾的或實際的好處與報償，而這種行為是受到正式法規明文禁止的。當然，也有人將任何政治活動者濫用職權或所有關心自己利益的行為都看做是腐敗。[103]政治腐敗的基本判定標準是政治人物和集團是否為了圖利自己而違背了廣為社會接受的行為準則，這些準則可以是道德和價值約束，也可以是法律條文。不過需要說明的是，從後果上來講，從這個邏輯起點上出發的政治腐敗行為並不一定對公共利益造成損害。所以在上文華倫（Mark E. Warren）的概念中，將對公共利益（集體利益）的損害作為政治腐敗的一個重要標準。但是，

這裡引發的另一個問題是，什麼是公共利益？對這個概念的分析本身就是一個令人頭痛的問題。從學理分析的可行性出發，奈爾（J. S. Nye）對腐敗的概念進行了進一步簡化，認為政治腐敗就是為了獲取私人（包括親屬、私人派系）的金錢或地位等利益而偏離公共角色正規職責的行為，或是公共角色違反規則行使某種有利於私益的權力。包括賄賂、裙帶關係、貪汙等。[104]這一概念既排除了對腐敗的道德評價，也排除了從公共利益層面討論腐敗問題的邏輯理路，因為奈爾認為因為公共利益的概念難以確定，會使對政治腐敗的分析變得困難。

政治腐敗可以分為三個層次：個體的、制度的、整體的。[105]個體腐敗一直被視為隱蔽的、零星的和投機取巧式的行為。這種行為是表現最為普遍的政治腐敗行為，在相當大程度表現出偶發性和腐敗程度的不確定性等特徵。[106]制度的或機構的腐敗中，腐敗是一種經常性的和標準的行為，正規程序和責任受到忽視。以制度主義的觀點來看，制度的權威這時已經遭受了巨大挑戰，在正規的程序和制度之外，非正規的程序和規則大行其道，已經部分取代了正規制度的功能。這個過程也可以視為腐敗制度化的過程。整體腐敗則是指，在整個政治制度中，公職和官方權威被公開用來為個人謀取私利服務。整體性腐敗是個人腐敗和制度腐敗發展到極端的形式，它是無所不在的，而且高級官員也參與其中。在整體腐敗的情況下，制度被嚴重破壞，正規制度的功能已經被潛規則所取代。

在功能的方向上分析政治腐敗問題和簡單的道德評判顯然有很大不同。楊洪常透過分類和歸納，將學界對政治腐敗產生效應的基本看法分為傳統政治腐敗的效應觀[107]、「修正派」政治腐敗效應理論、後「修正派」對政治腐敗效應的批判等不同的流派。[108]

經歷了這些充分的理論探討之後，現在的學者多認為腐敗的功能主要還是負向的。就經濟發展層面而言，經濟學家們開始認識到腐敗不僅僅只是發展過程中的失常（aberration）和偶爾出現的損害（nuisance）。對於許多經濟體來說，它是一種系統性的特徵，構成了阻礙經濟發展的重要障礙。所以，雖然學界對於反腐敗（anti corruption）的基本原則，如透明化、責任政府、公眾參與等方面還存在著不同層次的爭論，但是目前多數政策制定者和經濟學者大都認為腐敗對經

濟的健康發展是有害的，目前各個國家和地區關注腐敗的焦點還是在於如何減少腐敗現象。[109]當然，把腐敗的功能認知絕對化同樣也是有失偏頗的。楊洪常認為，政治腐敗的負面功能是第一性的、普遍存在的。但是不能將此絕對化，否認任何情況下政治腐敗都不具有正向功能。他得出的結論是：「政治腐敗在一般情況下主要是負向功能，只有在特殊情況下才具有正向功能。」[110]但是即便如此，並不意味著政治腐敗的正效應可以是政府刻意追求的目標，更不能得出政治腐敗促進經濟社會發展的結論。

2.6.2 民主化過程中的臺灣政治腐敗現象

無論在什麼樣的政治體制中，都不可能杜絕政治腐敗。臺灣民主化進程中，政治腐敗問題一度十分嚴重。政治腐敗現象從李登輝時期開始增多，到陳水扁時期達到了頂點。具體來說，臺灣的政治腐敗主要體現在以下幾個方面。

一、個體性政治腐敗。

個體性政治腐敗指國民黨和民進黨的高層人物和臺灣行政當局的高級官員利用手中掌握的權力，為自己和自己親屬謀求經濟利益的政治腐敗現象。從民進黨上臺以前的「十信案」、「劉泰英案」，到民進黨時期的陳水扁家族弊案和民進黨高層弊案群的出現，政治腐敗已經成為臺灣民眾詬病的痼疾。2000年國民黨下臺的原因之一就是該黨長期存在的政治腐敗問題引起了選民的高度不滿。2000年陳水扁上臺以後，腐化的程度和速度都遠遠超乎民眾的想像，陳水扁家族和民進黨部分高層政治人物貪汙的數額之大，也令許多臺灣民眾瞠目結舌。關於這部分的內容，相關媒體報導很多，這裡不擬花費太多筆墨。需要說明的是，個體性的腐敗也分為不同的類型，如直接貪汙公帑者，如利用職權收取賄賂者，如利用權勢為自己和相關人員謀利者，不一而足。這些在臺灣都有案例，限於篇幅，不再一一列舉。

二、「金權政治」。

在臺灣社會，隨著民主化的進展，類似陳水扁在「國務機要費案」中直接貪

汙公帑的情況顯然越來越少,更多的是利用手中的權力,與利益集團進行利益交換,獲取不當經濟利益。臺灣學者多把這種情況稱為「金權政治」。朱雲漢認為,「金權政治」是一種惡質化的政商互動關係形態。雖然也有學者主張,政商之間緊密的聯結、相互的信任,以及私人化的網路關係,可以降低交易過程中的不確定性,因而有助於政府與企業在推動產業發展規劃上的合作。但是大部分學者還是堅持認為,親密的政商關係,也往往是「金權政治」的溫床。事實上,利益團體對政治的滲透以及對選舉的影響,長期以來便是許多政府經濟管制相關研究的核心所在,特別是掌握龐大經濟資源的企業界對政治的滲透和影響,足以讓經濟管制機關成為被管制者的禁臠,讓經濟管制政策為企業的特殊利益服務。[111]「金權政治」的核心是政商關係。政商關係並不僅僅指政治人物個體與企業集團的聯結,這個概念其實還有更複雜的內涵。大陸學者王建民認為,只要是涉及政黨和政治人物與企業、團體、組織的利益交換與合作,都可稱之為政商關係。[112]

政商關係的核心在於利益交換。利益集團以手中的經濟資源,透過利益輸送,建立與執政當局的人脈關係,從而保證行政當局在政策制定中訂立有利自己的制度和規則。在臺灣,大量「紅頂商人」的存在,已經是眾議僉同的事實。也正是因為這樣,有的學者甚至認為,臺灣民主發展的過程,其實是「錢權交換」的過程。在歷史的不同階段,錢權交易的當事人與方式或有改變,但是實際上變的只是政商聯盟的組成而已。[113]如果說有差別的話,2000年以前的國民黨執政時期和2000年以後的民進黨執政時期僅有細微的差別。國民黨的政治基礎建立在與社會團體的利益交換上,諸如地方派系、社會團體和財團的動員,均是典型的例子。所以國民黨時期強調的是以當局所掌握的經濟資源來換取選票。民進黨則因為獲取選票的方式是以身分認同的動員為主,且缺乏自主的物質基礎,所以更傾向以當局掌握的政治和經濟資源換取金錢,而不是選票。這是臺灣兩種不同的「金權政治」模式。[114]但是不管誰執政,有些「有辦法」的財團,總是與當政者保持密切的聯繫,可以爭取到有利於己之政策法規的制定。

政商關係一般的模式是:商人透過政治獻金與政黨發生聯結。在臺灣的民主化過程中,遲遲無法建立起「政治獻金法」,對於政治獻金的約束付之闕如,導

致政商關係混亂。為了規範政商關係，2004年臺灣當局透過了「政治獻金法」，成為規範政治獻金行為的直接法源。但是這個法律規定的捐贈數額，對昂貴的選舉成本而言顯然只能是杯水車薪，根本無法滿足選舉形成的資金缺口，更難以因此杜絕「金權政治」。[115]所不同者，在關於政治獻金的法律越來越嚴密的情況下，政商交易更多是以其他更加隱蔽的方式進行的。如透過對財團法人組織的捐贈，實現經濟利益的輸送，有的學者因此將財團法人組織稱為政商結合的「大本營」和官商利益輸送的「白手套」。[116]或者如陳水扁弊案顯示的那樣，直接將現金送到候選人或者是政黨主要領導者手中。從理論上說，這種情況為政治人物的政治腐敗提供了機會，因為這些錢在會計帳目上根本沒有痕跡，所以政治人物是將其直接據為己有還是用作了選舉費用，根本無從查起。而且，由於企業在提供政治獻金時採用「兩頭下注」的方式，對可能上臺的不同候選人和政黨都會提供政治獻金，因而基本上所有較有影響的政治人物都有利用選舉進行謀私的可能性。由於收受了企業和利益集團的政治獻金，所以政黨在勝選以後不得不利用手中的權力來清償選舉時的政治承諾，要嘛制定有利於企業的經濟政策，要嘛賦予相關企業特權，幫助企業謀取利益。這些都是臺灣「金權政治」的重要特徵。

三、「黑金政治」。

「金權政治」發展到一定程度，「黑金政治」就會隨之出現。在臺灣特定的語境下，「黑金政治」中「黑」指的是「黑社會」，「金」指「錢」或「生意」。「黑金政治」是指暴力黑社會人物與貪婪的企業者滲入政治，以及隨後出現的社會疾病，如買票賄選、政治暴力、內線交易、圍標、貪汙等。[117]臺灣的「黑金政治」是一個屢遭詬病的痼疾沉疴。不過需要說明的是，「黑金政治」在臺灣出現的時間比較早，並非是以政治自由化為中心的民主化過程的產物。最遲在80年代，臺灣的犯罪集團大規模進入經濟領域的情況就已經出現了。[118]但是「黑金政治」的惡化卻與臺灣民主化有一定的關聯，特別是李登輝當政時期，是臺灣「黑金政治」惡化的重要時期。

在政治腐敗的形式上，民眾所關注者往往是政治人物利用職權謀取私利的個

體性政治腐敗，卻忽視了以「金權政治」和「黑金政治」為代表的制度性政治腐敗，或者說忽視了個體性政治腐敗的制度和結構性基礎。但是這兩者事實上是分不開的。例如，在「黑金政治」的腐敗鏈條中，政治人物得到了非法的經濟利益，黑道人物和企業家透過與政治人物的交換謀取到了私利。在這種情況下，個體性的政治腐敗就不再是一種偶然和不確定的現象，而是具有深刻的社會和制度背景。也就是說，在制度性政治腐敗的語境下，個體性的政治腐敗變得可以預期，甚至變成了政治生活的常態。同時，潛規則運作的時間久了，其功能就會固定下來，雖然一時不能正式取代正規制度，但是卻有可能逐步取得社會的承認與接受。這個過程其實是政治腐敗的制度化過程，一旦制度化達到一定的程度，政治腐敗就會成為制度性結構的一個組成部分。正如臺灣社會雖然一直在反對「黑金政治」和政商之間的利益交換，但是無論是國民黨在臺上，還是民進黨在臺上，都難以根除「黑金政治」和「金權政治」。2000年民進黨上臺以後迅速走向「金權政治」，就是一個典型的例子。馬英九上臺以後，極力調整與地方派系的關係，力圖斬斷國民黨「黑金政治」的根源，也遭遇到了相當的阻力，成功與否，還是一個未知數。

政治腐敗的制度化對於制度的影響最為嚴重者，是使制度的公正性和權威性遭到削弱，甚至使政府的合法性和公信力受到損害。這種情況與臺灣社會的政治結構和社會結構有很大關聯。當然，臺灣的情況還沒有發展到整體腐敗[119]的程度，正規制度的道德和法律正當性依然得到了相當大程度的尊重，公然利用正規制度和法律為個人和少數集團謀取利益的情況既不能見容於社會大眾，在官員中間也不多見。即便如馬英九的「特別費」之類的「歷史共業」也將隨著立法的完善而逐漸退出歷史舞臺。

2.6.3 臺灣民主化與政治腐敗的關聯

政治腐敗是一個世界性難題，從世界各個國家與地區的現實情況來看，政治腐敗在各種類型的國家和政體中都存在，所不同者，不過是政治腐敗的程度有差異而已。所以說，單純將政治腐敗與民主制度掛鉤是失之於簡單的，但是這也不

臺灣民主化與政治變遷：政治衰退理論的觀點

能否定「臺灣民主化確實對政治腐敗產生了一定的影響」的命題。

大衛・赫爾德指出，在西方世界裡，政治制度民主化的要求，通常限定在改革政黨領袖的選舉過程以及修改選舉規則等議題上，其他的議題只是偶爾提起，儘管這些議題相對而言更加重要。[120]如果套用這個結論來分析臺灣的民主化過程，在一定程度上與現實是契合的。臺灣的民主化過程既是權力結構重新調整的過程，同時也是政治運作規則重建的過程。國民黨敗退臺灣之後，自1950年代的地方選舉開放以降，以選舉為中心的西方民主制度逐步確立起來。臺灣社會由威權體制向民主體制轉變不過是這些過程的制度性後果。如果再進一步簡化的話，臺灣政治民主化過程的核心問題在於選舉規則的變化和政治參與的擴大。這個過程自50年代開始，到1996年地區最高領導人直選方式的確定告終，臺灣社會基本上在各個層面的選舉中均實現了直接選舉。如果從政治變遷的層面上看，臺灣的「金權政治」和「黑金政治」的出現不過是政治人物和政治集團千方百計爭取選舉勝利的自然結果。只不過「金權政治」和「黑金政治」在臺灣戰後60年的政治發展歷程中表現形式並不一貫性的相同而已。

毫無疑問，隨著臺灣民主化過程的推展，競爭性選舉在政治生活中的地位越來越重要。相應地，選舉成本也隨之水漲船高。1988年6月16日，高雄市政治家族陳氏掌門人陳啟清在記者會上表示「競選高雄市長至少要花五億元（新臺幣，下同）」。這個數宇已相當於60年代一次選舉所有候選人的總花費，對比1968年楊金虎競選高雄市長花費的500萬元，相差已達百倍。到了90年代，每逢重大選舉，各政黨的投入都超過百億大關。以世紀末的地區最高領導人選舉為例，1999年下半年國民黨公開宣稱已準備好100億元（折合3億美元）用於公元2000年的「世紀大選」。而1996年的臺灣地區最高領導人選舉中，國民黨公開的準備數宇為70餘億元。[121]如此高昂的選舉成本為「金權政治」產生提供了巨大的空間。

在威權主義體制下，黨國一體，國民黨創立了巨大的黨營事業，嚴密控制經濟活動。同時也利用手中的龐大經濟資源控制各個級別的政治經濟精英。在「中央」層級，國民黨透過工總、商總、工商協進會等輸送紐帶，控制與籠絡商業精

英；在地方層級，透過給予地方派系與本土精英諸多經濟上的扶植，以換取他們政治上的支持。在這種情況下，對於國民黨來說，選舉中花費多少金錢根本不是問題。透過國民黨當局手中掌握的金錢對地方派系的收買和扶植，已經成為政治系統能夠正常運作的重要支點。臺灣學者陳明通認為，在威權體制鞏固期，臺灣的社會動員與控制主要依靠「動員戡亂體制」，透過對社會的強力統合，行政當局的力量一直強力支配著社會。不過在地方選舉動員方面，仍有賴地方派系才能取得絕對的多數。[122]日本學者若林正丈將其稱為「二重侍從主義」的政治結構。[123]對派系的控制主要是依賴於經濟和政治資源分配權的控制。但是在政治民主化的進程中，黨政分離的趨勢越來越明顯，特別是2000年臺灣地區最高領導人選舉過後，黨國體制徹底瓦解，作為國民黨主要經濟來源的黨營事業也失去了「合法性」。[124]在90年代以後一直困擾國民黨的「黨產問題」，就是這種政治變遷下的必然結果。當然，在威權體制下直接從「國庫」獲取金錢進行政治活動的運作模式在民主制下也完全失去了正當性（「合法」的正常補助除外）。

在經費來源日益減少的情況下，政黨更加依賴於財團的支持。這種情況對國民黨如此，對民進黨也不例外。民進黨上臺後，黨國體制已經瓦解，該黨不可能再像國民黨執政時那樣獨攬大權，也很難做到黨政合一，更不可能「黨庫通國庫」，透過財政撥款取得大量金錢。因而該黨獲取政黨運作資金只能主要依靠非制度化的形式或體制外的途徑。一方面，民進黨不能再從「國營企業」那裡得到資助，也不可能從行政當局的財政撥款中獲取大量資產，只能透過執政權力來分派官員，以新的恩庇關係形式，利用手中掌握的權力尋租。但是這種尋租的不合法性已經越來越明顯，使該黨不可能透過這樣的渠道過多占有非法金錢。[125]另一方面，民進黨由於缺乏像國民黨那樣的龐大「黨產」，因而缺乏操控與籠絡財團的能力。民進黨於是只能以政策圖利的方式輸送利益給財團，用公共資源交換財團支持。例如「二次金改」的併購，民進黨當局即以海外釋股、股價圖利、一種特別股等將「公營銀行」廉價奉送財團，使得「公營事業」民營化實質上變成了財團私有化。簡錫堦將這種模式稱為「政商侍從主義」，認為容易造成政策被財團綁架，而輸送過程中的利益流入有權的執政者口袋。[126]在這種情況下，個體性的政治腐敗不過是制度性政治腐敗的一個副產品而已。

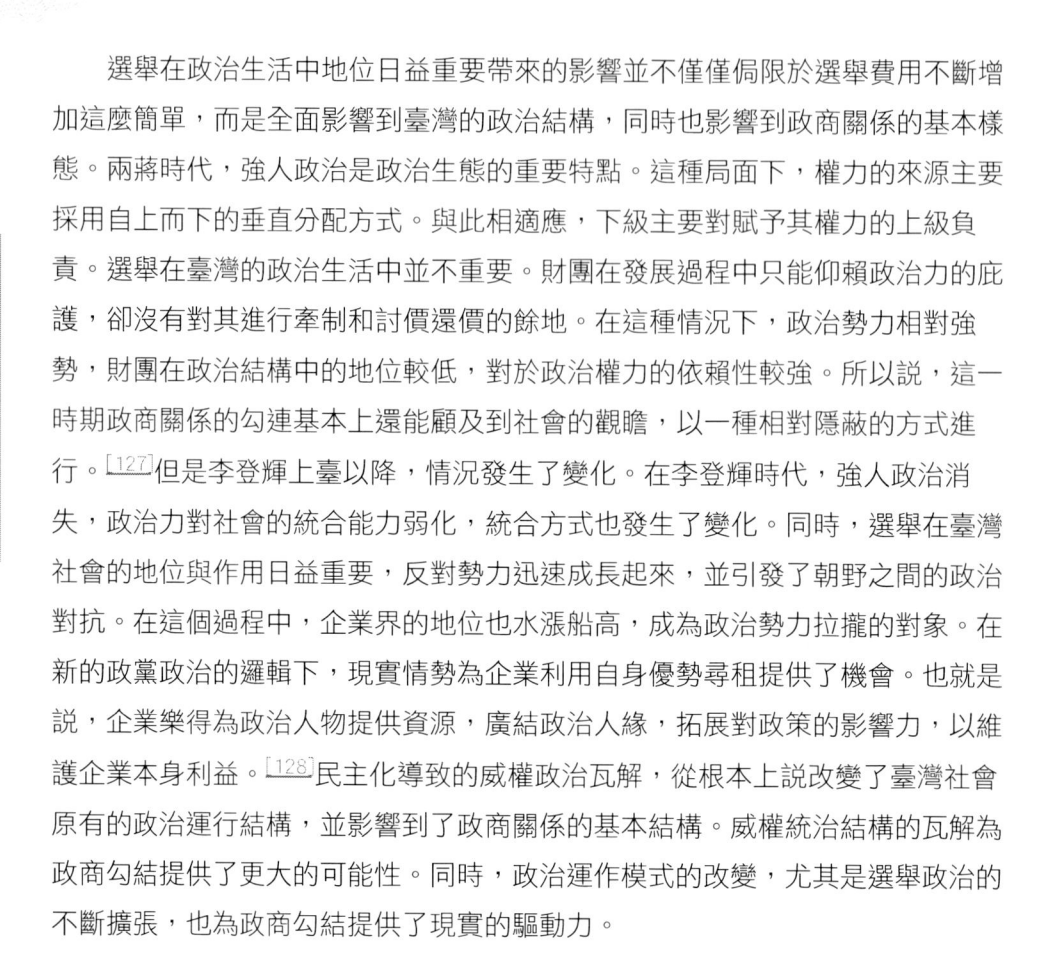

選舉在政治生活中地位日益重要帶來的影響並不僅僅侷限於選舉費用不斷增加這麼簡單，而是全面影響到臺灣的政治結構，同時也影響到政商關係的基本樣態。兩蔣時代，強人政治是政治生態的重要特點。這種局面下，權力的來源主要採用自上而下的垂直分配方式。與此相適應，下級主要對賦予其權力的上級負責。選舉在臺灣的政治生活中並不重要。財團在發展過程中只能仰賴政治力的庇護，卻沒有對其進行牽制和討價還價的餘地。在這種情況下，政治勢力相對強勢，財團在政治結構中的地位較低，對於政治權力的依賴性較強。所以說，這一時期政商關係的勾連基本上還能顧及到社會的觀瞻，以一種相對隱蔽的方式進行。[127]但是李登輝上臺以降，情況發生了變化。在李登輝時代，強人政治消失，政治力對社會的統合能力弱化，統合方式也發生了變化。同時，選舉在臺灣社會的地位與作用日益重要，反對勢力迅速成長起來，並引發了朝野之間的政治對抗。在這個過程中，企業界的地位也水漲船高，成為政治勢力拉攏的對象。在新的政黨政治的邏輯下，現實情勢為企業利用自身優勢尋租提供了機會。也就是說，企業樂得為政治人物提供資源，廣結政治人緣，拓展對政策的影響力，以維護企業本身利益。[128]民主化導致的威權政治瓦解，從根本上說改變了臺灣社會原有的政治運行結構，並影響到了政商關係的基本結構。威權統治結構的瓦解為政商勾結提供了更大的可能性。同時，政治運作模式的改變，尤其是選舉政治的不斷擴張，也為政商勾結提供了現實的驅動力。

所以，就臺灣的民主化過程對政治腐敗的影響而言，主要可以歸納為以下幾個方面：

一、威權體制下的政治腐敗問題在民主體制下以不同的形式顯示出來。諸如馬英九的「特別費」和陳水扁的「國務機要費」問題，在威權體制下可能不被認為是腐敗問題，但是在民主制度下的合法性卻備受質疑，因而被稱為臺灣政治人物的「歷史共業」。這種情況可以稱為「隱性政治腐敗」轉為「顯性政治腐敗」。

二、體制內個體性政治腐敗的難度變大，制度性集體政治腐敗的問題日益突出。或者說，即使有個體性腐敗，也多以集團政治腐敗的形式表現出來。政黨要

進行選舉，需要大量的經費，這使政黨在合法渠道日益減少的情況下不得不去尋求制度外的途徑籌集更多的競選經費。於是，企業家利用自己手中的資源獲取特權，以求取得更大利益；政客利用自己手中的權力，換取黨需要的經濟資源。由此引發的制度性政治腐敗在臺灣社會因而成為最主要的腐敗形式。可以預見的是，未來隨著政黨政治的發展，這種情況會依然存在。國民黨在「黨產」處理完畢之後，很快就會面臨這個問題。[129]在這種情況下，臺灣社會的政治腐敗多表現為集體性腐敗。自2005年下半年以來出現的民進黨弊案雖然主要是以陳水扁家族貪腐的形式表現出來，卻也清晰地顯示了民進黨內的利益共生結構，即民進黨內諸多高層人物均從扁的貪腐中獲益的事實。

三、臺灣社會在民主化過程中，並沒有出現整體性的政治腐敗，即臺灣社會民主化的制度化程度是不斷提高的，對政治腐敗的制度性遏止也是不斷向前推展的。雖然臺灣社會的政治腐敗問題時有所聞，但是制度並沒有淪為政客們公然為自己謀私利的工具。[130]

另一方面，民主化同時也為遏止政治腐敗提供了若干制度和機制，在一定程度上遏止了政治腐敗的惡性發展。

一、自1980年代以來，臺灣在反對政治腐敗方面的制度建構已經取得了較為可觀的成果。隨著民主化過程中一系列政治腐敗問題的出現，相應的法律法規和政黨內部的規章制度不斷出現，對政治腐敗問題進行了越來越嚴格的限制。臺灣當局2004年透過的「政治獻金法」，就是在這個背景下頒布的。在民進黨的內規中，規定「曾犯貪汙罪，經判刑確定者」不得提名為黨的候選人。[131]此外，由於臺灣社會已經脫離黨國體制的基本制度框架，政黨無法透過制度性的途徑干預司法，因而從理論上有了實現司法獨立的可能性。也正是因為如此，臺灣司法機關有機會和能力對政治權力給予制衡，對貪腐的打擊力度在客觀上也有了強化的空間。[132]以上所列的情況，對於政治腐敗的震懾作用是顯而易見的。

二、臺灣的兩黨制模式使得政黨之間的政治監督變得日益嚴密。政治貪腐不管在什麼情況下都是民眾反對的政治現象，也是政治人物攻擊對手最有力的武器。同時，反對黨一直在透過各種方式來尋找執政者貪腐的證據，並力圖用這種

方式削弱對方的道德正當性，增加自己的支持度。2000年，國民黨在最高領導人選舉中挫敗的一個重要原因就是「黑金形象」的拖累，而2005年以來民進黨的一系列失敗主要原因還是政治腐敗問題。反對黨的監督雖然不能根絕政治腐敗的出現，但是卻可以有效減少政治腐敗的發生。同時，政黨政治的制度化也會加速政治民主化的制度化進程，對於遏止腐敗之政治制度演變的推動作用也是顯而易見的。薩托利認為，制度演變主要透過兩種方式發生：1.不間斷地，即透過內部的發展、內源性的變革和自發性的過渡；2.間斷性地，即透過制度的斷裂形成的制度變遷和制度演進。[133]在臺灣我們可以看到的現象是，政黨之間在政治腐敗方面博奕的最終趨勢就是不斷減少個體性的腐敗，同時透過制度化的途徑減少群體腐敗的發生機會。當然，在這個過程中，也包含著許多原來視為政治腐敗的現象，如非法的政治獻金，透過制度化而「合法」的可能。

　　三、在對政治腐敗監督的鏈條中，媒體是重要的一環。依照臺灣最近十幾年來的政治變遷過程，媒體在反對政治腐敗中發揮了不可替代的影響。特別是2005年以來民進黨諸多貪腐大案的揭露，都是媒體爆料的結果。在臺灣甚至形成了「檢調跟著媒體辦案」的局面。當然，對媒體發揮此種功能的動機不能估計過高。在臺灣，媒體經營的重要動力就是獲得商業利益，對於政治腐敗事件的報導和揭露，主要還是在於這些事件具有轟動效應。[134]所以，在臺灣社會，媒體的形象是正面與負面並存。但是不可否認的是，隨著媒體自由度的增加，臺灣的媒體在監督政治腐敗方面確實發揮了積極的作用。

　　臺灣民主化過程與政治腐敗的關聯可能不止這些，本書僅能就民主化過程中發生的政治結構變遷與政治運作機制的改變對政治腐敗的影響做一簡單論述。從一般的意義上說，民主制度下，對腐敗的遏止一方面是透過制度性的反腐敗機制來完成，另一方面則是透過多元社會下的政治自由及言論自由來完成。臺灣學者林向愷認為，「民主制度就是透過制度保障人人皆可發聲與投票的基本政治權利，對政治人物或政黨的施政作為做定期評估，透過公民參與，瞭解重要公共議題，藉對話形成共識。」所以在他看來，民主制度雖然缺乏短期的效率，但卻是確保社會公平正義最好的制度，減輕貪腐最有效的藥方。因此，他認為「不應將此次（陳水扁家族的）海外祕帳事件視為臺灣民主制度的挫敗。」[135]從這個意

義上說，臺灣社會的多元監督其實為反政治腐敗提供了良好制度環境。

顯然，單純說民主化引發了政治腐敗或者說阻止了政治腐敗，都是有失偏頗的。隨著民主化的推進，既有推動政治腐敗的因素出現，也有阻遏政治腐敗的因素出現，這兩者的合力才決定了政治腐敗的程度及影響。臺灣社會政治腐敗的出現及發展是政治衰退的一個重要表現形式，但是這種衰退卻已經被控制在一定程度和範圍之內。馬英九的上臺本身就意味著反政治腐敗價值的回歸，這將成為未來臺灣社會價值訴求的一個重要組成部分。所以，未來臺灣的政治腐敗問題還會存在，但惡性發展的可能性也不是太大。所以，對臺灣政治腐敗評價，既不可縮小，當然更不宜擴大。

注　釋

[1].丹尼・羅伊著，何振盛等譯：《臺灣政治史》，（臺灣）商務印書館股份有限公司，2004年，第240～241頁。

[2].孫代堯著：《臺灣威權體制及其轉型研究》，中國社會科學出版社，2003年，第229頁。

[3].　周育仁著：《政治學新論》，（臺灣）翰蘆圖書出版有限公司，2003年，第72～79頁。

[4].丹尼・羅伊著，何振盛等譯：《臺灣政治史》，（臺灣）商務印書館股份有限公司，2004年，第301頁。

[5].政治衰退的各個層次之間有時是互為因果的關係，最經常者是在政治變遷過程中形成相互影響的作用模式。

[6].石之瑜著：《假——當代臺灣的政治精神》，（臺灣）海峽學術出版社，2006年，第197～198頁。

[7].大衛・米勒、韋農・波格丹諾主編，鄧正來譯，《布萊克維爾政治學百科全書》，中國政法大學出版社，2002年，第641頁。

[8].Robert・A・Dahl，「Who Governs？Democracy and Power in an American

City」,Yale University Press,New Haven,1961。轉引自〔約瑟夫・S・奈（Josehp S.NyeJr.）著,門洪華譯：《硬權力與軟權力》,北京大學出版社,2005年,第112頁。臺灣有的譯本中將Josehp・S・NyeJr.譯為約瑟夫・奈伊,而他的「軟權力」（soft power）概念也被譯為「柔性權力」。見約瑟夫・奈伊著,吳家恆、方祖芳譯：《柔性權力》,（臺灣）遠流出版事業股份有限公司,2006年。

[9].黃榮堅、許宗力等編纂：《月旦簡明六法・中華民國憲法》,（臺灣）元照出版有限公司,2009年。如無特別說明,本書所引「中華民國憲法」文本及「憲法修正案」均出自這個版本。

[10].具體內容為：「憲法」之修改,由「國民大會」代表總額五分之一之提議,三分之二之出席,及出席代表四分之三之決議,得修改之。

[11].具體內容為：「立法院」對於「行政院」之重要政策不贊同時,得以決議移請「行政院」變更之。「行政院」對「立法院」之決議,得經「總統」之核可,移請「立法院」覆議。覆議時,如經出席「立法委員」三分之二維持原決議,「行政院院長」應即接受決議或辭職。

[12].林紀東著：《中華民國憲法釋論》,（臺灣）大中國圖書公司,1977年,第407～408頁。

[13].其中第一次修訂「臨時條款」就是為了解決蔣介石連任的問題。經過修改後的臨時條款規定,「動員戡亂時期總統副總統得連選連任,不受憲法第四十七條連任一次之限制。」

[14].葛永光等著：《現代化的困境與調適——中華民國轉型期的經驗》,（臺灣）幼獅文化公司,1989年,第15頁。

[15].齊光裕著：《中華民國的政治發展——民國三十八年來的變遷》,（臺灣）揚智文化事業股份有限公司,1996年,459、688—689頁。

[16].這七次「修憲」分別發生於下列時間（公布日）：1991年5月1日、1992年5月28日、1994年8月1日、1997年7月21日、1999年9月15日、2000年4

月25日、2005年6月10日。

[17].關於國民黨的「法統」問題，目前學界似乎並沒有一個統一的說法。大陸比較早期的說法認為，國民黨政府的所謂「法統」，是指國民黨統治權力在法律上的來源。見「新華社陝北十四日電」，《人民日報》，1949年2月16日。大陸學者許崇德等人認為，1949年蔣介石與中共開出的和談條件中，其中之一是「保持法統不變，即是要保持制憲權的延續性。」故許崇德認為「法統」其實就是保持制憲權。見許崇德等編：《憲法》，中國人民大學出版社，2007年，第39頁。不過從國民黨當局一直保留著「國民大會」和「立法院」等「民意機構」在大陸選出的代表這一事實來看，其「法統」概念應該包含有「民意基礎上的合法性」之意涵。

[18].晏揚清著：《中華民國憲法》，（臺灣）高立圖書有限公司，2008年，第193頁。

[19].齊光裕著：《中華民國的政治發展——民國三十八年來的變遷》，（臺灣）揚智文化事業股份有限公司，1996年，998頁。

[20].此處的制度主要是指成文法律規範，以及圍繞著這些法律規範而發展起來的政治制度安排。

[21].彭懷恩著：《中華民國政治體系》，（臺灣）風雲論壇出版社有限公司，2003年，第159～160頁。

[22].齊光裕著：《中華民國的政治發展——民國三十八年來的變遷》，（臺灣）揚智文化事業股份有限公司，1996年，第244～249頁。

[23].若林正丈著，許佩賢、翁金珠等譯：《臺灣分裂國家與民主化》，（臺灣）新自然主義股份有限公司，2009年，第91頁。

[24].高民政著：《臺灣政治縱覽》，華文出版社，2000年，第53頁。

[25].齊光裕著：《中華民國的政治發展——民國三十八年來的變遷》，（臺灣）揚智文化事業股份有限公司，1996年，第794頁。

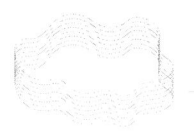

[26]. 李登輝之後，國民黨內的提名制度有較大的改變，特別是國民黨2000年敗選下臺以後，提名制度的改革不斷加速，黨內初選開始正規起來。國民黨內的提名制度基本和民進黨趨同，公職選舉候選人提名一般都是採用30%的黨內投票和70%民意調查相結合的方式。

[27].米歇爾斯著，任軍鋒等譯：《寡頭統治鐵律——現代民主制度中的政黨社會學》，天津人民出版社，2003年，第326頁。

[28].「中華民國憲法」第55條。

[29].「中華民國憲法修正案」第3條第1款。

[30].「中華民國憲法修正案」第2條第2款。

[31].周育仁著：《政治學新論》，（臺灣）翰蘆圖書出版有限公司，2003年，第110頁。

[32].Duverger，Maurice.「A New Political System Model：Semi-Persidentialist Government.」European Journal of Political Research 8（2）：1980，165～187.轉引自：吳重禮、吳玉山主編：《憲政改革——背景、運作與影響》，（臺灣）五南圖書出版股份有限公司，2006年，第159頁。

[33].宋玉波著：《民主政制比較研究》，法律出版社，2001年，394頁。

[34].「中華民國憲法修正案」第2條第5款。

[35].盛治仁著：《單一選區兩票制對未來臺灣政黨政治發展之可能影響探討》，（臺灣）《臺灣民主季刊》，第三卷第二期，2006年6月。

[36].王業立、羅偉元著：《臺灣的憲政發展與展望》，見《臺灣—越南行政革新國際學術研討會論文集》，（臺灣）中山大學中山學術研究所主辦，2005年5月20日～21日。

[37].何明修著：《社會運動概論》，（臺灣）三民書局股份有限公司，2005年，第212頁。

[38].James・C・Scott,「Patron-Client Politics and Political Change in

Southeast Asia」,The American Political Science Review,Vol.66,No.1（Mar.,1972）,p.91～113。

[39].Derick・W・Brinkerhoff,Arthur A.Goldsmith,「Clientelism,Patrimonialism and Democratic Governance」,Paper for U.S.Agency for International Development Office of Democracy and Governance,Dec.,2002.轉引自陳堯著：《政治研究中的庇護主義——一個分析的範本》,《江蘇社會科學》,2007年3期。

[40].林佳龍著：《威權侍從政體下的臺灣反對運動》,《臺灣社會研究季刊》,1989年春季號。

[41].南方朔著：《只作秀不做事,臺灣將成無能民主》,（臺灣）《聯合報》,2009年8月7日。

[42].廖俊松等著：《地方政府行政治理能力之個案評估研究：以南投縣九二一災後生活重建為例》,（臺灣）「行政院研究發展考核委員會」編印,2000年。

[43].行政治理能力的降低與民主化沒有必然聯繫。民主制度所強調者是政府的形成模式,即如何在政府的形成過程中體現民意；行政治理能力問題則反映出政治系統和官僚結構對政治現實的適應性,兩者不是同一個問題。通常意義上所說的「民主制度發展的同時也必須付出效率低下的代價」主要是指因為影響決策力量的多元化,政治決策需要增加折衝的時間。但是從另一個方面說,民主化帶來的政治參與在理論上應該促進效率的增加。以經濟決策為例,影響經濟決策的三個要素：合理成本、及時性和配合民間部門的需要,在正常運作的民主體制下,都可以獲得改善。因為在瞬息萬變的市場經濟中,只有讓企業參與決策,讓各種團體有利益表達的渠道,才能有效整合多元社會裡的利益需求,確保經濟發展的均衡性。因此,朱雲漢認為,「有些人認為民主政治的實施很難不產生決策效率降低的問題,因此把這個問題視為必要的社會成本,這種看法在學理上沒有任何根據。」在更多的情況下,行政效率降低的問題與民主制度不是因果關係。見朱雲漢：《90年代民主轉型期經濟政策制度的效率與公平性》,朱雲漢、包

宗和主編：《民主轉型與經濟衝突——90年代臺灣經濟發展的困境與挑戰》，（臺灣）桂冠圖書有限公司，2000年，第11頁。本書所討論的政治無能主要指民主化過程中由於政治結構本身的特點及民粹政治所帶來的行政治理效率下降的問題。

[44]. 指《蘋果日報》在手機、網路平臺推出所謂「動新聞」，過於寫實地模擬性侵害、暴力、自殺等畫面，引起民間婦女、教師等團體強烈反對，也引起了臺北市政府等行政部門關注。

[45].郭正亮著：《清官殺人與剛愎誤國》，（臺灣）《中國時報》，2009年8月17日。

[46].南方朔著：《只作秀不做事，臺灣將成無能民主》，（臺灣）《聯合報》，2009年8月7日。

[47].謝劉嬸著：《蘇貞昌陷入看報治國的格局》，（臺灣）《財訊》，2006年5月。

[48].袁銳鍔著：《外國教育史新編》，廣東高等教育出版社，2006年，58頁。

[49].關於「民主」問題，在經歷了學界的長期討論形成的知識累積之後已經變得非常複雜，各個不同的學派從不同的邏輯起點出發，對民主的認知也是五花八門，這在目前坊間汗牛充棟的有關民主討論的著作就可以見端倪。在有關民主的討論中，約翰·鄧恩歸納出了四個方面的問題並試圖給予解答。這四個方面的問題基本概括了當今民主理論觀照的基本範疇：（1）為何民主意義的轉變如此激烈？（2）為何今日主導政府的類型，在冗長時間的變異下，會在文化、政治和經濟方面與希臘的原型、羅伯斯庇爾等人的夢想差異如此之大？（3）為何這個變異很大的政府類型，會如此迅速並在近期內，在全球贏得如此驚人的權力？（4）為何這個政體會選擇這個名稱作為其政治的代表旗幟？見〔英〕約翰·鄧恩著，王晶譯：《為什麼是民主？》，（臺灣）聯經出版事業股份有限公司，2008年，第124頁。

[50].王彩波主編：《西方政治思想史——從柏拉圖到約翰·密爾》，中國社會科學出版社，2004年，第471頁。

[51].弗裡德里希·奧古斯特·哈耶克著，王明毅等譯：《通往奴役之路》，中國社會科學出版社，1997年，第64頁。

[52].在政治學理論中，多數決的正確性一直是一個問題，並非是不言自明的，如何防範「多數暴政」的問題一直是政治學理論討論的重要領域。

[53].關凱著：《族群政治》，中央民族大學出版社，2007年，第20頁。

[54].高格孚著：《風和日暖：臺灣外省人與國家認同的轉變》，（臺灣）允晨文化實業股份有限公司，2004年，15頁。在本書中，作者對外省人的歷史面貌著墨較多，但是沒有對目前臺灣族群劃分標準提出分析。其實從嚴格邏輯學的角度上看，四大族群劃分標準是混亂的。如本省人與客家人、閩南人、臺灣少數民族在相當程度上是重疊的。唯一可以作為這種區分標準的，似乎是「身分認同」。

[55].王甫昌著：《當代臺灣社會的族群想像》，（臺灣）群學出版社，2003年，第10頁。

[56].王明珂著：《華夏邊緣：歷史記憶與族群認同》，社會科學文獻出版社，2006年，第10頁。

[57].陳孔立著：《臺灣政治的「省籍—族群—本土化」研究模式》，《臺灣研究集刊》，2002年2期。

[58].彭懷恩著：《臺灣政治發展的反思》，（臺灣）風雲論壇出版社有限公司，2000年，第320頁。

[59].徐博東著：《透析臺灣民進黨》，台海出版社，2003年，第7頁。

[60].彭懷恩著：《臺灣政治發展的反思》，（臺灣）風雲論壇出版社有限公司，2000年，第315頁。

[61].張鐵志著：《臺灣新民主的詛咒？——金權政治與社會不平等》，（臺

[62].傅建中著：《馬英九，最後的希望》，（臺灣）《中國時報》，2009年1月6日。不過在民進黨人梁文杰看來，傅建中的觀點不過是外省族群的政治生存策略而已。梁所說的政治策略是指，「外省族群經常會隱藏對本省族群的輕蔑。因為外省族群知道，唯有在不觸怒本省族群、不使本省族群凝聚的情況下才能獲得保障。所以，他們希望臺灣不要分本省外省，並且認為臺灣沒有族群問題，還認為省籍矛盾都是政客操作的結果。傅建中的話不過是透露了外省精英危險的想法而已。」見梁文杰：《郭冠英與族群平等法：談外省族群的政治策略》，（臺灣）《思想》第12輯：《族群平等與議論自由》，（臺灣）聯經出版事業股份有限公司，2009年6月，第255～258頁。梁在這裡顯然將傅建中話中的兩岸語境替換掉了，而換成了島內的政治語境。

[63].此處所指的社會共識指對基本價值的一致認知以及對政治系統動作規則的一致認知等影響到政治系統運行效率的因素。

[64].湯志傑：《民主社會的結構可能性條件》，（臺灣）《思想》第11輯：《民主社會如何可能？》，（臺灣）聯經出版事業股份有限公司，2009年，197—198頁。

[65].羅伯特‧帕特南著，王列等譯：《使民主運轉起來：現代義大利的公民傳統》，江西人民出版社，2001年，第175頁。

[66].托克維爾著，董果良譯：《論美國的民主‧上》，商務印書館，2004年，第九章。這裡的「民情」按照托克維爾的解釋為「一個民族的整個道德和精神面貌」，見托克維爾本書332頁，這與前面有關民情的解釋「指人在一定的社會情況擁有的理智資質和道德資質的總和」在內涵上是相同的，見該書第354頁，註腳。

[67].這種強化並不一定表現為單純的對抗，而是有時表現為對族群議題的迴避，有時表現為在論述上與本省人的趨同。

[68].瞿海源著：《真假民主》，（臺灣）圖神出版社有限公司，2005年，第282～283頁。

[69].張鐵志：《臺灣新民主的詛咒？——金權政治與社會不平等》，（臺灣）《思想》第七輯：《解嚴以來：二十年目睹之臺灣》，（臺灣）聯經出版事業股份有限公司，2007年，第160頁。

[70].在為民主辯護的理論中，價值訴求是推行民主制度的重要理由。道爾認為民主的長處有以下10個：有助於避免獨裁者暴虐、邪惡的統治；保證公民享有許多基本權利；保證公民擁有更為廣泛的個人自由；保證個人在自己選定規則下生活的自由；為履行道德責任提供了最大的機會；使人性獲得更充分的發展；民主政府能造就相對較高的政治平等；現代代議制民主國家彼此沒有戰事；民主國家比非民主國家更為繁榮。見勞勃・道爾著，李柏光、林猛譯，《論民主》，（臺灣）聯經出版事業股份有限公司，1999年，第69頁。在民主的10條理由或長處中，價值訴求占了相當部分。但是道爾描述的顯然是民主制度已經建立後的圖景，關鍵是民主制度如何建立？具體到臺灣而言，民主化歷程是在族群衝突與政治權力重新分配的背景下完成的，相對來說民主的價值訴求不過是一個副產品。這也正是臺灣社會為什麼經歷了民主轉型以後卻依然難以貫徹民主的價值訴求並根除政治對立與族群衝突的原因之一。

[71].湯志傑：《民主社會的結構可能性條件》，（臺灣）《思想》第11輯：《民主社會如何可能？》，（臺灣）聯經出版事業股份有限公司，2009年，第198頁。

[72].珊妲・慕孚（Chantal Mouffe）著，林淑芬譯，《民主的弔詭》，（臺灣）巨流圖書有限公司，2005年，第29頁。

[73].喬萬尼・薩托利著，馮克利、閻克文譯：《民主新論》，上海人民出版社，2009年，第210頁。

[74]. 事實上可能不是如此簡單。歷史經驗和政治現實都已經表明，民主未必能成功阻遏權力的尋租，在治理政治腐敗問題上，許多已經實行民主制度的國家和地區也不是特別有效。

[75].王華：《政治民主與經濟績效——印度發展模式考察》，《華東師範大學學報（哲學社會科學版）》，2003年3月，第39卷第2期。在該文中作者論及政治民主與經濟增長之間的關係時，除了述及上述觀點外，還提及到了一個觀點：經濟繁榮可以促進民主。筆者認為這已經屬於經濟發展對政治民主反作用的範疇，故這裡不予討論。

[76].喬治·索倫森著，李西潭等譯：《最新民主與民主化》，（臺灣）韋伯文化國際出版有限公司，2003年，68頁。

[77].朱雲漢：《90年代民主轉型期經濟政策制定的效率與公平性》，見朱雲漢、包宗和主編：《民主轉型與經濟衝突——90年代臺灣經濟發展的困境與挑戰》，（臺灣）桂冠圖書有限公司，2000年，第5～7頁。

[78].見亞當·普沃斯基著，酈青、張燕等譯，《國家與市場：政治經濟學入門》，上海出版集團·格致出版社，2009年。大陸學者對Adam Przeworski的名字翻譯不統一，本書為方便起見，統一稱其譯名為普沃斯基，不過涉及具體譯著，在註解中仍以譯者的譯法為準。

[79].亞當·普沃斯基著，包雅均、劉忠瑞等譯：《民主與市場——東歐與拉丁美洲的政治經濟改革》，北京大學出版社，2005年，153頁。

[80].這裡所以稱為「理想的」情況，是因為本自然段關於民主制度比非民主制度對經濟發展更為有利的討論有三個基本前提和預設是很難達到的：（1）選民選擇政府的依據是經濟上的政策理性；（2）行政權力受到選民的制約；（3）民眾的壓力一定可以建立公平與自由的競爭秩序。這些前提和預設只在部分的民主國家和地區可以找到，但是在大部分的民主國家和地區是難以實現的，或者說是難以全部實現的。

[81].黃建軍、張千帆著：《論民主政治對市場纠偏和制衡作用》，《理論與改革》，2005年6期。需要指明的是，這裡顯然忽略了上面所提到的民主制度能夠促進經濟發展的三個前提條件，也沒有對民主國家與非民主國家對經濟發展影響的具體情況進行詳細的類型學劃分。

[82]. 蔣華棟著：《試析模里西斯議會民主制對國內經濟發展的影響》，《西亞非洲（月刊）》，2006年第6期。

[83].斯迪芬·海哥德、羅伯特·R·考夫曼著，張大軍譯：《民主化轉型的政治經濟分析》，社會科學文獻出版社，2008年，第313頁。

[84]. 何高潮著：《政治制度與經濟發展關係分析：比較政治學的新視野——評〈民主與發展：政治制度與各國的福利狀況〉》，《管理世界》，2005年，4期。

[85].朱雲漢著：《九十年代民主轉型期經濟政策制度的效率與公平性》，見朱雲漢、包宗和主編：《民主轉型與經濟衝突——九十年代臺灣經濟發展的困境與挑戰》，（臺灣）桂冠圖書有限公司，2000年，第8頁。

[86].何明修著：《民間社會與民主轉型：環境運動在臺灣的興起與持續》，見張茂桂、鄭永年主編：《兩岸社會運動分析》，（臺灣）新自然主義股份有限公司，2003年，第34～35頁。

[87].何明修著：《民間社會與民主轉型：環境運動在臺灣的興起與持續》，見張茂桂、鄭永年主編：《兩岸社會運動分析》，（臺灣）新自然主義股份有限公司，2003年，第60頁。需要提及的是，環保意識的高漲與經濟發展之間的問題更多的不是技術的問題而是價值的問題。經濟發展不能以犧牲環境為代價，這已經是世界上的一個共識。但問題的另一面是，經濟發展與環境保護均是指向人類的終極關懷（至於各個地區在資源分配上面的差異，是另外一個問題），如果沒有經濟發展，環境保護的意義也將大打折扣。如何處理經濟發展與環境保護的關係，其實是比較麻煩的問題。本書因為篇幅和主題所限，主要集中於討論經濟發展的技術層面，而省略了價值層面的探討。

[88].王華著：《政治民主與經濟績效——印度發展模式考察》，《華東師範大學學報（哲學社會科學版）》，2007年3月，第39卷第2期。

[89].亞當·普沃斯基著，酈青、張燕等譯：《國家與市場：政治經濟學入門》，上海出版集團·格致出版社，2009年，第195頁。

[90].於宗先著：《浴火中的臺灣經濟》，（臺灣）五南圖書出版有限公司股份，2002年，第166～167頁。

[91].李非著：《臺灣經濟發展通論》，九州出版社，2004年，第491頁。

[92].「核四風暴」的相關過程見中國社會科學院臺灣研究所編：《臺灣研究年度報告·2000年》，時事出版社，2001年，第55～56頁；高群服著：《臺灣祕密檔案解密》，台海出版社，2008年，第236頁。

[93].於宗先著：《浴火中的臺灣經濟》，（臺灣）五南圖書出版有限公司股份，2002年，第167頁。

[94].朱敬一主編：《ECFA：開創兩岸互利雙贏新局面》，（臺灣）財團法人兩岸交流遠景基金會，2009年。

[95].於國欽著：《巨變中的臺灣經濟》，（臺灣）商訊文化事業股份有限公司，2006年，29頁。但是這種說法似乎有點絕對，因為國民黨時期與民進黨時期的臺灣經濟處於發展的不同階段，而且當時面臨的內外環境也不同，這些均是臺灣經濟發展趨緩的重要原因。這裡將行政官員任期對經濟的影響似乎誇大了。

[96].朱雲漢著：《對民主與市場的反思——一個政治學者的沉痛思考》，（臺灣）《思想》第3輯：《天下、東亞、臺灣》，（臺灣）聯經出版社，2006年，第79頁。

[97].社會公平是政治哲學上的一個重要概念，這裡無法進行系統清理。本書所謂的「社會公平」，主要是指能夠遏止特權、控制腐敗、社會分配大致平衡的一種狀態。

[98].張鐵志著：《臺灣新民主的詛咒？——金權政治與社會不平等》，（臺灣）《思想》第七輯：《解嚴以來：二十年目睹之臺灣》，（臺灣）聯經出版事業股份有限公司，160—161頁。

[99].需要說明的是，社會公平實現與否在相當大程度上取決於民眾對社會公平的基本認知。這種認知與具體的經濟發展程度相關，也與社會價值系統的塑造有關係。政治哲學意義上的公平概念永遠不可能與民間對公平概念的理解畫上等

號。

[100].Pranab・Bardhan,「Corruption and Development：A Review of Issues」,Journal of Economic Literature,Vol.35,No.3（Sep.,1997）,p.1320～1321。

[101].李路曲著：《當代東亞政黨政治的發展》,學林出版社,2005年,第155～156頁。這裡的「送禮」也是一個廣泛的概念,關於送禮的具體形式、送禮的制度化程度等方面作者均沒有給出詳細説明。同時,本書也沒有對腐敗的概念進行清理,而是將「送禮」和「政治獻金」作為政治腐敗的主要內容。相關內容見李路曲此書第四章：政黨政治的腐敗與政治轉型。

[102].Mark・E・Warren,「What Does Corruption Mean in a Democracy？」,American Journal of Political Science,Vol.48,No.2（Apr.,2004）,p.332。

[103].大衛・米勒、韋農・波格丹諾主編,鄧正來譯：《布萊克維爾政治學百科全書》,《政治腐敗・制度卷》,第594頁。

[104].J・S・Nye,「Corruption and Political Development：ACost-Benefit Analysis」,The American Political Science Review,Vol.61,No.2（Jun.,1967）,p.419。

[105].大衛・米勒、韋農・波格丹諾主編,鄧正來譯：《布萊克維爾政治學百科全書》,《政治腐敗・制度卷》,第594頁。此處三個層次的腐敗並沒有指明是從奈爾概念出發得出的推論。筆者認為,這三個層次的政治腐敗均是以個體私利為核心內涵,以違反規則為基本表現形式,和奈爾對政治腐敗的概念定義比較吻合。

[106].需要說明的是,同樣表現出偶發性和不確定性,而且與制度性的政治腐敗有所區別,集團（group）的腐敗行為在這三個層次的分層中其實也屬於個體（Individualistic）腐敗行為。

[107].筆者認為,楊氏此處的「效應」其實和「功能」概念大部分是重疊的,所以這裡「效應」與「功能」在概念上是通用的。

[108].楊洪常著：《政治發展還是政治衰退：政治腐敗的效應之爭》，（臺灣）《政治科學論叢》，2000年6月，12期。

[109].Omar・Azfar，Young Lee，Anand Swamy，「The Causes and Consequences of Corruption」，Annals of the American Academy of Political and Social Science，Vol.573，Culture and Development：International Perspectives（Jan.，2001），p.42～56。

[110]. 楊洪常著：《政治發展還是政治衰退：政治腐敗的效應之爭》，（臺灣）《政治科學論叢》，2000年6月，12期。

[111].朱雲漢著：《90年代民主轉型期經濟政策制度的效率與公平性》，見朱雲漢、包宗和主編：《民主轉型與經濟衝突——90年代臺灣經濟發展的困境與挑戰》，（臺灣）桂冠圖書有限公司，2000年，第9頁。

[112].王建民著：《民進黨政商關係研究》，九州出版社，2004年，第3頁。

[113].簡錫堦著：《解構金權，鞏固民主》，（臺灣）《臺灣民主季刊》，2008年9月，第5卷第3期，第186頁。

[114].張鐵志著：《臺灣新民主的詛咒？——金權政治與社會不平等》，（臺灣）《思想》第七輯：《解嚴以來：二十年目睹之臺灣》，（臺灣）聯經出版事業股份有限公司，2007年，第156頁。這裡需要提起注意的就是，在討論臺灣的政治腐敗問題時，需要區分政務官的腐敗與事務官的腐敗之間的區別。相對來說，事務官（公務員）的腐敗程度較政務官輕，因為事務官沒有選舉的壓力，客觀上對大量資金的需求不如政務官迫切；同時事務官接觸到因選舉而產生之大量金錢的機會也遠不如政務官多。

[115].「政治獻金法」規定，對同一政黨、政治團體每年捐贈總額，不得超過下列金額：個人為30萬元（新臺幣，下同）；營利事業為300萬元；人民團體為200萬元；對不同政黨政治團體每年捐贈總額個人不超過60萬元，營利事業不超過600萬元；人民團體不超過400萬元。對同一擬參選人的捐贈總額，個人不

超過10萬元；營利事業不超過100萬元；人民團體不超過50萬元。對不同擬參選人每年捐贈總額個人不超過20萬元；營利事業不超過200萬元；人民團體不超過100萬元。

[116].王建民著：《臺灣的「黑金政治」》，鷺江出版社，2000，第33頁。

[117].陳國霖著：《黑金》，（臺灣）商周出版，2004年，2　頁。也有的「黑金」定義更為廣泛，如有學者認為，「黑金政治」是指有組織的犯罪集團（黑道）或者擁有雄厚實力的財團，與政客相勾結，透過賄選、非法政治獻金甚至暴力等手段來干預選舉，進而影響整個政治過程，盜取權柄與社會公眾財富，有錢人借政治權力謀取非法利益，政治人物借權力撈錢，黑白合流，利益共生互享。見張連月著：《政黨執政綱鑑》，中央文獻出版社，2006年，第11頁。

[118].陳國霖著：《黑金》，（臺灣）商周出版，2004年，第四章：大哥變大亨。

[119].本書的腐敗概念強調行為上的不合制度特徵。所以，在政治制度框架內的活動基本上均不能認定為腐敗。例如，在威權體制下，國民黨利用行政權力經營黨營事業，是威權體制下的基本制度，所以這裡雖然也有圖利個人的情況出現，但是在制度上講是「合法」的，就不能歸於政治腐敗的範疇。

[120].大衛・赫爾德著，李少軍、尚新建譯：《民主的模式》，（臺灣）桂冠圖書有限公司，2006年，第338頁。

[121].黃嘉樹，程瑞著：《臺灣選舉研究》，九州出版社，2002年，第119頁。至於選舉費用的上漲到底是因為經濟發展程度提高所致，還是民主化的進展推高了選舉費用的上漲，目前來看似乎還沒有結論。但是從世界來看，選舉費用上漲是一個普遍的趨勢。

[122].陳明通著：《派系政治與臺灣政治變遷》，（臺灣）新自然主義股份有限公司，2001年，263頁。

[123].若林正丈著，許佩賢、翁金珠等譯：《臺灣：分裂國家與民主化》，（臺灣）新自然主義股份有限公司，2009年，第126～147頁。

[124].此處的「合法性」是指「合乎法律」，與政治學理論中一般意義上的「合法性」是有區別的。

[125].李路曲著：《當代東亞政黨政治的發展》，學林出版社，2005年，第173頁。

[126].簡錫堦著：《解構金權，鞏固民主》，（臺灣）《臺灣民主季刊》，2008年9月，第5卷第3期，第187頁。

[127].這種情況也可以解釋為，國民黨當局當時對經濟的控制能力相對較強，所以不需要透過大規模的政商勾結來籌集資金來維持黨的正常運作。

[128].蘇子琴著：《權與錢——透視臺灣政商關係》，（臺灣）新新聞文化事業股份有限公司，1992年，序言。

[129].2009年12月30日，國民黨中常會透過黨營事業最終解決方案，宣布2010年6月底前標售中投公司，未來黨將轉型為選舉機器，選舉經費改以募款為主。這是政黨運作模式的根本性改變，對未來國民黨的發展，將會產生重要影響。

[130].在本書的概念中，政治腐敗的一個基本內涵就是直接為自己謀取私利。所以，類似臺灣兩個大黨推動「單一選區兩票制」的選舉制度，雖然也有政治人物因此得到政治利益，但是由於受益個體並不確定，根據本書的概念，不能認為是政治腐敗。

[131].《民進黨內規·公職候選人提名條例（2007年修訂）》，第六條，第二款。

[132].由於政治對立及藍綠兩個陣營政治區隔的原因，臺灣實現真正司法獨立尚需時日，但是單個司法人員的個人偏見不影響司法獨立的制度特徵。

[133].G·薩托利著，王明進等譯：《政黨與政黨體制》，商務印書館，2006年，第375頁。這裡需要提及的是，薩托利在這裡同時指出，暴力和革命等烈度較大的政治事件未必與制度的斷裂與否畫上等號。

[134].對於媒體對社會的影響,學界也有不同的看法。有的認為媒體可以控制社會,有人認為媒體對社會的影響有限。相關論述見Michael Gurevitch等著,陳光興等譯:《文化、社會與媒體》,第一篇,《媒體研究:理論取向》,(臺灣)遠流出版事業股份有限公司,1992年,第23～49頁。

[135].林向愷著:《貪腐與民主》,(臺灣)《臺灣民主季刊》,第五卷第三期,2008年9月,第174～175頁。不過這裡顯然有將民主制度理想化之嫌,在公民參與有保證的情況下,大眾瞭解公共議題,有了對話的空間,未必能夠達成共識,最起碼在臺灣是這樣。在臺灣社會,對公平和正義內涵認知的條件其實影響了民眾對政治腐敗問題的價值評判。

第3章 政治變遷與政治衰退：過程、機制和行為模式形成

　　政治理論總是帶有地域性特徵，理論範本總是在既有政治生活和政治現象的基礎上總結與昇華而成。對臺灣政治變遷中政治衰退問題的探討也不例外。簡言之，如果要探討臺灣的政治衰退問題，必須對臺灣政治變遷的基本語境進行比較詳細的研究。

　　1945年～1949年間，臺灣社會經歷了重大政治變遷。先是臺灣光復，之後是國民黨在大陸戰敗退到臺灣。然後，臺灣經歷了20多年的發展，社會、政治、經濟等各個方面都發生了巨大變化，民主化也正是在這個過程中展開。從這個意義上說，臺灣的民主化其實是政治變遷的一個組成部分，臺灣戰後以來的政治變遷是討論政治衰退問題的基本語境。

　　本書討論的重點是政治衰退與民主化的關聯，重點討論民主化過程對臺灣社會結構的影響，並在此基礎上與政治衰退進行因果性聯結，試圖對臺灣政治衰退的發生做出解釋。[1]這裡首先要問的問題是：民主化過程改變了什麼？最終「形成」了什麼結果？這些看似民主化理論的基本問題，卻一直沒有明確答案。在政治變遷過程中，舊的結構在諸種因素的衝擊下逐漸瓦解，新的政治結構不斷分化出來。同時，政治結構之間相互影響的作用方式也在發生變化，影響到整個社會政治變遷的綜合樣態。民主化是政治結構和政治力量重組的過程，主要包括四個方面的內涵：政治權力的分配、社會價值的分配、社會統合模式的改變、政治行為模式的形成等。在民主化過程中，由於確立了競爭性選舉為中心的政治制度框架，臺灣政壇經過長期演變後，在領導人集權、政治腐敗、族群區隔等方面發展出特定的樣態。[2]如果從社會治理的角度上說，民主化可以簡化為治理模式的調

整。臺灣民主化過程其實在兩個方面改變了社會的治理模式：一、從行政當局與社會關係的層面上說，統合機制由威權統治下的剛性改變為民主模式下的柔性。二、從政治精英內部的關係來說，原來就存在的「恩庇—侍從」體制經過制度化後成為制度體制的一個重要組成部分。政治行為模式的形成反映出政治變遷的制度化和結構化後果。可以肯定地說，臺灣的民主化對政治衰退的基本樣態產生了重要影響。

3.1 臺灣民主化與政治資源[3]分配格局的重建

民主化變遷的主要內容是社會結構和政治結構的變化。如果結構趨於優化，能夠促進社會和諧和整體進步，就是政治發展；相反，如果結構變化導致了對立與衝突，甚至政治動盪，影響了社會發展，就是政治衰退。

3.1.1 社會異質性的顯性化

異質性是在現代化語境中形成的一個概念，是相對於同質性而言的。在現代化理論中，有學者把相對於現代「異質性」社會的傳統社會理解為「同質性」社會，即指國家與社會在本質上的高度一體化。[4]在這種社會中，社會成員的活動、經歷和生活方式大體相同，因而擁有共同的信仰、追求共同的價值目標、接受同樣的行為規範、持有同樣的價值評判標準，這些因素形成強大的集體意識，對社會成員的控制非常嚴密，並滲透到社會各個領域和個人生活的各個方面。在這樣的社會裡，價值觀很難出現分化。這樣的社會一般規模比較小，現代化程度較低，就整個社會而言，流動性比較低。

從傳統社會向現代社會的轉變，本身包含著由同質性社會向異質性社會的轉變。這種轉變主要包括工業化、市場化帶來的社會結構分化，進而引發功能的分化，個人選擇也因此日益多樣化。相應地，現代社會的集體意識也發生了深刻變

化，由原來的那種神聖的、信仰式的和對集體的崇尚，變成了世俗的、理性的和尊崇個人的精神，由社會對個人的全面控制，變成了僅僅在高度抽象層面上對共同價值觀的遵從。這種社會具有很強的異質性。[5]這種社會性質是因現代社會中高度的流動性以及細緻的勞動分工引起的。

現代社會的異質性問題早就引起理論家們的注意。歐洲古典社會學家們在19世紀中期就一再強調：異質性是伴隨著社會結構進化、社會功能分化而產生的一種必然現象。史賓賽對「軍事社會」與「工業社會」的區分，滕尼斯對「公社」與「社會」兩種人群共同體的區分，杜爾凱姆對「機械團結」與「有機團結」的區分，都是對同質性社會與異質性社會的區分。[6]儘管這種區分過分強調「傳統」與「現代」的兩分法，在一定程度上有失偏頗，但現代社會是異質性社會的觀點基本得到理論界的認同。這種語境下的異質性強調社會的差異性和多元性，強調個人的價值，同時也強調「私域」的相對獨立性。異質性社會更加多元，這種社會的政治和社會整合基本模式也與傳統社會有相當大的不同。

這裡所講的社會異質性概念和現代化語境下的異質性概念有一定的區別。此處的異質性概念強調群體的邊界和在此基礎上形成的群體行為模式差異，強調群體互動形成的社會關係網路。在差異性與多元性的意涵上，本書的異質性概念與現代化語境下的異質性概念有一致的地方。不過，本書的異質性概念更加關注群體差異基礎上形成的對立與衝突。如果說現代化語境下的異質性概念比較傾向於以個人為單位展開分析，本書的異質性概念則更強調群體在分析中的基本功能。所以，在討論這種異質性時，用「群體異質性」或「族群異質性」的概念可能更為恰當。政治衝突與對立一般來源於群體的異質性，如利益衝突、文化差異、身分認同差異，均可以成為社會異質性的基本內容。不過在不同社會中，異質性的具體表徵不同，引發的問題也不盡相同，造成的影響更是千差萬別。

臺灣社會的異質性在很大程度上來源於移民社會的歷史。自明末以來，臺灣社會經歷了幾波大規模的移民潮，這些移民之間的差異形成了族群的天然邊界，社會矛盾也在這個基礎上展開。臺灣歷史上長期存在的閩客械鬥、漳泉矛盾等均是社會異質性的體現。及至1949年，國民黨在大陸戰敗，又有200多萬人撤退到

這個狹小的島嶼上來,使臺灣的族群構成更加複雜。需要說明的是,從邏輯上說,多族群[7]的存在並不一定意味著衝突與對立。或者說,多族群的存在不過為衝突與對立提供了可能,而這個可能要成為現實還需要有諸多的其他條件。其中最重要者,就是以族群為邊界進行的政治動員,或者說,族群成為政治動員的基本單位和政治訴求的主要對象。這也決定了,族群的衝突與其他類型的社會衝突相比,最大的不同就在於參與衝突的各方都是以族群性為基礎動員起來的。在衝突中,對族群的忠誠是超越一切其他價值和利益考量的。在族群主義者的視野裡,族群衝突源自於價值觀、生活方式以及其他固有的族群天性。因此,族群必須保持自身清楚的族群邊界,驅逐非本族群的外來影響,才能維護本族群的利益並避免族群內部的危機。[8]因此,族群衝突的形成本身就在於族群邊界的清晰化。這既需要客觀的基礎,同時也需要主觀的建構,是一個複雜的過程。不過,學界比較一致的結論仍然是,戰後臺灣的省籍族群矛盾一直是臺灣社會的重要社會矛盾,政治衝突也大多與此有關。

有學者認為,社會異質性可以分為先賦型和自製型兩種。「種族、語言、宗教等在漫長歷史歲月中形成的異質性因素稱為先賦型異質性;而現代社會中由社會結構分化而形成的異質性,如職業、階級等則稱為自製型異質性。」[9]這個類型劃分顯然有兩個前提:一、社會的發展是連續的;二、社會的發展是進化的,即從傳統社會向現代社會的轉變是一個不言自明的事實。但是這種劃分在遇到類似臺灣這樣社會發展進程不斷被打斷的移民社會時,其分析力無疑會有所減弱。

筆者認為,從基本特徵看,臺灣社會可以稱為「斷裂型異質性社會」。該社會在一定程度上具備了先賦型異質性社會和自製型異質性社會的若干特徵。例如,臺灣社會雖然經歷了50年的殖民統治,但是在種族等方面的發展卻是一貫和連續的。此外,臺灣社會經歷了現代化過程,也出現了利益分化和結構分化,各種利益團體較為發達,社會多元化也發展到了前所未有的程度。不過,在臺灣卻沒有出現顯著的階級衝突,甚至連比較明顯的階級分野都沒有出現。相反,臺灣的社會衝突主要是沿著族群的邊界展開,族群在臺灣的政治變遷中成為擔負政治互動功能的主要單位。出現這種情況的原因,主要在於新的移民群體與原先的移民群體之間有很大的異質性,雙方在利益上存在著衝突,在心理特徵和行為習

慣上也有相當大的差異。由於有外來移民的進入，整個社會規範和社會結構都有較大的改變，社會的整體發展方向也因此出現許多不確定性。

在斷裂型異質性社會中，政治變遷的劇烈程度要明顯高於先賦型異質性社會和自製型異質性社會。新移民到來打斷了連續的社會進程，新舊移民之間的整合成功與否成為影響政治變遷方向的關鍵因素。這一整合的開始就成為政治變遷和社會發展的新起點。當然，原先存在於社會中的歷史、文化因素雖然還在起作用，但是這種作用是基礎性的和長期性的，而短期內移民社會則體現為族群差異導致的政治動盪和制度的不穩定。先賦型和自製型異質性社會的政治變遷和社會變遷所依循的路徑是由傳統社會向現代社會轉變，社會的性質由同質性走向異質性則是這一變遷的主要內容。這種變化引發的社會不穩和政治動盪可以稱為「社會解組」，[10]是一種內生型的緩慢社會變化。但是在斷裂型異質性社會中，異質性是外力賦予的，社會和政治系統一時沒有足夠的時間去消化這些變化，因而社會和政治變遷表現出突發性與偶然性。此類社會中的社會整合面臨的主要問題就是要處理新舊移民及其不同的歷史文化記憶和行為模式之間的衝突。

斷裂型異質性社會整合的成效在相當程度上取決於群體間的差異性程度，以及社會系統自身運行的基本特點。如果社會系統是開放的和流動的，則不可能形成封閉的群體邊界，群體間的融合是不可避免的趨勢。戰後臺灣所形成的省籍族群問題中並不存在類似於種族與民族那樣鮮明的文化邊界，按道理講族群的融合與整合應該較為容易。但是，臺灣的省籍族群間存在著鮮明的利益邊界，政治資源分配的權力長期壟斷在外省族群手中，而族群衝突也正是沿著利益的邊界展開。民主化過程中，本省人與外省人政治博奕使政治資源和政治權力分配的問題越來越突出，政治鬥爭的烈度逐步加強。在選舉動員所產生的政治社會化過程中，族群間的利益邊界越來越清晰。

不過，自蔣經國以來的「本土化」政策在相當程度上緩解了族群衝突的烈度，以族群為基礎的政治衝突和矛盾在突破張力之前已經得到了很好的消解，並沒有產生一個群體推翻另一個群體的暴力革命。但是，「本土化」政策不可能消除族群問題。在臺灣的選舉中，還是經常可以看到族群問題的發酵，臺灣社會的

矛盾和政治衝突在相當程度上還是以族群衝突的形式表現出來，族群間的對立與衝突仍是臺灣政治對立的主要表現形式。而且，未來的政治動員也將主要以族群為基礎展開。吳乃德認為，臺灣政黨支持的幾個重要社會基礎分別是：國家認同、民主理念和族群意識。換言之，民進黨的支持者和國民黨的支持者，在這三個主觀態度上有明顯差異：「臺灣獨立」與中國統一的對立、民主理念與威權態度的對立、「臺灣人認同」和中國人認同的對立。隨著民主體制在臺灣的逐漸鞏固，民主理念的分歧將逐漸過去，不再成為政黨訴求或其社會基礎的主要分界。國家認同和族群認同兩個議題，因此乃並列為選舉政治動員最重要的基礎。[11]也就是說，族群異質性的明晰化在相當程度上是政治動員的結果。

民主化的推進既為族群認同的建構提供了客觀需求，同時也提供了一定空間。在以選舉為中心的民主制度下，透過形塑族群的認同取得政治支持是相對來說比較有效的動員模式。民主化推進帶來的政治自由化又為族群觀念建構提供了便利。如杭亭頓所言，在競爭性選舉制度下，政治領袖的基本目標就是透過政治動員取得選票。所以，如果不考慮價值約束的話，政治領袖取得選票的最簡單的方法，就是挑動族群、部落、種族和宗教的矛盾與分歧，將自己塑造成為某一族群、宗教、種族或者部落的利益代表者，透過提升群體衝突的方式獲取比較穩固的政治支持。從客觀上講，這種政治競爭在很多情況下帶來的不是社會穩定和政治發展，而是社會對立與政治衰退。然而，儘管這是一個眾議僉同的事實，民主化國家和地區卻無法限制這種行為模式的惡性發展。從經驗上看，目前幾乎沒有民主化過程中的國家和地區能夠透過制度設計來阻止政治人物透過上述方式尋求政治支持。[12]因此，客觀上存在的、有利於族群整合的條件並不一定導致族群整合的完成。所以，我們可以看到的弔詭現象是，在臺灣，隨著國民黨「本土化」的推進，社會的族群異質性減弱的速度卻非常緩慢。

3.1.2 政治資源分配格局的重建

臺灣民主化過程的展開以及族群邊界建構的實質內容之一是政治資源分配結構的重新調整。國民黨敗退臺灣以後，與「動員戡亂時期」臨時性制度設計相對

應的,是外省人長期把持著政治資源的分配權,占人口20%左右的外省人占據了絕大部分的行政職位,而本省人在70年代以前很難染指「中央」層級的政治職位。所以說,臺灣的族群異質性首先是以對政治地位和對政治資源的掌握程度為顯著區隔標誌,因而臺灣的政治對立與衝突與主要在政治資源的爭奪中表現出來。

不過,由於退臺初期國民黨當局對社會保持著高壓態勢,透過各種複雜的制度設計,建立起了蔣氏父子的威權統治。陳明通認為,這一威權體制是由蔣氏父子掌握最高統治權力,再經由黨、政、軍、特等非正式組織,層層節制下,控制了統治社會(ruling society)、政治社會(political society)及市民社會(civil society)等三重社會結構。[13]這種體制以嚴密的控制系統,保證了對臺灣社會的強力統合,壓制了本省族群對政治資源分配的訴求,使族群的異質性處於隱性狀態。而且,這時臺灣社會的發展程度較低,社會和政治結構相對比較簡單,政治力也可以比較徹底地滲透到社會各個層面中去。所以,在這一時期,族群的異質性並沒有特別鮮明地表現出來,對臺灣政治結構的衝擊也不明顯。或者可以認為,這一時期族群問題隱性化的原因是由於本省人被排斥在高層權力圈層之外,無法將族群分歧帶入高層政治鬥爭的場域。而且,在國民黨當局對媒體嚴格控制的情況下,本省人很難掌握討論族群問題和建構族群區隔所必須的話語權,難以對族群邊界進行有意識的系統建構。雖然五六十年代就有黨外人士在活動,余登發、黃順興、郭雨新、郭國基、李萬居、許世賢、林番王等少數黨外人士,透過選舉方式向國民黨爭取參政權並且當選。「但是他們都是從事『孤星式』的單打獨鬥的選舉競爭,彼此之間缺乏聯繫配合,基本上處於分散活動狀態,未能形成集體性的在野政治力量。」[14]因此,這一段時間族群之間的對立與衝突並不是不存在,而是因為政治高壓而被暫時壓制下來。

隨著五六十年代臺灣經濟的成長,政治系統內在的緊張越來越凸顯出來。經濟發展導致社會結構的巨大變化。以中產階級的興起為例。臺灣中產階級崛起於經濟起飛的1960年代和70年代,是和臺灣的出口導向型經濟發展同步發展起來的。[15]按照蕭新煌的說法,臺灣的中產階級分為「新中產階級」和「舊中產階級」,「新中產階級主要是以技能、學歷、文憑為取向的事業及管理人才……而

舊中產階級主要則是指自營小店東和自雇作業者。」[16]由於國民黨當局以「公營事業」的方式壟斷了臺灣的大型企業，掌握金融、通信、能源、石油化學等基礎部門，並與民間非公營大企業共同獨占內部市場，臺灣中小企業的生存空間在島內十分狹小。在出口導向型經濟開始發展以後，大量的中小企業面向海外，積極開拓市場，利用具有比較優勢的勞動力，實現了出口主導型經濟的高度成長。據統計，1970年代中後期，臺灣民營中小工商企業約有70萬家，占全臺企業總數的95%以上，外銷額占臺灣總出口額的60%以上，中小企業在臺灣整個經濟中占有重要地位。[17]在此基礎上形成的規模龐大的中小企業家群，是臺灣中產階級的主要來源。從60年代開始，中產階級群體就不斷擴大，從1970年到1980年，中產階級在全體人口中所占的比例從21.9%提高到31.5%。更有意思的是，有幾項研究不斷地表明，臺灣50%的選民都自認為屬於中產階級，[18]並接受和支持中產階級的政治訴求。

由於是在特定的政治與經濟環境下發展起來，在發展的過程中，臺灣的中產階級形成了自己的特色。若林正丈對他們的特點進行了歸納：一、幾乎清一色是臺灣人，在他們的世界中使用「不被承認為公用語的臺灣話」。二、他們都是在戰後接受完全的中國教育。三、因競爭激烈、浮沉頻繁、家族主義式經營，使其與勞動階級的界線不明顯，在高度成長中勞動者也可能上升至這個階層。四、不少人透過貿易業務，或本身及友人、子弟的海外留學，擁有獨自的海外人脈關係網路等。隨著整體的教育普及和資本、技術、情報等方面的獨自累積，相對於軍公教人員，他們相對地具有比較高的獨立性。[19]中產階級的這種經濟上的獨立性使得他們在政治上也具有相對獨立性。他們既想保有因經濟發展而得到的利益，同時又對國民黨當局的政治和經濟壟斷感到普遍不滿。

中產階級的崛起不過是當時政治變遷的一個原因，威權政體向民主政體的轉變，推動因素遠不止這些。陳明通列出了以下幾個方面：經濟層面的自由化與國際化、農村人口大量向都市集中、冷戰使臺灣的「國際地位」下降、臺灣「外交空間」日益遭到壓縮導致內部正當性遭到質疑等，認為都是推動臺灣政治變遷的因素。[20]簡言之，到了1970年代中期，由於國際形勢的變化和島內政治形勢的

發展，本省精英的不滿情緒更加強化。中產階級要求分享政治權力，打破由外省精英集團控制的上層權力結構，從而能更好地表達和實現自己的利益。這實際上形成了政治參與的巨大壓力，從根本上對國民黨當局的威權統治和政治權威提出了挑戰。

為了鞏固威權統治的政治基礎，1970年代以降，國民黨當局開始了「革新保臺」運動，在擴大政治支持基礎的考量下，對權力分配結構開始進行系統調整，部分本省籍精英被甄補進入政府高層。例如林洋港、李登輝等。在黨外和民進黨後來的風雲人物中，有許多也是國民黨培養出來的政治精英，如許信良、呂秀蓮等。國民黨「革新保臺」的實質內容，就是以省籍族群為基礎的權力分配格局調整，只不過這種調整在臺灣當時獨特的背景下，以政治系統逐步開放的方式完成的。彭懷恩認為，國民黨對臺灣而言，是大陸人構成「國家」機關核心位置的政權。但是這個政權與帝國主義並不一樣，因為大陸人與臺灣人並不是不同民族，所以國民黨處理臺灣省籍分歧時，並沒有採取多種族國家和地區的辦法（如馬來西亞的巫族與華族），而是用漸進甄補方式來擴大臺灣人在高層領導的比例。彭懷恩指出，在50、60年代的威權統治時代，臺灣人在高層中只具有象徵地位。以第七、八、九屆中常會為例，臺灣精英的比例始終不到20%。直至70年代蔣經國開始朝向「本土化」方向發展，大量甄補臺灣籍政治精英進入中常會及中央黨部，使第十屆四中全會後中常會中的臺灣籍精英比例大幅上升，1988年第十三屆一中全會為止，臺灣籍精英在中常會的比例已超過半數，達51%。[21]從以上數據來看，權力從外省人手中向本省人手中轉移的過程其實在蔣經國後期就基本完成了。

但是，也正是在這一時期，臺灣的政治對立空前激化。1979年「美麗島事件」是政治矛盾累積到一定程度的集中爆發。政治反對運動背後的支持力量還是族群基礎上的政治動員。本省籍精英在「出頭天」的口號下，向國民黨當局發起一波又一波的攻擊。這種情況的出現與政治壓力的減弱有一定的關係，同時更與國民黨當局開放權力系統，卻無法滿足黨外勢力日益高漲的參政期望有關。一般而言，在相對穩定的社會中，精英集團必須具備一定的凝聚性和開放性，集團的凝聚性加強統治機器的團結，使他們在執行任務時，比較易於進行聯繫和調

整，[22]而精英集團的開放性則可以保障集團的活力，也可以保證其政治的代表性。也就是說，在穩定社會中，開放性對維持系統的穩定有正面意義。但是，對處於民主化過程中的國家和地區來說，開放性加強可能導致參與爆炸，對政治系統會造成強大壓力。當時的國民黨當局遭遇的就是這種情況。國民黨雖然已經表態要逐漸開放權力系統，但是這種有限開放的政策遠遠不能跟上民眾政治參與增長的速度，因此不但沒有舒緩政治參與的壓力，反而使得壓力更形擴大。[23]影響所及，本省籍精英政治參與的訴求遇到挫折後開始了持續的抗爭，以體制內和體制外相結合的抗爭不斷衝擊著國民黨當局的威權體制。

所以，臺灣社會政治變遷過程的實質內涵之一是政治資源分配格局的調整，而這一內容卻是以政治民主化的面目表現出來。經過了長期的折衝之後，到了90年代，臺灣社會的權力格局完成了調整的過程，本省人已經基本上掌控了政治中樞，外省人被迅速排擠出了權力核心，政治資源分配格局的重建過程基本結束。從民主的訴求上來說，實現了民意基礎上的多數人當家做主。但是，在這個過程中，臺灣社會的族群異質性越發明顯，政治對立也不斷激化，成為政治衰退的一個重要表徵。

3.1.3 政治動員成為政治對立的動力源

顯然，政治對立不只是在民主化過程中和民主制度下才有，任何體制下都可能出現政治對立。在以競爭性選舉為中心的制度環境中，政治對立只能在政治動員的語境中才有其分析價值。

一般而言，政治動員包括了以下幾個方面的要素：一、誰在動員？這裡主要指政治動員的主體，通常情況下指政黨、執政當局和政治生活中的其他政治集團。在政治動員過程中，動員主體是主動的一方。動員主體提出動員目標，並透過周密計劃尋求目標的實現。二、動員誰？這是政治動員光譜的另一端，如果說動員主體主要指政治精英的話，被動員者顯然絕大部分是社會大眾。從狀態上說，他們是不活躍的，對政治參與的主動性不強，對政治運作和政治系統的特徵一般沒有專門知識，比較容易相信政治人物的宣傳，很容易形成一定的政治傾

向,甚至形成特定政治人物的追隨群體。三、怎麼動員?政治動員的方式五花八門,不一而足。如透過利益交換、人際關係、價值訴求等,均可以形成有效的政治動員。具體的政治動員形式在不同的地區和不同的時代具有很大的差異性。但是對政治人物來說,動員的有效性則是衡量政治動員手段是否有價值的關鍵性指標。四、為什麼動員?政治動員的目標是指動員者想要透過政治動員達成的結果和希望完成的任務。當然,這個任務在不同的時間和不同的地點差異性更大。

政治生活不是政治精英的獨角戲,需要公眾的參與,對以競爭性選舉為中心的政治生活而言更是如此,政治動員是政治精英取得政權的最主要手段。概括起來說,政治動員其實是指一定的政治主體,如政黨、國家或其他政治集團,運用通俗化、生動的形式、方法、途逕自上而下地激起本階級、集團及其他社會成員的積極性和創造性,引導他們自下而上地參與政治活動,以實現特定政治目標的行為與過程。[24]以此觀之,政治動員包含了複雜的內容,在政治目標既定的情況下,政治動員的實質其實是尋求和建立特定政治集團及其訴求的政治合法性和正當性的過程。

臺灣民主化過程中政治動員訴求的變遷可以比較典型地反映出這種政治正當性爭奪的軌跡。在國民黨退臺初期,政治動員主要的訴求是「反攻大陸」,這是建立在國共內戰基礎上的政治動員模式。在這種邏輯下,國民黨當局宣稱自己代表了中國的「正統」,雖然已經敗退海島,偏居東南一隅,仍然宣稱自己具有道德和價值上的「合法性」。這些訴求成為當時臺灣社會的話語主流,擠壓了族群想像與族群對立存在的話語空間。「在國民黨的鼓吹下,追求民族生存的 『民族利益』,被描繪為在道德的位階上優先於追求平等公民權的 『個人利益』 訴求」,[25]當然更優於省籍族群的訴求。但是隨著政治形勢的發展,臺灣社會的政治動員結構發生了改變。一方面,「反攻大陸」的訴求日益顯示出不切實際,其話語正當性日益削弱;另一方面,隨著國民黨當局威權統治的放鬆,族群矛盾等社會矛盾日益占據了臺灣的話語舞臺。漸漸地,黨外人士在動員中開始訴求於「本省人出頭天」。這是以省籍族群矛盾為基礎的訴求模式,其邏輯起點就是省籍的區隔與對立,在這個邏輯下的政治正當性則變為反對外省人的壓迫與權力壟斷,後來又極端化為「愛臺灣」與「不愛臺灣」的對立論述。

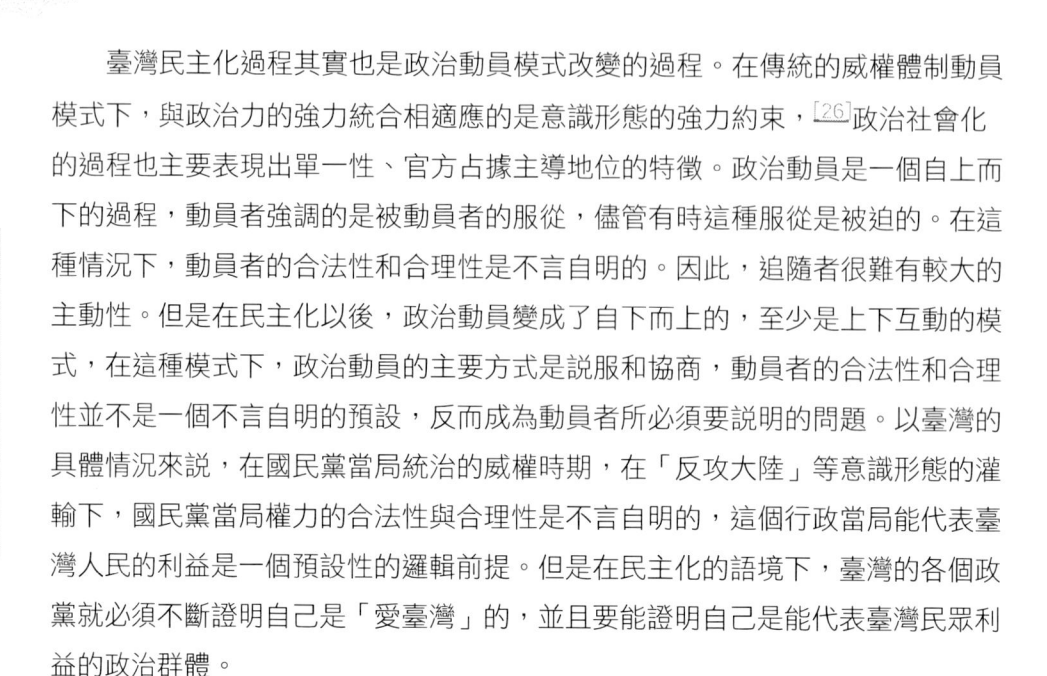

臺灣民主化與政治變遷：政治衰退理論的觀點

　　臺灣民主化過程其實也是政治動員模式改變的過程。在傳統的威權體制動員模式下，與政治力的強力統合相適應的是意識形態的強力約束，[26]政治社會化的過程也主要表現出單一性、官方占據主導地位的特徵。政治動員是一個自上而下的過程，動員者強調的是被動員者的服從，儘管有時這種服從是被迫的。在這種情況下，動員者的合法性和合理性是不言自明的。因此，追隨者很難有較大的主動性。但是在民主化以後，政治動員變成了自下而上的，至少是上下互動的模式，在這種模式下，政治動員的主要方式是說服和協商，動員者的合法性和合理性並不是一個不言自明的預設，反而成為動員者所必須要說明的問題。以臺灣的具體情況來說，在國民黨當局統治的威權時期，在「反攻大陸」等意識形態的灌輸下，國民黨當局權力的合法性與合理性是不言自明的，這個行政當局能代表臺灣人民的利益是一個預設性的邏輯前提。但是在民主化的語境下，臺灣的各個政黨就必須不斷證明自己是「愛臺灣」的，並且要能證明自己是能代表臺灣民眾利益的政治群體。

　　民主化的推進其實加速了族群邊界的清晰化。動員者必須明確自己在哪一方面能夠成為被動員者的代表，按照民進黨的話說，如何才能找到「令人民感動」的方法，是政黨和政治團體能夠得到民眾支持的前提。於是，身分認同、政治利益的區隔等都可能被拿出來作為政策區隔的標準。在族群異質性不強的社會，由於政治認知的多元化，難以形成一貫的、較為劃一的集體意識，所以這些社會的政治動員雖然可能形成政治對立與衝突，但是衝突的路線往往是發散的。同一個領導者可能在這個月是追隨者的眾矢之的，在下個月卻又成為追隨者心目中的英雄——但是在不同的問題上。[27]在臺灣社會，社會的異質性主要表現為族群的異質性，選民對各個政黨政策層面的差異性理解對政治人物的政治動員來說並不是那麼重要，相反，政黨或政治人物與某一群體的情感聯結才是有沒有選票的關鍵。當然，這不是說政治人物可以忽視選民對政策層面的差異性理解，而是說這種理解往往被族群的操作所掩蓋，或者乾脆這種差異性理解直接被包裝成了族群區隔的外化形式。在許多選民那裡，這種基於族群認同而產生的感情是一貫的和穩定的，所以在此基礎上形成的政治衝突也是長期的。在臺灣的政治生活中，民進黨不斷以族群身分進行政治動員，國民黨也在壓迫之下不斷強調自己的「本土

化」認知，社會衝突的路線以較為收斂集中的方式表現出來。民進黨執政被視為「本土政治勢力」的勝利，而一旦這個「本土政黨」出了問題，則所有的問題都會被貼上族群鬥爭的標籤。例如，在2006年的民進黨政治弊案的驚濤駭浪裡，民進黨一直強調這是一場「政治迫害」。一直到2008年民進黨下臺，深綠支持者也無法與貪腐的陳水扁家族及民進黨高層進行比較清楚的切割。關鍵原因在於，在族群異質性比較強的情況下，對深綠民眾來說，政治操守和政治道德的要求已經退居第二位了，第一位是要保證「本土政權」的存續。同樣，馬英九在上臺後，緩和兩岸關係，強化兩岸交流的措施雖然對臺灣有利，卻也被攻擊為「賣臺」，遭到了民進黨的強力抵制。這些情況都比較典型地反映出臺灣社會政策層面的訴求在政治動員中難以占據主導地位的事實。

所以說，臺灣的民主化過程本身為族群衝突提供了天然的動力。而在相反的路徑上，政治資源爭奪中的區隔與動員又會作為政治社會化內容強化政治對立的邊界。應該提到的是，民進黨除了在2000年上臺以後較為強調族群動員以外，很少單純以族群動員為主要動員模式。但是這並不能否定民進黨的政治動員以族群動員為核心的事實。如王甫昌所說，民進黨的政治動員一直宣稱以「政治民主化」、「本土化」為目標，但是在當時臺灣的政治結構情勢下，它卻產生了造成本省人族群意識上升的族群運動效果。[28]臺灣民主化過程也是族群異質性強化的過程，政治對立與衝突也在這個過程中形成較為固化的模式，構成了臺灣民主化過程中政治衰退的基本語境。

3.2 民主化與價值分配：「臺灣主體意識」建構

[29]

所謂價值分配，主要是指政治鬥爭中不同的政治集團對政治正當性制高點的爭奪。價值分配的中心問題是：在政治生活中如何強化自身價值正當性。一般情況下，價值分配格局和政治資源分配格局應該在相當程度上是重疊的，但是偶爾

臺灣民主化與政治變遷：政治衰退理論的觀點

也會出現背離。在發展中國家和地區，在社會劇烈變化的時期，這種價值分配格局與政治資源分配格局背離的情況出現得最多。比較典型的情況是，傳統的價值系統在政治結構變遷的衝擊下已經趨於瓦解，但是新的價值系統卻又無法完全建立起來。一個政治勢力能否在政治價值重新分配的過程中取得優勢往往在於，該政治勢力的政治訴求和價值訴求在多大程度上能為社會所接受，能在多大程度上成為社會的主流訴求。這裡需要注意的是，這種訴求的內在邏輯一致性與否並不一定是該政治訴求為大眾所接受的前提條件，在一個社會看起來不合價值的訴求在另一個社會可能大行其道。

臺灣社會政治資源分配格局的重建過程雖然已經基本結束，但是價值分配格局的重新建構卻遠沒有完結。有學者指出，「島內省籍族群間社會權威性價值再分配帶來的衝擊」是臺灣政治變遷的一個重要方面。強人政治結束以後，「臺灣社會權威性價值體系面臨再造」，在野政治勢力和黨內本土勢力不約而同地豎起了「臺灣化」的大旗，從而形成了社會的話語主流，進而形成了外省人的「原罪感」。[30]臺灣政壇上的「主體性」和「主體意識」論述的建構就是以族群的區隔為基本邏輯起點建構起來的價值訴求，目前已經成為臺灣新的主流價值訴求。政治人物無論藍綠，均將堅持「臺灣主體意識」作為自己的基本政治立場。然而，對於「臺灣主體意識」的概念內涵，諸多解讀卻各執一詞，形成了「一個概念，各自解讀」的局面。

3.2.1「臺灣主體意識」概念的流變

「主體」（subject）是一個古老的哲學概念，指實踐活動與認識活動的承擔者。與主體概念相對的是「客體」（object），指主體實踐活動和認識活動的對象。「主體性」強調人在主體與客體關係中的地位、能力、作用和性質，核心是人的能動性問題。[31]馬克思主義認為，在主客體的關係中，主體性具有重要的地位，主體的存在一方面受到客體的約束，但是主體本身又具有很大的能動性。[32]「主體意識」是作為主體的人意識到自己是自足的存在，具有主觀能動性，能夠在自己意識的支配下主導自身的發展。相比較而言，「主體性」側重於

本體論層面，強調主體自身的「存在」；而「主體意識」則更強調認識論的意涵，強調對於這個世界我們能夠知道什麼以及我們如何能夠知道的觀點。[33]本書主要討論作為認識論層面的「臺灣主體意識」。但是顯然這兩個概念具有伴生性質，在討論「臺灣主體意識」的時候不可能繞開「臺灣主體性」概念。「臺灣主體性」強調臺灣是一個能動的「自足存在」，[34]具有作為「主體」的自足特徵，所追求者是在實踐活動中可以保持自己主觀能動性的價值。所謂「臺灣主體意識」則是指行為主體認識到且認同「臺灣主體性」的存在，並在堅持「臺灣主體性」前提下展開實踐活動。因此，「臺灣主體性」是「臺灣主體意識」的基礎，是「臺灣主體意識」建構的邏輯起點。

「臺灣主體意識」大約濫觴於日據時期，在「日本統治臺灣以後，作為被統治者的臺灣人集體意識的『臺灣意識』逐步出現。」[35]在日本殖民統治的鏡像中，臺灣民眾感覺到了自己不同於殖民者的存在。因此，這一時期雖然還沒有提出比較清晰和明確的「臺灣主體意識」概念，但這一時期出現的「臺灣意識」已經形塑了以後「臺灣主體意識」的基本內涵。不過需要說明的是，這時的「臺灣主體意識」立基於殖民統治下的民族和文化差異，反映的基本上還是民族矛盾。

二戰以後，臺灣學者中較早意識到「臺灣主體意識」的存在並對「臺灣主體性」概念進行清理的是戴國煇教授。在他的臺灣近現代史研究中，「主體性」是核心概念。針對當時臺灣史學界受日本影響深重的情況，戴氏認為在學術研究中，「作為研究主體者，千萬不該站在媚日之立場，連親日的立場都該有所揚棄。」最理想的立場，「不待言該是知日之立場，筆者早察覺臺籍中上層人士有失去自我尊嚴，抑或自我迷失立場者不少，因而提示樹立『臺灣人』該保持的主體性。」[36]臺灣學者王曉波教授認為，戴國煇的臺灣研究雖是從「自我主體」出發，但並不是侷限於「自我主體」，而是要以「透過內省」的「主體」能動性超越殖民地傷痕和悲情，以達到「內在自由之嶄新境界」。[37]簡而言之，戴國煇教授的「主體意識」強調的是作為「臺灣人的尊嚴」，即：一、出生的尊嚴；二、民族的尊嚴，即保持自己的民族屬性、傳承自己的文化傳統並以之作為自己文化認同標識的尊嚴；三、學術研究的尊嚴，主要指以客觀和公正的心態從

事學術研究,對社會和人類有所貢獻。[38]所以,戴氏在使用這一概念時,有強烈的認識論意涵,主要立基於民族和文化的立場,力求擺脫臺灣的殖民地陰影,客觀反思臺灣的歷史和現狀。

1960年代到80年代,是臺灣政治變遷最為劇烈的時期,兩岸關係也在跌宕起伏中向前推進。「臺灣主體意識」在政治生活中日益成為主流政治話語,該概念基本內涵也發生了很大變化。

一方面,「臺灣主體意識」在島內成為表徵身分認同差異的政治符號。國民黨敗退臺灣之後,占人口少數的外省族群長期壟斷了大部分政治資源。隨著臺灣政治轉型和政治參與的擴大,本省籍精英的「自主意識」不斷強化並得到了部分本省人的支持,以省籍區隔為背景的「臺灣(本省)人主體意識」不斷發展起來。國民黨當局為彌補統治的「合法性」危機,採取了「本土化」的路線和政策,以緩和來自本省籍精英的政治衝擊。一時之間,「本土化」成為臺灣政壇最為時髦的口號。但弔詭的是,對於「本土化」的真正意涵,在臺灣政壇反倒乏人問津。[39]在這個意義上說,「本土化」的過程也是「臺灣主體意識」日益凸顯的過程。

另一方面,在兩岸關係的政治對立結構下,「臺灣主體意識」作為表徵「臺灣人」認知臺灣生存狀態的重要概念,具有在整個中國的鏡像中尋求自我定位的意涵。目前學界對「臺灣主體意識」的認知主要有兩方面的分歧:一、堅持「臺灣」與「中國」的連結與聯繫。這種聯繫既有文化上、心理上的,也有政治上和地緣上的,關於這方面的討論比較典型、也比較多的是「臺灣意識」與「中國意識」的內在統一性。[40]也就是說,「臺灣主體性」只有在中國主體性的框架內存在和發展,才會有伸展的空間。二、認為應該強調「臺灣」與「中國」的區隔與對立。在大多數情況下,這種區隔與對立往往以國家認同衝突的形式表現出來。「台獨」勢力在進行理論建構時往往更強調這些層面。郭正亮認為,「有關臺灣主體性的爭論,歷來常以國家認同分歧出現。」「臺灣主體性的辯證,其實就是臺灣與中國(大陸)同時展開自我認識和互相認識的過程。」[41]這種論調在「台獨」理論中俯拾皆是,其基本出發點和歸宿均是要建立起完全排斥中國因

素的「臺灣主體意識」理論。

到了90年代，圍繞著「臺灣主體意識」的概念形成了一個龐雜的概念群。如「臺灣意識」、「臺灣人」、「新臺灣人」、「臺灣優先、臺灣第一」、「臺灣民族」、「生命共同體」、「本土化」、「臺灣命運共同體」、「臺灣共同體意識」、「臺灣認同」等。在上述概念中，有的遠在二戰以前就已經出現，但是在改換內涵後重新被使用。如「臺灣意識」的概念，出現於日據時期，1960年代作為在日本「台獨」運動的訴求被重新強調。[42]而有的概念則是在1990年代的政治發展中出現的新概念，如「新臺灣人」的概念。可以說，這些概念都在一定程度上與「臺灣主體意識」有關聯，但是各自的解釋卻有較大差異，可以看作是不同的學者和政治人物從不同的角度去詮釋與建構「臺灣主體意識」的結果。不過需要說明的是，從學理上講雖然上述概念與「臺灣主體意識」概念有若干差別，但是在大多數情況下政治人物卻是將這些概念與「臺灣主體意識」的概念混同使用的。

「臺灣主體意識」概念的流變過程與臺灣社會和政治結構的變化過程同步，是政治現實的映射與觀念建構綜合作用的結果。因此，「臺灣主體意識」概念對於臺灣政治發展進程來說具有繼發而非原生的性質。

3.2.2「臺灣主體意識」的基本層面

經歷了長期發展之後，「臺灣主體意識」面臨著概念過剩與概念貧乏的雙重困境。如已經看到的那樣，表述「臺灣主體意識」的概念很多，但是，臺灣對於「主體意識」的解讀卻各有不同的立場，具體內涵的解讀也千差萬別。這種情況使「臺灣主體意識」概念的內涵變得相當模糊。相關概念的歧異，對民眾造成的困擾是顯而易見的。特別是什麼是「臺灣人」？什麼是「中國人」？在概念化（conceptualization）不明確的情況下，百姓自然是一頭霧水，[43]政治人物也未必能搞得清楚（或者說故意不說清楚）。

「臺灣主體意識」的核心是認同問題。臺灣社會耳熟能詳的「臺灣主體意

識」概念主要有以下幾個層次的內涵：

一、地緣認同。「臺灣主體意識」最為基礎的內容是對臺灣的土地認同。這本來是一種非常樸素的情感，但是地緣認同一旦進入政治場域，情況就完全改觀。

在臺灣島內政治鬥爭的語境下，族群的邊際不斷被清晰化和固定化，外省精英因其族群身分而背負了「原罪」，經常會遭到本省籍精英「是否愛臺灣」的質問。這時，「臺灣主體意識」更多地在「本土」與「非本土」的族群對立結構中呈現出來。本省籍精英在與外省籍精英爭取政治資源的鬥爭中強化了族群區隔，並將族群身分作為是否有「臺灣主體意識」的判定標準之一，本省人被先定地賦予了比外省更認同臺灣這塊土地、更具有「臺灣主體意識」的政治地位。因為個人的家族和省籍出身是無法選擇的，所以在這個意義上，外省人的「本土化」根本不可能實現。這種「臺灣主體意識」可以稱為「臺灣（本省）人主體意識」，實際上是一種「本省人本位意識」。

在兩岸關係的語境下，「臺灣主體意識」同樣也是以地緣認同的面目表現出來。當年李登輝曾說，現在的臺灣住民，不論是四五百年來的，或是四五十年前從大陸來的，或是少數民族，「攏是咱們臺灣人。」[44]這裡的「臺灣人」（李登輝所稱的「新臺灣人」）就是以住民居住地的地緣認同為基礎建構起來的政治概念。這種地緣認同的概念被許多「台獨」理論所引用，作為認同建構的邏輯起點。「新臺灣人必須全心全意擁抱臺灣，丟棄原先的中國人思想，才能成為新臺灣人，目前很多人自以為是臺灣人又是中國人，這就不是新臺灣人了。」[45]同樣，臺灣部分學者所推崇的「後殖民論述」建構，也帶有強烈地緣認同的色彩，他們強調「臺灣過去幾百年的歷史、文化演進，主要基於外來殖民者與本土被殖民者文化和語言衝突、交流的模式。」[46]在這樣的基本邏輯下，「本土論述」（地緣認同）已經變成：「臺灣是臺灣人的土地」，卻被外人所殖民。[47]就目前所看到的情況，這種論調已經成為泛綠陣營進行「臺灣獨立」理論建構的重要支點。

二、共同體[48]認同。共同體認同反映了行為主體對社會結構和制度系統的

基本認知和基本情感。共同體認同反映的是個體對社會的歸屬感，這種歸屬感可能是歷史形成的，也可以是在利益聯結的情況下形成的。共同體認同無論在理論上或是實踐上都是正常的。但是臺灣的問題在於：部分政治人物透過突出「臺灣命運共同體」的概念，力圖將「臺灣共同體認同」的形成過程作為新的「國家認同」建構過程。有「獨派」學者認為，所謂的「臺灣認同」是指生活在臺灣的人，經由生活歷史經驗而形塑命運共同體的自覺，認知歸屬於斯土斯民所構成的社群，並願意付出心力營造護衛這一社群。「如將此休戚與共的集體自覺認同，轉化為意願與行動要建立國家來保障共同福祉，就是更具體的國家認同。」[49] 民進黨主席蔡英文認為，「臺灣主體意識已經成為這個社會的共識，」可以用包容性的「本土觀」與「主權」聯結，在包容性的「本土觀」下，臺灣是一個生命共同體，「這個生命共同體的主權是我們自己的。」[50]這裡並沒有對「臺灣主體意識」的概念作進一步說明，但是卻明顯地隱含了「生命共同體」認同的成分，在強化臺灣作為一個「生命共同體」的同時，也強化了與外界特別是與大陸的區隔。有民進黨「台獨理論大師」之稱的林濁水也強調「臺灣主體意識」與臺灣作為一個「共同體意識」的聯結，甚至直接將共同體意識提升到國家認同的層次。[51]也有的學者將共同體認同作為新的「國家認同」的基礎，認為「臺灣主體性」是指居住在臺灣這個場所裡的人，對臺灣有歸屬感，認為臺灣的存在是自己的責任，進而與場所中的人互相交感，形成命運共同體，組成生命一體的「國民」（nation）。因此，他們認為只有「臺灣定位清晰，主體意識才能確立，自我認同感才能具體。」[52]在這些論述中，將「共同體認同」與「國家認同」等同者較多，對二者的界線與分際的討論卻比較欠缺。

　　三、「國家認同」。這個層面上的「臺灣主體意識」概念往往與臺灣的「主權地位」相聯結，並堅持以臺灣的「主權獨立」作為「臺灣主體意識」的核心內涵。按照理論依據不同，臺灣目前大致有兩種主權理論：1.「主權固有說」，即「1912年成立的中華民國一直存在」，「中華民國」在1949年以後並未滅亡，依然保有「主權」。這一理論框架又有兩個面向：一是強調兩岸內戰狀態尚未結束，一中架構是處理兩岸關係的基本原則；二是強調臺灣已經是一個事實上「主權獨立」的國家。[53]後者其實就是「兩個中國」和「一中一臺」的基本觀點。

163

2.「主權建構說」。持這套理論的大都是「獨派」的學者和政治人物。他們認為，臺灣主權應該依據「臺灣認同」和「臺灣主體意識」進行建構，即以地緣認同為基礎，以「生命共同體」認同為仲介，以「公投」為基本手段，完成臺灣的「主權賦予」和「獨立建國」。這種模式基本上脫離了兩岸關係發展的歷史脈絡，忽視了兩岸在內戰狀態下主權從沒有分裂的事實。

可以看出，「臺灣主體意識」是地緣認同、社會認同（共同體認同）和國家認同相互糾纏的產物，僅從某一個層面去討論「臺灣主體意識」問題，顯然是失之偏頗的。

3.2.3 觀念建構與「臺灣主體意識」的意識形態化[54]

臺灣島內對「臺灣主體意識」的差異性解讀與長期以來不同學者和政治勢力對「臺灣主體意識」進行觀念建構有相當關聯。按照建構主義的解釋範本，世界包含物質與理念兩個方面的內容，但物質本身是沒有社會意義的，只有在主動者的社會互動之中，才能產生社會性意義。[55]「臺灣主體意識」建構的過程中，突出體現了主體間的互動所建構的社會意義，強調主動者和結構在互動中所建構的身分和認同，體現了觀念在行為模式塑造中的作用。

臺灣無論藍綠陣營對「臺灣主體意識」進行建構時均以台海格局的基本結構為出發點。不過不同學者在對客觀實在進行的選擇性和過濾性解讀卻導致了目前對「臺灣主體意識」認知的差異。正如熊彼德所言，人們可以「選擇」的行動路線不是受環境的客觀事實直接強制決定的，而是根據他們的立場、觀點和癖好來進行選擇。[56]但是另一方面，他們的立場、觀點和癖好並不構成另一組獨立的事實依據，它們本身都是由那套客觀事實根據構成的。這恰好說明了「臺灣主體意識」的弔詭之處：面對同樣的歷史，不同的學者透過不同的解釋方式，建構出了完全不同的觀念體系。

「臺灣主體意識」觀念建構的過程其實也是臺灣社會身分認同重新建構的過程。自1980年代以來，臺灣民眾在族群、共同體、國家等各個層面上的認同均

經歷了一定程度上的消解與重建。一方面，作為國家認同的中國認同不斷遭到侵蝕；另一方面，以「臺灣主體意識」為基本訴求的地緣認同在臺灣的語境中越來越被賦予「國家認同」的意涵。

　　傳統上，認同被認為是一致的、固定的，是個人所具有的本質，如種族、性別、階級等性質所產生的「身分」。但是20世紀以來，越來越多的學者提出認同是「建構的事實」，是在不斷形成（becoming）過程中建構出來的。所以認同是一種「生產」（production），並非與生俱來，而是特定歷史與文化下的結果。[57]包括以史明等以「臺灣人」概念為核心進行的「主體意識」建構活動均符合這種認同的形成模式。主張在臺灣進行「民族」建構的施正鋒認為，民族並非天生而成的，其建構是一個持續的過程，必須經過想像、建構及成熟的步驟；這個任務永無止境，甚至於要不斷地建構、重建。[58]在這樣的話語氛圍中，相當一部分臺灣學者在解讀臺灣地區和中國整個的歷史和文化時，並非是出於甄別真相的目的，而是進行政治建構的需要。所以說，在「臺灣主體意識」的建構過程中，本體與認識、主觀與客觀、知者與被知者、事實與價值之間的界線實際上是不存在的。[59]簡言之，就臺灣部分學者所進行的「臺灣主體性」建構而言，歷史和文化本身是什麼已經不重要了，未來會被建構成什麼樣子才是問題的關鍵。這一過程既是價值的建構過程，也是歷史「事實」的建構過程。也就是說，「臺灣主體意識」的建構其實是一系列觀念的建構，這些觀念可能部分有事實依據，也有一部分是建立在想像的「事實」上面。

　　「臺灣主體意識」的意識形態化是臺灣社會在「主體意識」方面的觀念建構達到極致的結果。隨著「臺灣主體意識」概念進入政治傳播的視野，該概念很快就失去了學術上的嚴謹性，成為政治動員中經常被運用的政治話語[60]。各種政治勢力、特別是以民進黨為代表的「本土」政治勢力透過對「臺灣主體意識」的選擇性詮釋，建構起自己行為正當性的價值基礎，同時也以此作為攻擊政治對手的武器。例如，以「臺灣主體意識」為外衣的「愛臺灣vs不愛臺灣」、「臺灣人vs中國人」等對立話語基本上都是在這種情況下出現的。從學理的角度來看，以上話語基本上沒有分析功能，因為作為概念來說它們是不清晰的。但是這些政治話語卻具有強烈的情感衝擊效果，可以最大限度地調動起支持者的積極性。可以

說,「臺灣主體意識」在政治傳播過程中完成的內涵異化是該概念意識形態化的前提,也是「臺灣主體意識」概念意識形態化的重要生產機制。

同時,「臺灣主體意識」也成為政治人物、特別是泛綠政治人物違背道德操守的正當性依據。按照臺灣學者石之瑜的說法,泛綠的政客在「主體意識」的硬殼下已經說謊成性。「為了非關人格的政治現實說謊當然不必大驚小怪,為了更高的『台獨』道德而說謊就更是理直氣壯。說謊已成為黨國的道德信條,不但是生活常態,甚至養成習慣。他們不是故意欺騙,而是人格上說不出真心話,政治上也沒有實話可說。」[62]也就是說,在綠營政客看來,在「主體意識」的掩護下,政治操守的淪喪並不是什麼大不了的事情。

「臺灣主體意識」的意識形態化有兩個基本路徑:一、概念內涵的窄化以及相關概念的口號化、符號化。二、「臺灣主體意識」話語的硬化。

概念窄化緣起於政治人物在政治動員中營造有利於己之政治認知的行為。對於選民和普通百姓來說,他們對政治話語的理解是模糊的。這就給政治人物利用概念進行操作提供了較大的空間。[63]簡化以後的概念內涵經過了過濾,往往特別強化其中的某一個方面,甚至以此突出的部分作為整個概念的內涵,然後透過政治社會化過程,內化為民眾對該概念所映射之政治現實的認知。比如一直為泛綠陣營津津樂道、屢試不爽的「本土vs外來」政治話語,就明顯只剩下地緣認同區隔和族群認同區隔的內涵。而在兩岸政治對立的語境下,「臺灣主體意識」也往往被用作指稱與中國大陸區隔的政治符號。這種情況不但在泛綠的支持者中大量存在,在泛藍的支持者中也較為普遍。經過符號化以後的「臺灣主體意識」概念變成非常典型的政治口號和政治話語。於是,不同的政治力量按照對自己有利的方式詮釋「主體意識」,並設計出簡潔易懂且符合情感動員的指標,以方便進行政治動員。再經過選舉的政治社會化作用,「臺灣主體意識」很快成為臺灣民眾盡人皆知的政治話語,臺灣社會對「臺灣主體意識」也形成了「基本共識」,「臺灣主體意識」完成了意識形態化過程。幾乎與此同時,「臺灣主體意識」話語也完成了硬化的過程。經過政治傳播過程改造的「臺灣主體意識」話語在臺灣的話語體系中取得了優勢地位。無論是泛藍還是泛綠的政治人物,都必須利用

「臺灣主體意識」的話語體系為自己的行為尋求正當性。

3.2.4 「臺灣主體意識」的身分認定功能

不過，在臺灣社會內部「臺灣主體意識」話語硬化的強度並不高，臺灣社會內部對「臺灣主體意識」的詮釋依舊是五花八門。簡言之，「臺灣主體意識」話語雖然形成了一個硬殼，在臺灣政治話語結構中具有主流話語地位，但是在這個硬殼的下面，卻是對「臺灣主體意識」的不同詮釋。在臺灣政治變遷的過程中，不同政治勢力一直在爭奪對「臺灣主體意識」的詮釋權，爭奪在價值分配格局重建中的主導地位。這個過程一直到現在也沒有結束。其中的主要內容是：無論藍綠，都透過「臺灣主體意識」對自己進行身分認定，但是哪個政黨都無法完全壟斷對「臺灣主體意識」的詮釋權。

儘管早就推動「本土化」路線，泛藍在2000以來的選舉中還是因為在「臺灣主體意識」上缺乏比較系統和嚴密的論述而吃盡了苦頭，甚至一度在泛綠「外來政權」、「不愛臺灣」等政治口號的攻擊下幾近崩盤。2004年臺灣地區最高領導人選舉中，甚至出現了連、宋為了證明自己「愛臺灣」而親吻臺灣土地的場面。在選舉的壓力下，國民黨開始重新建構自己的「臺灣主體意識」論述。2006年12月，國民黨中常會檢討高雄市長敗選案，馬英九首次提出，國民黨應該強調「以臺灣為主，對臺灣有利」的「臺灣主體意識」，宣稱「未來國民黨的論述會向這個方向努力」。[64] 2007年，馬英九推出新書《原鄉精神》，提出了「新本土論述」。他認為，歷史上在不同時期出現的七波移民及其文化共同構成了臺灣的「本土」內容。這是馬英九與民進黨進行「本土」詮釋權爭奪的重要措舉，也是國民黨對「臺灣主體意識」重新建構的重要支點。2007年10月，國民黨在修改黨章時將「臺灣」寫入黨章，並宣示「以臺灣為主，對臺灣有利」的基本信念。2008年馬英九在「就職演說」中再次強調這一信念，並將其作為施政原則。這意味著國民黨對「臺灣主體意識」論述的建構暫時告一段落。大致來說，國民黨的「臺灣主體意識」論述強調族群融合的「新本土觀」，強調對臺灣的地緣認同和社會認同。在「國家認同」方面，到目前為止，國民黨中雖然一度

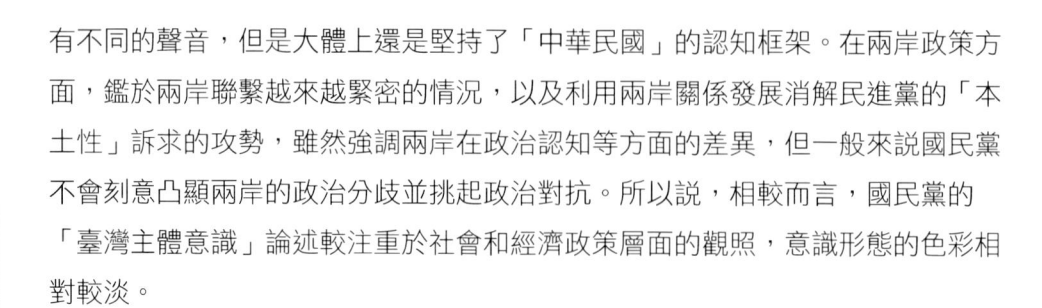

有不同的聲音,但是大體上還是堅持了「中華民國」的認知框架。在兩岸政策方面,鑑於兩岸聯繫越來越緊密的情況,以及利用兩岸關係發展消解民進黨的「本土性」訴求的攻勢,雖然強調兩岸在政治認知等方面的差異,但一般來說國民黨不會刻意凸顯兩岸的政治分歧並挑起政治對抗。所以說,相較而言,國民黨的「臺灣主體意識」論述較注重於社會和經濟政策層面的觀照,意識形態的色彩相對較淡。

泛綠的「臺灣主體意識」論述較為複雜。主要原因在於綠營學者對「臺灣主體意識」的理論論證與政治人物在政治動員中所使用的「臺灣主體意識」口號在內涵上有很大差距。泛綠學者在建構「臺灣主體意識」時,所謂的「主體」所指對象基本都是「臺灣人」,強調作為整體的「臺灣人」的「主體意識」。施正鋒認為,所謂的「臺灣主體意識」其實是「臺灣意識」的強化,也就是以臺灣為主體,不再是讓人宰割的客體,「強調的是臺灣人要主宰自己的命運」。狹義上說,就是臺灣人不願意任憑大陸宰制,廣義上說就是不容臺灣成為他人左右的戰略卒子,不管是過去的日本、現在的大陸、還是未來的美國。[65]在兩岸對立的語境下,泛綠陣營對「臺灣主體意識」的認知基本是一致的,其所謂「主體」即整體「臺灣人」,「主體意識」即強調在地緣認同和共同體認同的基礎上建構獨立於整個中國之外的「自主意識」。其實,2000年民進黨執政以來泛綠陣營一直將「臺灣主體意識」當作「台獨」政策的社會情感基礎,在推動「廢統」、「公投」、「憲改」等活動時均以堅持「臺灣主體意識」、「讓臺灣變成一個正常國家」作為動員口號。但是在臺灣內部的政治鬥爭過程中,泛綠卻一直無法擺脫「本省—外省」二分的思維模式,在藍綠鬥爭中強調「本省人主體意識」。所以說,泛綠陣營的「臺灣主體意識」論述在「國家認同」層面上較為一致,但是在地緣認同和共同體認同的層面上認知卻難同一。儘管許多綠營學者不斷呼籲放棄挑動族群矛盾的做法,然而許多泛綠政治人物在實際的政治動員中,在談及這兩種認同時其實是將外省人排斥在外的。這也是泛綠陣營在族群問題上屢屢出現矛盾的原因之一,以陳芳明、施正鋒等人為代表的綠營學者們一直反對這種族群撕裂政策,但是卻沒有能力阻止政治人物繼續操弄族群議題。

這些在「臺灣主體意識」詮釋問題上的差別與泛藍、泛綠兩個陣營在臺灣話

語結構中的不同地位有關。在「本土化」和「臺灣主體意識」話語權的占有方面，泛綠因為「本土身分」的緣故，顯然具有更多優勢。民進黨也注意利用這些優勢推動自身政治力量的擴張。一直到現在為止，民進黨所進行的都是彰顯臺灣「國家認同」基點上的族群動員，該黨對「臺灣主體意識」的詮釋也偏重於「本土」身分認同。相比較而言，泛藍陣營由於外省人身分及其所帶來的「原罪感」，在對「臺灣主體意識」進行詮釋時只能以族群融合為主要訴求，以民生議題和經濟發展作為主要論述方向，並以此為基礎與泛綠展開「臺灣主體意識」詮釋權的爭奪。

泛綠的「臺灣主體意識」論述建立在族群區隔基礎之上，意識形態化的程度最深。在泛綠的許多支持者那裡，「本土vs外來」的對立結構成為判定政治是否正確的唯一標準。意識形態化以後的「主體意識」話語已經完全成為泛綠的一個「神主牌」，對外以與大陸的主權區隔為基點強調臺灣的「主權獨立」，對內則以身分認同為核心強調對敵對陣營展開攻擊。意識形態化的「臺灣主體意識」籠罩之下，政治觀點的理性討論空間已經完全被壓縮。甚至當有綠營學者在call-out節目中表示反對以出生地來判斷一個人的忠貞時，也被深綠的「臺聯黨」發言人戴上「臺奸」的帽子。[66]在這種情況下，所謂的「臺灣主體意識」完全變成激進「台獨」話語結構之一環，反映出的依然是狹隘的族群意識。

可以看出，「臺灣主體意識」的內涵並不是固定不變的。在臺灣島內，沒有任何一個政治勢力可以壟斷「臺灣主體意識」的詮釋權。以長遠的觀點來看，未來臺灣島內政治結構與兩岸關係基本結構變化不可避免地會對「主體意識」話語內涵產生消解與重建作用。

首先，民進黨政治道德的沉淪不僅導致了該黨在選舉中的失敗，更重要的是在相當大程度上拆開了「臺灣主體意識」與「本土」身分之間的強固聯結，使泛綠陣營以「本土觀念」為中心的「臺灣主體意識」建構遇到了前所未有的挫折。這些政治人物以「疼惜臺灣」的口號上臺，以「愛臺灣」和堅持「臺灣主體意識」的訴求執政，但是在上臺後卻出現了大面積道德沉淪，這種情況對民進黨來說無疑是自打耳光，足以引發臺灣民眾對「主體性」與「本省人」身分之間的關

係進行深刻反思。

其次，兩岸關係的聯繫越來越緊密，兩岸對立的政治結構正在逐步消解。「臺灣主體意識」面對的不再是一個隔絕與封閉的兩岸關係，而是一個交流與融合的台海格局。在臺灣一直強調自己是一個「命運共同體」的時候，兩岸其實已經在實際上形成了一個真正的「命運共同體」。以目前兩岸經濟聯繫的緊密程度來看，這種趨勢只能加強而不會減弱。影響所及，以對立、對抗和區隔為基礎的「臺灣主體意識」概念必然越來越不能解釋兩岸關係現實的發展，該概念的消解與重建勢在必行。

但是，目前來看民進黨和泛綠陣營在一定程度上還壟斷著「臺灣主體意識」的詮釋權，並將「臺灣主體意識」與兩岸關係聯結起來，試圖建立對抗性的兩岸論述和排斥性的族群論述。這些論述已經成為臺灣社會政治對立的根源，也成為民進黨為其政治操守沉淪辯護的道德正當性基礎。從這個意義上說，以「臺灣主體意識」建構為中心的價值重建成為臺灣政治衰退的一個重要推手。

3.2.5 意識形態重建與政治衰退

一個社會意識形態的基本樣態在一定程度上反映了該社會價值系統的基本生態。所以說，「臺灣主體意識」建構的過程是價值分配格局重建的過程，同時也是意識形態的重建過程。意識形態是具有符號意義的信仰和觀點的表達形式，它以表現、解釋和評價現實世界的方法來形成、動員、指導、組織和證明一定的行為模式或方式，並否定其他一些行為模式或方式。[67] 意識形態的重新建構主要應該包括下面幾個方面的內容：一、對傳播渠道的控制。二、主流訴求的建構。三、話語權的爭奪。

在兩蔣時期，臺灣威權政治的意識形態主要由三部分構成：一、「反攻大陸」。二、反對共產主義。三、實現三民主義。[68] 這些訴求基本延續了國共兩黨內戰的歷史脈絡，構成了國民黨當局在臺灣的意識形態基礎，也成為國民黨當局統治臺灣的正當性來源。這種意識形態也和國民黨在臺灣實行的強力社會統合

措施相匹配。國民黨當局透過戒嚴、黨禁、報禁以及對社會生活的強力滲透，保證了這一意識形態在臺灣社會的壟斷地位。所以，在兩蔣時期，整個社會的意識形態是單一的。但是國民黨無法解決的問題是，「反攻大陸」對蝸居東南一隅的國民黨當局來說是個無法完成的任務，隨著時間的推移，這種訴求就越來越顯示出其虛幻性。因此，建立在「反攻大陸」基礎上的意識形態隨著這一訴求的逐步破滅而趨於弱化不過是早晚的事情。

及至臺灣戒嚴結束，黨禁與報禁先後放開，意味著行政當局對媒體傳播渠道的壟斷宣告結束。短短的十年時間裡，臺灣的傳媒業迅速發展。以報紙為例。到1998年，臺灣的報紙已經達到了357家，其中主要以綜合性日報為主。這一時期臺灣綜合性、專業性日報和綜合性晚報呈現出多元發展的態勢，報業競爭十分激烈。在民間媒體的猛烈衝擊下，國民黨掌控的媒體逐漸萎縮。[69]報禁放開後，反對勢力獲得了發聲平臺，開始逐步擴大自己政治訴求的影響範圍。影響所及，到了80年代，國民黨當局的意識形態系統已經被衝擊得七零八落了。反對運動的主要訴求是「民主、清廉、愛鄉土」，後來發展成為民進黨的主流訴求。在反對運動的發展過程中，甚至到「美麗島事件」爆發之前，反對運動一直是將「民主」的訴求作為反對國民黨的主要武器。這種情況大致符合民主轉型的基本邏輯，即民主轉型的主要任務（overriding goal），就是在社會發展的目標及其可行的途徑上達成廣泛的一致。因此，成功的轉型就必須是包容的和妥協的。[70]所以，黨外運動時期的反對運動大部分時間裡均是一個反國民黨的聯盟，其主流訴求是「民主」。及至「美麗島事件」爆發，統「獨」矛盾才開始凸顯出來。不過這時的統「獨」議題也是在反國民黨統治的語境下展開的。至於「臺灣主體性」訴求和「臺灣主體意識」訴求被建構成為臺灣社會的主流話語，並進而形成了新的意識形態，則是80年代中期以後的事情。

就意識形態的變遷而言，80年代至今是臺灣舊的意識形態逐步被破除，而新的意識形態逐漸建構的過程。在這個過程中，意識形態的建構始終圍繞著「本土」、「非本土」的對立展開，在相當多的時候，這種對立被建構成敵我矛盾的模式，如民進黨稱國民黨為「外來政權」、聲稱自己有而國民黨沒有「臺灣主體意識」等。意識形態重建的過程也就是政治對立的建構過程，對臺灣社會的政治

衰退產生了較大的影響。

臺灣社會意識形態重建的重要表徵是話語權的爭奪和控制。有學者認為，「話語」的概念隱含了兩重意義：辨識行為所需要的邏輯性和路徑指向所具有的目的性。在現代話語理論中，邏輯性被進一步演繹成「序列」或「秩序」，目的性被演繹成「權力」或「權勢」。作為一種權力秩序的表達，話語天然是政治的。[71]話語權的爭奪就是以自己的話語去壓制、甚至是排斥其他話語。這也意味著，政治自由化可以給予媒體自由的空間，但是並不一定會導向多元化的話語結構。在「新聞自由」的旗號下，同樣也可以形成話語壟斷，甚至形成話語霸權。

民進黨「台獨」話語權的建構就是一個例子。民進黨的「台獨」訴求以「臺灣主體意識」為核心，以「臺灣的前途應該由全體臺灣人民來決定」為基本訴求，強調自己代表「臺灣人」與泛藍及中國大陸對抗的正當性。這種做法的實質，是將「台獨」理念和「台獨」訴求作為價值標準，強行要求整個社會接受。不過需要提及的是，民進黨的這些行為未必一定是將「台獨」視為其政治理想，該黨最根本的目標還是要以自己的方式重建臺灣的價值系統，強化自己的價值正當性，實現「永續執政」的目標。概括起來說，民進黨爭奪話語權的主要措施有以下幾個方面：

一、透過選舉的政治社會化功能進行民進黨版本的「臺灣主體意識」宣傳。2004年「總統大選」中，民進黨甚至將「公投」和「大選」捆綁在一起，運用行政手段強制推動實施，這種做法實際上和「臺灣主體意識」的宣傳是互為表裡的。這些打著「民主」招牌的訴求，「實質上都是為其『住民自決論』壯大聲勢，都是為了爭取島內民眾認同與支持其『台獨意識形態』，以此來擴展社會基礎。」[72]透過這些措施，民進黨將「臺灣主體意識」與「台獨」政策畫上等號，力圖為「台獨」路線尋求價值支撐。

二、利用暴力手段，建構話語霸權。[73]民進黨及其支持者對不同觀點進行謾罵和攻擊早已不是什麼新聞，對政治對手和不同聲音者的話語暴力攻擊也屢見不鮮。例如，臺灣中南部的連宋支持者，被罵作「臺奸」；著名電影導演侯孝賢

因為反對民進黨操弄族群議題，網路上就有人攻擊他「出賣臺灣」；甚至連民進黨大老沈富雄，也因為在「陳由豪事件」中不願替吳淑珍圓謊，而被指責為「施琅」、「民進黨的叛徒」，如此等等，不一而足。在深綠民眾的話語壓力下，支持兩岸交流和兩岸統一的民眾為了自保，只有噤聲不語一途，「台獨」的話語霸權遂告建立。

三、建構符號系統，重建話語結構。哈羅德認為，「在精英們使用宣傳手段時，一個戰術上的問題就是要選擇那些能夠產生希望中的共同行為的各種象徵和方法。不斷採用的方法常常是重複或分散注意力。」[74]民進黨正是採用了這種方式，在平時的政治生活中不斷重複經過自己詮釋的話語（如「愛臺灣」），建構體現自己價值的符號系統，極力增加和強化民眾對該黨及該黨價值訴求的認同感。經過以民進黨為代表的泛綠勢力的系統建構，帶有兩岸區隔、政治敵對和鼓吹「臺灣是一個主權獨立國家」的政治話語逐漸進入政治話語譜系，並逐漸成為政治話語的主流。

經過民主化歷程，以民進黨為首的泛綠政治勢力一度掌握了臺灣的話語主導權，在價值重建的過程中佔據了有利地位。例如，民進黨上臺以後，臺灣島內民眾對政治人物稱自己為「臺灣」而稱對岸為「中國」的做法早已習以為常，泛藍人士稱對岸為「中國大陸」反倒經常會被攻擊。兩岸政策方面，有學者甚至戲稱，馬英九上臺後，臺灣當局在兩岸政策問題上已經形成了「國民黨答題、民進黨判卷」的格局，非常形象地說明了民進黨在島內話語權方面的優勢。事實上，從2008年上臺執政前後一直到現在，馬英九一直宣稱堅持「九二共識」，其上臺後也確實在「九二共識」的基礎上改善了兩岸關係。但是臺灣社會，對「九二共識」的認知非常分歧，即便是泛藍的學者，對該概念的認知也很混亂，有的認知甚至與「九二共識」的精神內涵相違背。比較突出的例子是2009年末舉行的「兩岸一甲子」學術研討會中，有論者綜合了臺灣學者的觀點，認為主旨不外乎兩點：一、強調不能用一個中國原則當成談判前提；二、主張不能讓「中華民國」消失，不能繞過「中華民國」討論兩岸的未來。[75]這些學者均是臺灣地區具有代表性的權威專家，其論點的核心就是從根本上否認「九二共識」與「一個中國」的必然關聯。這種情況也意味著，泛藍學者和政治人物對「九二共識」的

宣示並不意味著對一個中國的認同。在這個基本邏輯下，所謂的「中華民國」也早已經失去了「中國」的意涵。正是因為如此，有的媒體將其稱為「隱性台獨」思潮。[76]臺灣學者楊泰順認為，藍營學者對一中原則的質疑，是因為「國民黨在戒嚴時期為維持政權合法性，主張一個中國，但是今天臺灣政治情勢已經轉變，用一中框架很難得到選民支持。」[77]楊泰順的觀點非常簡明扼要地說明了臺灣社會意識形態解構與重建的事實。同時，這反映出，在民進黨等泛綠勢力多年以「台獨」訴求為基本內涵之「臺灣主體意識」話語的攻擊下，臺灣的價值認知日趨混亂，這種情況對臺灣社會政治衰退的影響是明顯的。

3.3 統合機制變化與政治衰退

3.3.1 統合機制由剛性向柔性轉變

英文的integration翻譯成漢語可以有不同的譯法，可以是「整合」、「統合」，也可以是「一體化」。目前在臺灣比較流行使用「統合」和「整合」的譯法，而在大陸「一體化」的譯法則比較流行。不過，具體問題具體分析，在中文語境中，這三個概念的含義還是有所差別的。張亞中認為，「整合」較傾向於非制度與結構面的聚合，統合則是多了制度與結構面的互動與規範。他舉例說，在討論歐洲民間社會、經濟發展趨同的過程時，可以用「歐洲整合」表示，但是討論到涉及歐洲共同體的運作時，可以「歐洲統合」稱之。「歐洲整合」相對語是「歐洲共同體」，「歐洲統合」的相對語是「歐洲社群」。[78]比較而言，「一體化」的概念更加廣泛一些，更加偏重於社會層面的融合。

這裡有必要區分一下社會整合、政治整合、政治統合三個概念。有學者認為，社會整合指社會各個相離但是有關係的單位，如階級、團體等，使之成為一體團結的社會過程，或有此結果的社會體系。社會整合概念用以參考社會體系的狀態。在現代社會學理論中，社會整合的概念被認為包括三個層面的內容：一、

文化層面的整合，即規範模式的脈絡相關狀態。二、規範模式的整合，即規範模式與動機過程的相關狀態，此一狀態促進社會構成成員間的順應。三、意見整合，即社會構成成員分享與傳遞規範模式的狀態，即主張、期待及外表行為的連貫一致的狀態。[79]政治整合指行政當局對各種政治勢力和政治結構進行調整，使之能夠聚合為一個正常運作的政治系統的過程。政治統合是指行政當局與各個政治勢力之間透過互動的方式，協調彼此的行動，使政治系統能夠正常運作下去，政治系統的功能得以實現的過程。一般而言，社會整合的概念並沒有「國家─社會」二分法的前提和預設，而政治整合和政治統合則存在著這樣一個前提。社會整合主要指社會各個結構之間的相互作用，政治結構不過是這個些結構中的一個部分；而政治整合和政治統合則強調政治力量對社會的統馭與支配。本書在使用integration的概念時，主要基於政治變遷過程中結構變化與功能重整的視角，故而採用「政治統合」的譯法。[80]

從政治變遷的角度看，臺灣民主化的過程也是社會統合模式變化的過程。在1980年代以前，臺灣的統合模式比較傾向於剛性模式，這也被認為是威權統治下的一個典型特徵。這種統合模式強調行政當局對社會的控制。從經濟上來說，行政當局控制了社會的經濟命脈；從政治上來說，行政當局透過各種方式將控制力滲透到社會各個層面。這種體制類似於彭懷恩所講的「國家統合主義」的政治模式。在這種模式下，行政當局的力量明顯強於民間社會。任何控制「國家機關」的團體，較其他私人部門團體都居於更優勢的位置，因為他們控制了社會的資源，包括軍力和傳播系統。[81]80年代以前臺灣社會的統合模式是行政當局對民間社會保持著優勢前提下的強力統合。國民黨剛剛到臺灣時，利用強大的國家機器，全面控制了政治和社會生活，透過特務組織滲透、經濟控制、政治高壓實現了對社會的強力統合。這種統合模式與當時的戰時體制是相適應的。在這樣的結構下面，權力的運行基本上是單方向的，權力配置沿著從上到下的路徑流動。社會沒有自主性，也沒有組織起來，根本無法發揮影響力，更無法透過制度內渠道對政治過程產生影響。

隨著民主化過程的推展，臺灣當局對社會的控制力開始減弱，民主的訴求得到了部分實現。對於臺灣當局而言，這個過程是被動的，是社會力的興起在制度

臺灣民主化與政治變遷：政治衰退理論的觀點

框架內尋求不到政治參與的途徑所致。1970年代以來，臺灣社會發生了巨大變化，長期的戒嚴體制已經沒有辦法再維持下去，所以國民黨不得不採取了「革新保臺」的措施，臺灣的政治自由化程度不斷增加。於是，剛性的統合機制逐漸向柔性的統合機制轉變，行政當局與社會之間的關係由原來權力自上而下的單方向流動變為雙方互相影響的雙方向互動。

具體來說，這種變化主要體現在以下幾個方面：一、就權力來源而言，競爭性選舉成為合法性更迭最重要的途徑。這不僅表現在臺灣的民主化過程中，世界上皆是如此。朗德曼（Todd Landman）認為，對世界上大多數國家與地區來說，民主轉型通常亦伴隨著大選的舉行，無論是國會的選舉，或某些行政首長的選舉，或者兩者兼備。這些選舉吸引政黨的投入與參與，無論是威權時代即已存在的政黨，或是希冀在民主轉型過程中扮演重要角色的新興政黨，且選舉本身亦被視為奠定民主政治基礎的里程碑。[82]臺灣自1950年代開放縣市長選舉到90年代「總統」直選制度的確立，全面建立了公職人員直接選舉制度，選舉成為政治生活的基礎和核心。二、影響決策的路徑由單向、單一變為開放和發散的。在威權主義體制下，政治決策是封閉的，民間力量對決策的影響很小。隨著選舉日益成為政治生活的中心問題，民間力量影響決策的能力逐漸加強。政治動員的過程其實也就是社會力量影響決策的過程。在臺灣，自1980年代以來，由於政治壓力的減弱，民間社會興起，社會的自組織程度不斷加強，在一定程度上取得了與行政當局抗衡的能力，在經濟政策、社會福利政策等方面的影響力日益增強。三、政治過程中強制的色彩減少，協商的成分增加。所謂協商，是一種面對面的交流形式，它強調理性的觀點和說服，而不是操縱、強迫和欺騙。在協商過程中，自由、平等的參與者支持一系列程序規範，其目的主要是為了交流而不是做出決策。參與者傾聽、響應並接納他人的觀點，他們忠於交流理性與公正的價值。在決策做出之前，協商能夠賦予參與者對各種建議或方案的審視、檢查和批判的權力。[83]當然，事實上的政治協商很難做到純粹的公正與理性，因為在不同的社會環境中，正義與公正的標準並不相同。即使是在臺灣社會，對公平與正義的理解也相當分歧。其實，將政治協商的過程視為各個利益集團的博弈過程，可能更接近於真實。在這種情況下，政治決策和政治變遷的方向是各種政治勢力刻意影

響的綜合結果。

統合機制的變化是政治民主化過程中最為重要的政治變遷。在威權體制下，臺灣行政當局保持著對民間社會的強大壓力和政治滲透，在壓制了政治訴求的同時，也使社會治理變得簡單化。在民主化過程中，行政當局的壓制減少，從而使民間社會的力量得以透過各種渠道表現出來，民間的聲音逐步進入政治過程，「主權在民」原則得到了一定程度的貫徹。

民主化過程中，舊的統合機制被打破，新的統合機制逐漸建立。這時應該是整個政治體系最為脆弱的時候，公權力廢弛的情況最為嚴重，各種矛盾均在短時期內爆發出來，而新的、可以舒解矛盾的機制卻沒有完善起來，政治衰退也最容易在這個時候發生甚至強化。正是因為這樣，民主化時期往往是最容易出現政治動盪的時期。臺灣社會因為統合機制的變化引發的政治衰退是明顯的。朱雲漢指出，臺灣民主化過程中，朝野政治人物刻意運用族群與省籍的矛盾進行政治操作謀利、行政首長有集權傾向並力圖規避立法部門的監督、選舉至上和解決社會問題的能力下降等問題，都必須要進行深刻的反省。[84]其實問題遠不止此。概括起來說，臺灣政治統合機制柔性化導致的政治衰退主要表現為：一、公權力廢弛，制度權威下降。政黨和政治人物因為有「民意」的支持，所以也就具有了抵抗公權力的「合法性」基礎。同時，因為政治決策和政策執行時太過於強調「民意」因素，而民意往往又是多元的，故而導致政治決策和執行中的顧慮不斷增多，在社會治理中鼠首僨事，出現了治理效率下降的局面。如上文我們已經提到的，在目前的「中華民國憲法」框架內，主張「台獨」其實是「違憲」和「違法」的，但是民進黨因為有基本支持民眾撐腰，公然將「台獨」訴求作為該黨的基礎理念，相關的檢調部門也不敢進行懲罰，制度權威遭到了極大的藐視。這是典型的因公權力廢弛而形成的制度衰退。二、民粹主義盛行，政治系統的功能遭到削弱。民粹主義有制度外的偏好，民粹主義盛行的後果就是制度本身的約束能力減弱，或者是一些本來應該進行的政策調整無法進行。例如，截止到2010年3月，臺灣的健保費率一直沒有調漲，使健保制度面臨的財政缺口越來越大，甚至不排除健保制度無以為繼的情況出現。但是由於臺灣每年都面臨著選舉，所以朝野政黨為了不得罪選民，都不敢輕易調漲健保費，甚至提都不敢提。吳敦義出任

臺灣民主化與政治變遷：政治衰退理論的觀點

「行政院長」後，明確指示必須有四分之三的民眾健保費不能調漲，但是楊志良領導的「衛生署」卻只能做到60%左右的人不漲。在無法完成上級要求的情況下，楊志良掛冠求去，感嘆臺灣「頻繁選舉、禍國殃民」。在臺灣，因為怕丟掉選票而使民主制度流於民粹的情況很多，也是導致政治無能的根本原因。三、社會價值混亂，社會分歧增加。臺灣社會因為「族群」問題、「統獨」問題等各種問題交互影響，社會認知生態本來就非常多元。隨著統合機制的柔性化，各種訴求和社會意識之間的對立日益凸顯出來，加劇了社會的對立與政治對抗。雖然各個政黨都宣稱要建構「臺灣的價值」，然治絲益棼，最後甚至連基本的是非標準都變得模糊不清了。

不過不可否認的是，臺灣在統合機制柔性化的過程中沒有出現大的社會動盪，基本上達到了社會的平穩發展與政治民主化轉型的平穩實現。這種情況的出現主要取決於幾個方面因素：一、較為發達的公民社會（civil society）。[85]臺灣經歷了1960年代和70年代的發展，公民社會已經較為成熟，大量相對獨立於公共權威機構之外的經濟、社會組織成為公民社會的重要組成部分，促進了社會自組織能力的提高。公民社會的成熟一定程度上緩衝了政治變遷所造成的衝擊。二、政治精英妥協的結果。朗德曼認為，一般而言政治自由化是在政權的強硬派與試圖推動自由化改革的溫和派鬥爭過程中逐漸完成的，在威權政權中這兩派統治精英必須正確地衡量死守威權主義（面臨來自國內外的反對與喪失政權的合法性）而抗拒自由化（增加社會與政治的不穩定）所需付出的代價。[86]到1980年代，臺灣在自由化與否的問題上鬥爭非常激烈，反對派精英與國民黨當局之間的衝突也不斷增強。同時，由於美國等外部因素的壓力，以自由化為中心的改革已經別無選擇，臺灣遂走上了民主化的快車道。羅伊對政治精英妥協的層面進行了更為細緻的分析，認為可以從三個層面上說明臺灣80年代及以後政治精英之間的妥協：1.國民黨內大多數人認為，對政治異議者實施大規模鎮壓，只會引發更激烈的反政府情結和大型抗議；2.為滿足臺籍人士對政治權力的要求，國民黨已經招募許多臺籍人士為當局工作；3.國際壓力遏止了國民黨以強大力量壓制反對人士的念頭。[87]因此，國民黨不斷下放權力，改變政治運作規則，臺灣的民主化進程在一定程度上呈現出漸進性和可控性的特點。在這個過程中，實際上是社

會應力的緩慢釋放。也正因為如此，政治變遷對政治系統的衝擊相對比較分散，造成的震盪也比較小。三、各個政治勢力對規則的遵守。由於臺灣的特殊歷史和社會特徵，在威權體制的民主化轉型過程中，雖然也曾經出現過保守勢力的反撲，但總體來說沒有出現類似軍人干政等導致政治動盪的問題。這在相當程度上取決於各個政治勢力對當時既有規則的尊重。所以，政治變遷還是在制度框架內以漸進方式完成，並沒有出現整體性政治衰退。

3.3.2 政治精英內部關係的變遷

臺灣政治精英集團內部的統合機制在民主化過程中也有所變化，並對政治變遷的結果產生了影響。在民主化過程中，政治精英的重新組合是不可避免的現象。臺灣從戰後一直到現在的歷史經驗表明，以派系政治為主要表徵的「恩庇—侍從」體制的長期存在是政治生活的重要特點。「恩庇—侍從」體制是臺灣政治中較為普遍的現象，以蔣家父子為中心的「恩庇—侍從」體制在威權時期曾經是政治統合的重要手段。民主化在破除了強力社會統合機制的同時，「恩庇—侍從」體制不但沒有遭到削弱，反而被沿襲下來，甚至逐漸制度化，成為臺灣民主制度的重要組成部分。

史考特在分析東南亞地區社會和政治變遷的過程中，從人類學中借用「庇護主義」概念及其理論，提出了「恩庇—侍從」的分析模式。由於東亞地區廣泛存在著以庇護關係為核心的政治結構，所以這一分析對東亞社會的政治變遷具有一定的解釋力。庇護關係的中心內容，是指強勢政治人物透過手中控制的政治資源，建構以自己為中心的政治勢力。政治人物可以為被庇護者提供稀缺的政治資源，來換取他們的政治忠誠。[88]這是一種非正式的政治制度（informal politics），大量充斥於東亞社會，特別是儒家文化圈內的國家和地區，如日本、韓國等，在菲律賓和泰國也大量存在。正是因為這些非正式制度的存在，所以在考察這些國家和地區的政治運作過程中僅以明確的和正式的法律和制度為依據，顯然是有失偏頗的，非正式制度往往對政治生活的影響更大。例如，在一些國家和地區，政治選舉中政治獻金和選舉開銷的數額屢屢超出法律規定的界線，

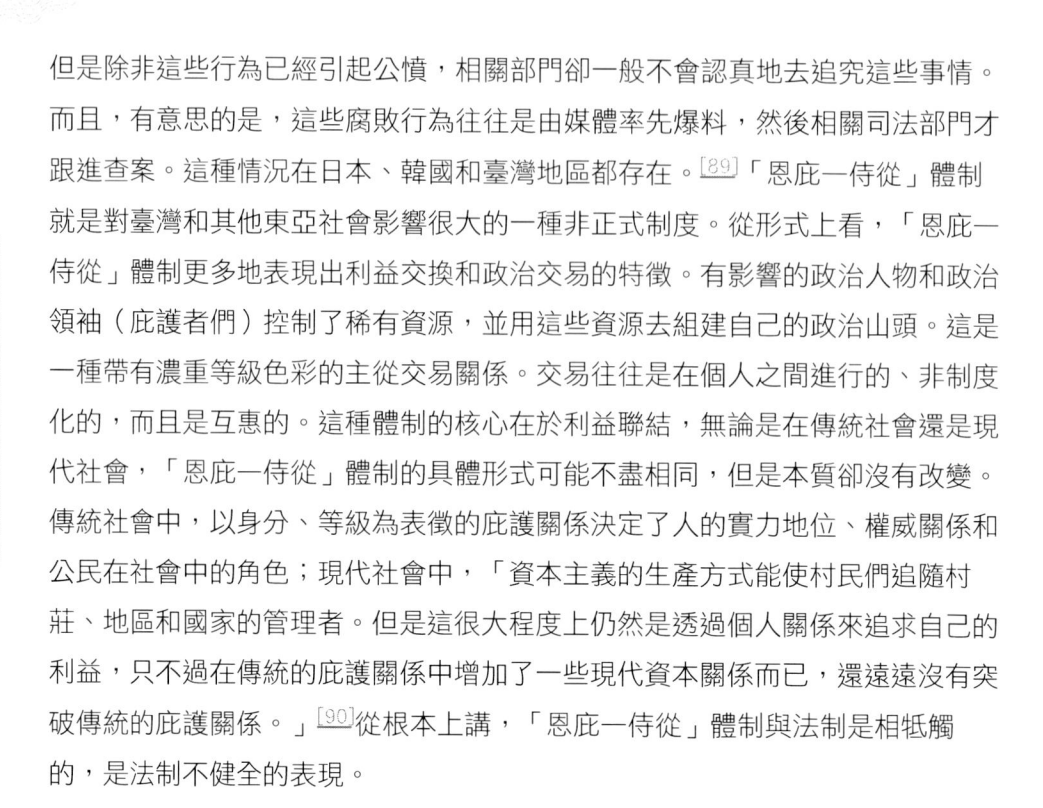

但是除非這些行為已經引起公憤，相關部門卻一般不會認真地去追究這些事情。而且，有意思的是，這些腐敗行為往往是由媒體率先爆料，然後相關司法部門才跟進查案。這種情況在日本、韓國和臺灣地區都存在。[89]「恩庇—侍從」體制就是對臺灣和其他東亞社會影響很大的一種非正式制度。從形式上看，「恩庇—侍從」體制更多地表現出利益交換和政治交易的特徵。有影響的政治人物和政治領袖（庇護者們）控制了稀有資源，並用這些資源去組建自己的政治山頭。這是一種帶有濃重等級色彩的主從交易關係。交易往往是在個人之間進行的、非制度化的，而且是互惠的。這種體制的核心在於利益聯結，無論是在傳統社會還是現代社會，「恩庇—侍從」體制的具體形式可能不盡相同，但是本質卻沒有改變。傳統社會中，以身分、等級為表徵的庇護關係決定了人的實力地位、權威關係和公民在社會中的角色；現代社會中，「資本主義的生產方式能使村民們追隨村莊、地區和國家的管理者。但是這很大程度上仍然是透過個人關係來追求自己的利益，只不過在傳統的庇護關係中增加了一些現代資本關係而已，還遠遠沒有突破傳統的庇護關係。」[90]從根本上講，「恩庇—侍從」體制與法制是相牴觸的，是法制不健全的表現。

「恩庇—侍從」體制可以導致多方面的政治衰退，最起碼有以下諸端：一、政黨和派系的理念性相對來說會變得較差，政黨會變成以利益分配為中心的政治集團，這對公平、正義理念的成長顯然是不利的，對社會共識的建構也會產生消極影響。二、使政治腐敗呈現群發特徵，即在利益分配的過程中，出現大家都腐敗的現象，如陳水扁對民進黨內選舉的普遍資助，就是如此。民進黨內大概沒有人敢說沒有拿過陳水扁的錢。三、導致制度權威下降。以個人為中心形成的「恩庇—侍從」體制一般而言是一種非正式的政治結構，恩庇者權威的擴大在一定程度上意味著制度權威的降低。

具體到臺灣社會而言，對「恩庇—侍從」體制可以從兩個不同層面上來解讀：一、上面所提到的非制度化部分，即以恩庇者為核心形成的政治結構。二、經過制度化以後的「恩庇—侍從」關係，即「恩庇—侍從」體制被用來作為政治統合的一個主要手段。一般來說，這兩者是難以截然分開的，因為「恩庇—侍從」體制一般都以個人為中心進行建構，所以，制度化的「恩庇—侍從」體制在

很多情況下是個人為中心「恩庇—侍從」關係的延伸和擴大。臺灣的派系結構及其在民主化過程中的變遷非常典型地反映了「恩庇—侍從」體制在民主化過程中的演進路徑。

　　國民黨自1949年以來在臺灣的發展與派系政治分不開。陳明通認為，國民黨在臺灣建立起了雙重派系結構。在「中央」層級，形成了以蔣家父子為核心、下轄各派系的結構。[91]蔣介石為了重建威權統治，對自己統治圈內的「中央」派系，採取拉攏團派、打壓CC派（中央俱樂部組織）、虛懸政學系、替換孔宋財經系統、整頓軍統等手段，一方面重新鞏固自己的權威，一方面則逐步栽培蔣經國系。當國民黨改造完成，過去的主要派系領袖，除了陳誠外，已經不復當年獨霸一方的氣勢。[92]隨後，蔣介石又剪除了美方在臺灣扶植的兩個政治人物：吳國楨與孫立人。在這個過程中，蔣經國的勢力逐步擴張，為日後接班奠定了基礎。蔣介石靠著他在黨內的歷史地位，以及一連串的整頓，使自己成為國民黨內不爭的領袖和至高領導。蔣經國則在其父多年的培養下，逐漸掌握了政治機器，控制了整個統治集團。自開始地方選舉以來，國民黨一直在壓制與利用地方派系間徘徊。國民黨需要地方派系代為動員選票，但是對地方派系坐大卻又心存疑慮。因此國民黨當局採取在利用原有地方派系的同時不斷扶植新地方派系的策略，並力求達成這些地方派系間的平衡。經過這一過程，國民黨建構了以蔣氏父子為中心的「恩庇—侍從」結構，透過操控地方派系掌握了整體局勢。進入70年代以來，地方派系的面貌呈現出以發達的「恩庇—侍從關係」為核心的穩定形態。這些地方派系賴以維繫內部聯盟的特殊「恩庇關係」，基本上包括以下幾個部分：一、就業或工作上的人事安排；二、財務上的信用貸款；三、對地方行政機關部門的關說；四、透過某種儀式化的活動，提供象徵性的社會聲望。[93]國民黨透過資源傾斜等手段，利用手中的特權與政治經濟資源，與地方派系領袖結成利益交換的聯盟關係，形成了對臺灣社會的有效統治。

　　1980年代以前，國民黨當局憑藉著「動員戡亂體制」以及在這個體制下形成的強人政治結構，尚能駕馭黨內派系。這種情況在解嚴以後發生了重大變化。一方面，李登輝上臺後，為了鞏固自己的政治權力，更加頻繁地利用恩庇關係去拉攏支持者，形成了黨內尖銳的派系鬥爭（「主流派」與「非主流派」），隨著

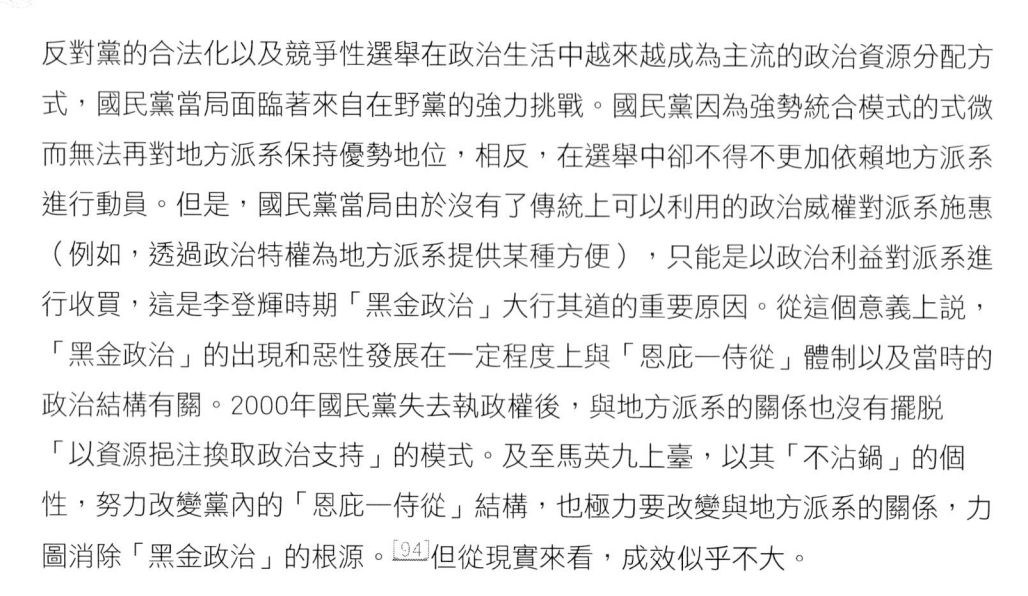

反對黨的合法化以及競爭性選舉在政治生活中越來越成為主流的政治資源分配方式，國民黨當局面臨著來自在野黨的強力挑戰。國民黨因為強勢統合模式的式微而無法再對地方派系保持優勢地位，相反，在選舉中卻不得不更加依賴地方派系進行動員。但是，國民黨當局由於沒有了傳統上可以利用的政治威權對派系施惠（例如，透過政治特權為地方派系提供某種方便），只能是以政治利益對派系進行收買，這是李登輝時期「黑金政治」大行其道的重要原因。從這個意義上說，「黑金政治」的出現和惡性發展在一定程度上與「恩庇—侍從」體制以及當時的政治結構有關。2000年國民黨失去執政權後，與地方派系的關係也沒有擺脫「以資源挹注換取政治支持」的模式。及至馬英九上臺，以其「不沾鍋」的個性，努力改變黨內的「恩庇—侍從」結構，也極力要改變與地方派系的關係，力圖消除「黑金政治」的根源。[94]但從現實來看，成效似乎不大。

民進黨的「恩庇—侍從」關係與國民黨稍有不同。該黨與地方派系結盟的情況是在執政以後才逐漸發展起來的，一直也沒有發展到像國民黨那樣發達的程度。而且這種恩庇關係也不是該黨「恩庇—侍從」關係的主要內容，民進黨的恩庇關係主要存在於黨內派系結構當中。

在民進黨的發展過程中，派系共治一直是一個重要特色。[95]1986年民進黨成立時，幾乎匯集了臺灣各種反國民黨的勢力，「由於各自的參政經歷、政治理念、政治利益、社會基礎和政治操作風格不同，也由於黨外長期沒有形成一個眾望所歸的領導人來統領黨外運動，形成了誰也不服誰的局面。」於是，在民進黨內形成了政治人物結派現象比比皆是、爭權之聲不絕於耳、政治鬥爭持續不斷的局面。形成了富有特色的派系文化，深刻地影響著民進黨的發展。簡單來說，民進黨派系的形成就是利益綜合與分配的結果。在民進黨的幾個派系中，除了「新潮流系」以外，其他如陳水扁的「正義連線」，謝長廷的「福利國連線」等，基本上都是以某一政治明星為中心的利益聚合體。這些政治明星透過選舉或其他手段獲取政治資源，與其下面的派系成員形成了恩庇關係。這些派系嚴格來講應該稱為「政治山頭」，而不是學理意義上的政治派系。及至民進黨上臺後，陳水扁利用「總統」手中握有的龐大政治資源，透過與民進黨高層分享政治權力的方式進行政治資源分配。在這個過程中，民進黨不斷展示出凝聚力減弱和黨員對扁向

心力增強的雙重面向。就民進黨與陳水扁的互動模式而言，形成了陳水扁以手中所掌握政治資源的分配為軸心掌控黨內政治生態平衡、民進黨各個派系透過向陳水扁輸誠來換取政治資源的利益交換模式。[96]經過了八年執政歷程，民進黨高層基本已經沒有人沒有接受過陳水扁的恩惠。一位前「新潮流系」大老甚至說，「這幾年來，黨內大大小小跟著扁吃香喝辣，差別只在於各人程度與粗細不同而已。」[97]在這種情況下，陳水扁形成了黨內最大的「恩庇者」，漸漸不能容忍其他政治山頭的存在。陳水扁第二任期開始後，「新潮流系」以其強大的凝聚力，占據了各個職能部門的要津，曾經一度引起了反彈。2004年陳水扁連任後，「新潮流系」成員大多身居要職，其中吳乃仁出任證交所董事長，更被認為是「新潮流系」密集建構政商網路，以圖後舉的大動作。此舉一度被「新潮流系」人士認為是其他派系聯合發動解散派系的主因。「新潮流系」這種從實質上改變權力和資源分配格局的做法，從根本上來說與陳水扁的政治預期是相牴觸的，唯其如此，「新潮流系」在黨內不斷遭到陳水扁嫡系勢力——「正義聯機」的攻擊和圍剿。[98]終於在2006年7月透過了「派系解散」的決議。民進黨高層在陳水扁家族弊案浮出水面後，一直無法和陳水扁進行切割，也和這種「恩庇—侍從」關係有相當的關聯。

臺灣的民主化過程非但沒有削弱「恩庇—侍從」體制，該結構一直到現在為止仍呈現出勃勃生機。第一次政黨輪替初期形成的幾個政黨，大都帶有非常典型的「恩庇—侍從」色彩。親民黨就是以宋楚瑜為核心的一人黨。2000年臺灣地區最高領導人選舉過後，宋楚瑜挾300餘萬張選票的聲勢，組建了親民黨，旗下聚集了一批泛藍政治人物，利用宋個人的政治聲望博取政治利益。但是隨著宋政治聲望的逐漸衰落，親民黨最終沒有擺脫泡沫化的命運。「臺聯黨」的命運也與此相類似。李登輝退出國民黨後，拉攏了一批忠於自己的政治勢力，成立了「臺聯黨」，形成了以李為中心的「恩庇型」政黨。在李登輝的光環消失後，「臺聯黨」逐漸走向泡沫化。這兩個政黨的泡沫化固然有制度上的原因，受到國民黨與民進黨擠壓是其衰落的重要方面，但這兩個政黨的衰落也反映出「恩庇型」政黨的典型特徵。

2009年馬英九第二次出任黨主席後，開始極力推動國民黨的改革，努力想

改變黨內「恩庇—侍從」色彩深厚的權力結構；蔡英文在民進黨下臺後出任黨主席，也開始了民進黨的價值重建，並力圖在體制上解決「恩庇—侍從」體制帶來的負面影響。[99]但諷刺的是，馬團隊自己也擺脫不了帶有「恩庇—侍從」色彩的派系政治俗套，該團隊決策的封閉性和武斷性已經成為一個廣受詬病的缺點，甚至馬英九的改革被想像成「馬派系」與泛藍內部其他派系的利益博奕。同樣，蔡英文竭力清理陳水扁留在黨內的「恩庇—侍從」結構，但是卻無法阻擋新的「恩庇—侍從」結構的形成。目前陳菊已經挾在高雄執政的優勢，形成了龐大的政治勢力，陳菊已經成為新的「恩庇者」。即使是蔡英文自己，隨著黨內年輕世代的政治精英在其周圍逐步聚集，民進黨內許多政治人物已經將其視為一個派系對待了。

從上面可以看出，臺灣的「恩庇—侍從」體制具體的表現形式並不相同，但是這種非制度性的體制確實深刻影響到了臺灣政治發展的基本樣態。民主化雖然可以在一定程度上和一定範圍內對某種形式的「恩庇—侍從」體制有所衝擊，但是卻難以阻止它以另外的方式發展起來。

3.4 政治行為模式形成與政治衰退

政黨政治是臺灣民主化的一個重要結果。經過了近半個世紀發展，臺灣逐漸形成了兩黨政治的基本框架，雖然這種政黨體制目前並不穩定，但是學界普遍認為臺灣已經初步具備了兩黨制的雛形。政黨與政治人物的行為模式也正是在這個基本框架中展開。如果說前面所談的政治資源分配格局和價值分配格局的調整聚焦於對政治衰退宏觀層面影響因素的分析，對政治行為模式的分析則可以從中觀和微觀層面解釋臺灣民主化過程與政治衰退的內在關聯。[100]

3.4.1 臺灣政黨政治與政治行為模式

行為模式是指頗為規則化的行為系列或可觀察的規則行為。這裡的「模式」有類型、一定形式或具有特定方向的特性等意涵。行為模式指有關外表行為的特定傾向或一貫特性，其重要特徵是可重現或反覆性。當一系列的行為達成目標後，行為模式並不立即消失，而在其他類似的情境中重複出現，使人感覺到它是固定的，有規則的，以及始終一貫的。行為模式雖從外表行為觀察及推定，但其形成卻與心理因素關係密切，存在著因果關係。有些社會學家甚至將某些心理因素，如動機態度、價值取向等包括在行為模式的範疇裡。[101]行為模式是行為者長期與所處情境互動的結果。同時，由於行為模式具有相對穩定性，特定行為模式下行為者的行動有一定的可預期性。

在各種政治活動中，人是最為活躍的因素。政治學研究中以政治行為為中心的研究早已有之，並在上個世紀初發展成蔚為大觀的行為主義學派。一般認為，政治行為是指有關政治過程的思想和行動，它包括隱藏在人類內心世界的有關政治反應，如政治思想、態度、信仰和價值等，也包括可見的政治行動，如選舉、抗議和競爭等。[102]這些相關研究領域的出現是對當時政治學研究中過多關注於政治制度靜態分析研究模式的反動，並吸收了當時心理學和社會學的最新成果。及至後來新制度主義興起，行為主義雖然有日漸式微的跡象，但是其理論成果卻作為學理資源被新制度主義繼承下來。儘管各個流派的新制度主義對政治行為觀照的視角不同，但不可否認的是，關於政治行為的研究已經以不同的面目出現在了新制度主義的不同研究領域中。所不同者，在制度主義的語境下，對政治行為的考察突破了行為主義範本的微觀偏好，向中觀和宏觀方向發展。

政治行為模式指在一定時期內、在特定制度環境下相對穩定、帶有規律性的政治行為取向。[103]進而言之，政治行為模式包含了行為者的選擇結果和選擇趨向兩個層面的內容。政治行為模式只是反映政治選擇的主流趨向，並不排斥該模式之外的政治選擇存在。

政治行為模式不是一成不變的。以制度範本 [104]的視角看，特定個人或政治團體的政治行為模式反映了特定價值偏好。同時，這種行為模式具有歷史延續性和因時、因地，特別是因制度變化而變化的可塑性。因此，政治行為模式的基

臺灣民主化與政治變遷：政治衰退理論的觀點

本樣態其實是理性選擇的結果。長期來看，真正能使政治行為模式發生改變的主要因素就是制度環境的改變，個人和團體的政治行為模式會在理性選擇的驅動下向有利於自身發展的方向調整。

在臺灣的民主化過程中，兩個主要政黨——國民黨與民進黨都形成了比較固定的政治行為模式。較為穩定的政治行為模式反映了兩個政黨在爭取選民認同方面的不同認知。國民黨的行為模式可以稱為「組織—動員型」，民進黨的行為模式以製造政治對立與衝突為主要特徵，可以稱為「對立—衝突型」。

國民黨的政治行為模式主要包含以下兩個方面的內容：一、在國民黨政治動員中，基層組織是較為重要的依靠力量。國民黨威權時代遺留下的嚴密組織結構，現在對國民黨的政治動員依然發揮著重要作用。雖然隨著國民黨的改造，黨工的數量劇減，基層組織的嚴密程度也大不如前，但是相比較民進黨的基層組織，還是有一定的優勢。不過，國民黨與民進黨在動員模式方面的差異正在減小，民進黨為了強化選舉動員的效力，基層組織也逐漸擴張。二、與地方派系結盟。國民黨威權統治時期，國民黨與地方派系間形成了相互依靠與相互利用的共生關係。近20年來，隨著臺灣地區競爭性政黨政治的形成、社會經濟狀況的變遷以及選民自主性的增強，地方派系與國民黨的傳統關係也受到嚴重衝擊。不過地方派系至今依然是國民黨在基層的重要依靠力量。[105]

民進黨在選舉動員以及與國民黨的鬥爭中主要依靠議題進行動員，[106]該黨的「對立—衝突」政治行為模式就是以特定議題為中心製造對抗和衝突來謀取政治利益的思維和政治運作模式。民進黨的對立與衝突行為既有一時起意的臨場作秀，也有經過長期過濾和沉澱後的政治行為策略選擇。「對立—衝突」的政治行為模式在民進黨內有一定的普遍性，是該黨進行政治動員的主流模式。這種思維模式既見於民進黨內的鬥爭，在與敵對陣營的鬥爭中表現得更為明顯。

先說內部鬥爭。民進黨的歷史就是派系鬥爭的歷史。自民進黨成立以降，舉凡黨主席選舉、公職人員選舉、統「獨」路線鬥爭、「急獨」與「緩獨」的鬥爭、政治利益的爭奪等方面，均可以看見激烈的對立與對抗。1999年，陳水扁就是以製造對立與對抗的方式排擠了許信良，成為民進黨的2000年「總統」候

選人。一直延伸到陳水扁第二任期的派系共治政治生態也是該黨「對立—衝突」政治行為模式的重要表徵。派系共治的實質就是透過制度化的運作，將派系鬥爭納入到黨中央的可控制範圍之內。民進黨上臺後，黨內的「對立—衝突」政治行為模式依然存在。雖然在扁一人獨大的背景下，這種「對立—衝突」行為模式受到了一定程度的壓制，但一旦有合適的時機，立即就會現出本來面目。2007年民進黨的「總統」候選人初選中的殘酷鬥爭再一次為這一政治行為模式提供了註解。2007年5月5日，民進黨「總統」初選黨員投票的前一天，聲勢最盛的「蘇謝兩大主帥親上火線，從傳簡訊到輪番接受電視專訪，醜話說盡，刀刀見骨，兩陣營已殺紅眼，形同撕破臉。」[107]同樣，在2007年「立委」選舉黨內初選中特定派系對「十一寇」封殺所用的手法也如出一轍。在這些鬥爭中，一些以前對付泛藍陣營的招數悉數登場，令泛綠支持者和民眾瞠目結舌。由此可見，這種「對立—衝突」的思維模式在民進黨文化中是根深蒂固的。

在與泛藍陣營的鬥爭中，民進黨「對立—衝突」的行為模式表現得更加明顯。民進黨素以鬥性強悍聞名，在上臺前與國民黨及上臺後與泛藍陣營的鬥爭中，不問是非的攻擊所在多是，只分顏色、不講理性的問政更是俯拾可得，在文宣中越過道德界線對敵對政治人物進行人格謀殺等更是家常便飯。選舉期間民進黨更會不遺餘力地鼓動支持者仇恨政治對手，將政治分歧轉化為社會對立。

民進黨在處理兩岸關係時，也秉持「對立—衝突」行為模式以求取得最大的政治利益。該黨上臺以後，在兩岸關係方面不斷製造緊張氣氛，堅持「台獨」意識形態，強化「台獨」理念，炒作兩岸議題，不斷衝撞「一個中國」的底線。民進黨在兩岸關係上的行為模式是穩定的和一貫的，即透過製造兩岸衝突來強化自己的內部支持。透過這樣的循環系統，民進黨將在一定程度上強化兩岸關係的緊張作為擴大內部支持來源的重要渠道。正是在這種結構性思維的影響下，民進黨的兩岸政策不斷走向極端化。從陳水扁的「一邊一國論」，到「防禦性公投」，再到廢除「國統會」和「國統綱領」，以及後來的「入聯公投」，及至對馬英九當選後採取的擴大兩岸交流措舉強力抵制，民進黨在兩岸政策的選擇上顯然是傾向於將兩岸關係維持在相對緊張的態勢之上。

3.4.2 政黨之政治行為模式的歷史習得過程

　　國民黨「組織—動員型」政治行為模式顯示出該黨在行為模式上的歷史沿襲性。國民黨在長期執政過程中形成的「恩庇—侍從」體制並未隨著威權統治的瓦解而完全消失。今天國民黨在選舉中的政治動員在相當程度上還要依靠威權統治時期留下的組織結構。不過不同的是，威權時期國民黨中央對地方組織和地方派系保持著絕對的權威和控制權，現在這種權威和控制權已經不在了，國民黨中央不得不更多採用協商的方式來協調與地方派系的關係。威權時期的國民黨中央與地方派系和地方組織之間支配與被支配的關係變成了協商式的合作關係。在雙方的互動方式上，國民黨中央向地方派系和地方組織挹注資源換取地方派系支持的模式並沒有完全改變。此外，如果說在威權時期，國民黨尚可以用意識形態來約束地方派系，隨著「動員戡亂」等臨時性意識形態結構的瓦解，意識形態層面的約束作用越來越弱，國民黨不得不更加借重於利益交換的方式保證組織結構的存在和政治動員的有效性。也正是因為這個原因，國民黨中央對黨員的約束相對較為鬆散，對於黨內比較有實力的政治人物，沒有較為有效的辦法進行約束。在國民黨內部，一旦利益受到損害，有實力的政治人物與黨中央抗衡的情況極有可能出現。事實上，臺灣民主化的過程中，國民黨政治人物脫黨參選者屢見不鮮，而且不乏成功者。

　　民進黨「對立—衝突」政治行為模式也是歷史習得的結果。黨外運動時期，黨外勢力與國民黨當局之間的鬥爭就明顯帶有街頭運動的特點。及至民進黨成立，與國民黨當局的低度衝突越來越頻繁。從1977年的「中壢事件」，到1979年「美麗島事件」，然後到民進黨成立後的一系列街頭抗爭，民進黨的衝突性動員力度不斷增強，規模也不斷擴大。民進黨的衝突性動員以「民主」、「本土」、「清廉」為招牌，注重「草根性」，強調透過製造街頭抗爭事件和流血衝突，吸引媒體的目光，增加自己的曝光率，從而達到向行政當局施加壓力的目的。得益於這種動員模式，民進黨的政治版圖日益增加，但是也因此累積了沉重的歷史包袱。如臺灣學者所指出的，「黨外時期是一群精英從事抗爭，抗爭當然要有草莽氣概，後來為了拓展票源，又與草莽群眾相結合，因此民進黨的草莽性

格特強。」[108]這一時期的歷史對民進黨政治行為模式的形成有直接影響，在民進黨內甚至出現了「衝突迷思」，即過分強調「衝突對立」政治行為模式的功效。當時民進黨的高層多強調群眾路線，要求與國民黨進行正面的政治鬥爭。陳菊就認為，「我們的英勇反抗是有效的，只有正面迎向國民黨的迫害，我們才能夠存在。」[109]1990年代，「對立—衝突」的政治行為模式逐漸成為民進黨的主流政治行為模式。

民進黨「對立—衝突」型政治動員模式具有鮮明的體制外色彩，但是卻沒有完全脫離體制，相反，該黨的反體制政治活動一直是以在體制內獲得更大的生存空間為目的。儘管在黨外勢力和後來的民進黨內部一直有反體制的聲音，但是這種聲音幾乎從來都沒有占據過主流。及至1990年代李登輝與民進黨的利益交換格局形成，推翻體制顯得更加沒有必要。不過，正是民進黨這種以體制外壓力為手段向體制內滲透的歷史記憶形成了民進黨的「體制外偏好」。儘管在2000年以後民進黨已經在體制內占據了絕對的主導地位，但是卻仍不願接受體制的約束，很多時候依然是利用體制外動員來達到政治目的，甚至在處理某些議題時刻意繞過制度和官僚機構，迴避理性討論，以直接訴諸民眾的方式，來轉圜各種無法解決的政治危機和制度性問題。[110]這裡，製造衝突和對抗成為民進黨獲得正當性的重要手段。

經過長期發展，民進黨以對立和衝突為中心的動員模式不斷化育並沉澱下來。對立與對抗的思維模式也成為該黨處理政治問題的思維定勢，形成了對立性思維模式的路徑依賴。有臺灣學者評論說，推行對抗邏輯是民進黨為了自身的政治利益所做的最簡單而偷懶的政治行為選擇——藍綠對抗、兩岸對抗，最後上升為臺灣民族主義與中國民族主義的對抗。[111]民進黨下臺以後，以族群區隔為中心的對立性思維仍然根深蒂固，所以，到目前為止，「對立—衝突」政治行為模式依然是民進黨政治行為模式的主流。

3.4.3 對立性政治結構和敵我矛盾的建構

有趣的是，雖然在同一個政治系統內運作，國民黨與民進黨政治行為模式的

邏輯起點和價值訴求並不相同。國民黨所強調的價值和理念,在民進黨那裡可能根本就站不住腳,如外省人「愛臺灣」的命題;同樣,民進黨所強調的一些價值和理念,在國民黨那裡根本就不是問題,如「臺灣主體意識」問題,在國民黨看來,吃臺灣米,喝臺灣水長大的人,即便是外省人,怎麼會沒有「臺灣主體意識」?由於兩黨的立論基礎不同,所以兩個政黨的行為模式均在臺灣社會得到了部分民眾的支持,形成了泛藍與泛綠的分野。

大致來說,國民黨更多地強調其「民主性」,強調該黨對臺灣民主發展的貢獻,以及在政治行為中對民主價值的堅持。故而,臺灣許多學者往往將民主化與政治變遷的價值訴求結合起來,為政治變遷賦予價值的色彩。例如,彭堅汶認為,國民黨在蔣經國之後的政策調整及本身屬性的變遷,部分反映了時代環境的變遷,同時也反映出政治的現實。「基於『民主政治』和『政黨政治』的共識,國民黨必須在黨章之外做體質上的根本性改變,尤其是意識形態、制度及行為模式上,更應本持著民主的理念與邏輯,建立必要的『正當性』與『合法性』。」[112]所以,國民黨在政治行為中比較注重在「民主」制度框架下展開政治活動,在選舉中較為注重經濟和民生議題,比較強調族群融合和社會和諧,將政治動員的主軸鎖定在民眾福祉的議題上,而不願與民進黨在族群議題上過多糾纏。[113]

相反,民進黨「對立—衝突」的政治行為模式則強調臺灣社會現實存在的和建構出來的異質性。在臺灣社會,統「獨」矛盾、族群矛盾、省籍矛盾構成了異質社會的交錯網路。1990年代以來的政治發展過程中,這些矛盾由隱性走向顯性,現實政治場域的利益博奕既是社會異質特徵的投射,也在一定程度上反向強化了這些異質特徵,並不斷衍生出新的分歧。這些矛盾被民進黨拿來刻意放大,將臺灣社會的異質特徵擴大為社會對立結構,並以此為起點不斷營造出新的對立與對抗,進而以對抗性的政治動員獲取政治利益。

民進黨一直最為強調者,就是臺灣社會族群身分的認同區隔。民進黨以「本土政黨」自居,並以族群身分區隔為起點,加速推動政治認同的分化。透過「本省人」與「外省人」的區分,在臺灣社會形成了「我族」和「他族」的對立,族

群身分區隔成為民進黨建構的最為基本也是最為成功的對立結構。也正是因為這樣，有學者認為，臺灣的政治發展從一開始就走上了「族群政治」的歧途。一些持有極端意識形態的政治力量為獲得支持，透過喚起族群集體悲情記憶來動員群眾，以被剝奪的危機感刺激選民，進而將這樣一批情緒化支持者固化為政黨的「基本盤」。民眾對政黨的認同和選擇，情感因素占據主要成分。族群政治打破了成熟民主社會中以議題結盟的遊戲模式，出現了近乎永久性的結盟。[114]

在建構對立性政治結構的過程中，民進黨操作最多者，乃是臺灣民眾的群體挫折心理。民進黨一直在竭力煽動臺灣民眾的悲情，目的就在於要激發出臺灣民眾的挫折感，儘管有時這種挫折並不存在。其中最常見的方式就是將國民黨指為「外來政權」，強調國民黨當局對「臺灣人」的「壓榨」，強調本省人的苦難歷史，將歷史的傷疤揭開，激發本省籍民眾的挫折意識。同樣，在兩岸關係上強調大陸對臺灣的「打壓」也是基於同樣的手法。有心理學理論認為，挫折總會導致某種形式的攻擊。也就是說，挫折和攻擊行為之間存在著普遍的因果關係。美國心理學家多拉德等人還指出，身體和語言攻擊是最直接的攻擊形式，但是直接攻擊受到阻礙或抑制時，個體也可能採取其他形式的攻擊，比如散布流言蜚語等。[115]因此，在臺灣政壇上為民進黨所廣泛作的「抹紅」、「抹黑」、誣陷等與真正民主精神南轅北轍的選舉手法能為支持民眾所容忍，甚至在民進黨高層弊案屢出的情況下基本盤仍未有大幅的削減，均與這種挫折心理下的攻擊行為有關。泛綠支持者比泛藍支持者攻擊性更強，也與此不無關係。

在對立性政治結構下，對政治敵人的攻擊就具有道德上的正當性。卡爾·施米特認為，在政治活動中，朋友與敵人的劃分本身就表現了最高強度的統一或分化、聯合或分裂。它能夠在理論上和實踐上獨立存在，而無需同時借助於任何道德、審美、經濟或其他方面的劃分。政治敵人不一定非要在道德方面是邪惡的，或在審美方面是醜陋的。[116]政治敵人就是外人，非我族類，他的本性足以使「他」在生存方面與「我」迥異。所以，在極端的情況下，「我」就可能與「他」發生衝突。這一切既不取決於某種預先確定的規範，也不取決於某種無功利的、因而是中立的第三者的評判。簡言之，對立政治結構下的敵我劃分本身就為對政敵的攻擊加賦了道德色彩。

臺灣民主化與政治變遷：政治衰退理論的觀點

受特定歷史背景和政治文化影響，民進黨的敵我想像和區隔走得更遠，只要是政治對抗，就「一定是你死我活」。而且，當民進黨習慣於仇恨及分化後，對內部同志的打擊與攻訐也一樣殘忍。具體來說，當外部敵人還很強大時，要從內部進行整肅，找出敵人的同路人；當外部的對手已經一蹶不振，內部矛盾的地位就會相應升高，整肅更是不可避免。簡言之，不管什麼時候，內部鬥爭都具有合理性。在民進黨的話語體系中，敵我區分的標準不是以政策取向為分際，而是特定的意識形態（如「台獨」意識形態）和集團利益為依據，即他人政治的、經濟的和社會行為及訴求皆必須符合「我群」期待的思維模式，否則就不以為然[117]、甚至橫加打擊。

一旦「對立—衝突」的政治行為模式形成，它就會自我複製和自我強化。依民粹主義[118]理論的視角看來，某一政治勢力對敵對政治勢力（集團）的攻擊會產生兩個方面的後果：一是使那些對敵對勢力有怨恨之辭的民眾站在了同一條戰線上；二是加強了那些痛恨敵對勢力民眾之間的團結。這兩個影響結合在一起意味著，敵對陣營之間在生產敵意的同時也產生內部的團結。[119]這種情形無疑將會使對立結構得到強化，進而又會使「對立—衝突」的政治行為模式得到加強。如果沒有外來力量的干預和內部力量的不平衡發展，這種循環會一直持續下去。

「對立—衝突」政治行為模式的社會成本是巨大的。在兩極化社會中，對立的政治勢力各自所持有的意識形態如果是截然兩分的，必將使這個社會出現高度動盪。[120]對立結構本身就孕育著動盪的因子。就臺灣的實際而言，一方面，民眾對民進黨攻擊行為的縱容其實鼓勵了該黨繼續採用衝突性動員的衝動；另一方面，社會的分殊與異質性同樣也壓縮了民進黨與政治敵人進行妥協的空間。也就是說，一旦民進黨政治立場和政治行為模式有若干鬆動，則會面臨著支持基礎流失的局面。因此，民進黨與基本支持者之間已經形成了密切咬合的結構，成為對立攻擊政治行為模式的強力支撐。馬英九上臺後，這一咬合結構有所鬆動，但是要完全拆除這一結構顯然還有相當長的路要走。

3.4.4 政黨之政治行為模式與政治衰退

臺灣政黨的政治行為模式與政治衰退的關係包含了兩個層面的內容：一、反映了民主化過程中政治發展與政治衰退交互影響的複雜關係。例如，在競爭性選舉日益成為政治生活的中心時，固然實現了「民主」的基本訴求，但是族群動員與族群撕裂卻獲得了空間，製造族群對立以獲取政治利益成為政治人物獲取政治成功的最廉價渠道。所以說，政治行為模式的某些內容本身就是政治衰退的表現形式。二、政治行為模式的硬化使臺灣政治衰退的結果長期化和固定化。例如，民主化並沒有消除和改變政治生活被利益集團壟斷的局面，在威權時期留下的利益結構現在臺灣政壇上依舊大量存在，類似「陽光法案」之類損害當政者既得利益的提案也遲遲不能透過。再如，民主化使地方派系的地位上升，而政黨與地方派系的結盟使「黑金政治」大行其道。雖然各個政黨和政治人物均對「黑金政治」表示深惡痛絕，但無論是泛藍還是泛綠的政黨，均無法擺脫「黑金政治」的夢魘。在這種情況下，民主化過程催生出來的政黨行為模式對政治衰退產生了推波助瀾的作用。

臺灣兩個主要政黨的政治行為模式是經過了長期政治實踐淘汰之後沉澱下來的理性選擇產物，是中觀和宏觀的政治結構在政治行為的微觀層面最直接投射。臺灣政黨和政治人物所在意者，是自己和自己所屬政黨的利益，根本不會考慮到他們的行為模式是會推動臺灣的政治發展還是導致政治衰退。所以，考察兩黨政治行為模式必然要上溯到結構層面。在不同層面上對國民黨和民進黨政治行為模式進行考察，最需要關注的是這種政治行為模式在政治結構關係網路中的坐標和定位。這些關係不僅包括既定政治體系內處於不同境遇群體之間的關係，而且也包括了超越政治體系本身的更為廣泛的關係。[121]歷史制度主義學派在考察微觀層面政治行為時也基本依循了同樣的路徑。該學派將制度視為對行為起著建構作用的正式與非正式的程序與規則，他們將制度分為三個層次，即宏大的國家結構、民族國家的文化特質和具體的政治制度安排。因此，有學者認為，對制度的定義本身就強調了歷史制度主義的核心特點是強調制度的「關係特徵」，即既定的制度結構如何影響著政治行為的互動，關注國家與社會的整體範圍如何影響著

政治行動者確定其利益以及如何確定他們同其他政治行為者之間的關係。[122]在這裡，結構與制度在內涵上出現了交集，儘管其側重點並不相同。

國民黨政治行為模式主要借助於該黨的組織結構及與地方派系的關係。民進黨的政治行為模式所依附者，是臺灣政治系統中結構性的剛性對立。該黨以褊狹的「本土認同」符號為政治號召，加上「反獨裁」、「要尊嚴」的形象塑造，吸引臺灣本省人的支持，使部分要民主、要尊嚴的臺灣本省人找到一條易於接受的利益和情緒表達途徑。[123]1990年代以來，外省族群在政治生活中已經逐漸被邊緣化，本省人已經實現了「出頭天」的願望，原先的剛性對抗結構已經不復存在，但是民進黨卻依然保留了剛性對抗的想像，不過把對抗的應力釋放區由政治權力分配場域轉移到了政治認知和身分認同建構的場域而已。同樣，在兩岸關係上，民進黨也不斷強調兩岸的分歧和對抗性，透過操作兩岸關係，強化臺灣民眾對兩岸關係的剛性對抗想像。筆者認為，民進黨在「對立—衝突」政治行為模式上所出現的路徑依賴，這應該是主要原因。這種路徑依賴應該是一種「結構慣性」，在原有結構已經發生改變的情況下，可以稱之為舊有「結構」的想像。

2000年臺灣政黨輪替以來，臺灣的政治結構發生了巨大變化，對國民黨與民進黨的政治行為模式產生了一定衝擊。

國民黨失去政權之後快速進入了全面政治改造的疼痛期。總體來說，國民黨改造的方向是：黨機器的政治資源分配功能不斷弱化，作為選舉機器的功能則在不斷加強。同時，國民黨在論述上強調「本土化」，並以此來規避民進黨以族群區隔為基礎的政治攻擊。此外，國民黨自馬英九2005年首次擔任黨主席後，就一直要改革與地方派系的關係，但是這種改革要想取得成功，並不是容易的事情。國民黨能否改變政治行為模式，遠離「黑金政治」，還在未定之天。就馬英九自2008年當選臺灣地區最高領導人以後所進行的改革來看，這些改革遇到了極大的阻力，使馬自己甚至都陷入了遭國民黨內政治精英千夫所指甚至是落井下石的境地。

民進黨在執政八年過程中經歷了全面解構與重新建構的過程。就制度層面來說，民進黨一度行之有效的派系共治結構遭到了根本性破壞，扁的控制不斷加

強，民進黨走向威權化，該黨一貫鼓吹的「民主」機制遭到了致命破壞；從政治文化層面來說，民進黨執政以後，政治操守缺失的問題越來越嚴重，這種情況大大削弱了民進黨政治攻擊行為的道德正當性，並在一定程度上消解了族群對立想像建構的效果，在一定程度上消解了攻擊行為的效度。民進黨執政八年後，其行為模式所造成的政治衰退漸次顯現出來，引發了民眾對民進黨政治行為模式的重新檢視。

臺灣政治結構的變化對政治行為模式提出了轉型的要求。臺灣兩黨制的結構已經開始形成。臺灣政壇的兩黨化趨勢從2000年民進黨上臺以後就已經非常明顯地表現出來了。泛藍和泛綠兩大陣營的形成其實就是這一政治格局的先聲。隨後，臺灣兩黨政治的發展首先從各自內部的整合開始。由於泛藍和泛綠內部的支持結構同質性都非常高，大黨很快在自身利益的驅使下開始了對小黨的壓制和吞併。親民黨、「臺聯黨」均先後經歷了泡沫化過程。同時，「單一選區兩票制」等選舉制度的改革在客觀上要求政黨強化理性色彩，放棄激進的意識形態動員。

此外，兩岸政治結構的發展變化對臺灣政黨政治行為模式也有影響。在兩岸力量對比上，時間顯然並不在臺灣一邊。而且，大陸一系列直指臺灣民心的善意舉動化解了兩岸的緊張局勢，一定程度上消解了民進黨政治攻擊行為模式的衝擊力道。特別是自民進黨下臺以來兩岸交流的迅速發展，對民進黨「對立一衝突」政治行為模式賴以生存的社會結構具有根本性解構作用。

長期來看，臺灣兩個主要政黨的政治行為模式都面臨著一定的困境。國民黨正在試圖透過改變行為模式來改變在政黨鬥爭中的被動地位，其行為模式的改變似乎是可以預期的。不過對國民黨來說，改變行為模式的核心問題是改造「勇於私鬥、怯於公戰」的黨內政治文化，這對號稱「百年老店」的國民黨來說並不是一個輕鬆的任務。相比較而言，民進黨在短期內進行政治行為模式轉型的可能性並不大。原因在於：一、政治結構的變化所產生的能量傳導到微觀政治行為需要一定的時間，在臺灣這種能量傳送主要是透過選舉的淘汰機制來完成的。二、民進黨在經歷了長期的選舉操作和「本土化」運動之後，內部已經形成了對自身政治取向的群體思維定勢。群體心理學認為，高凝聚力的群體在決策時往往具有一

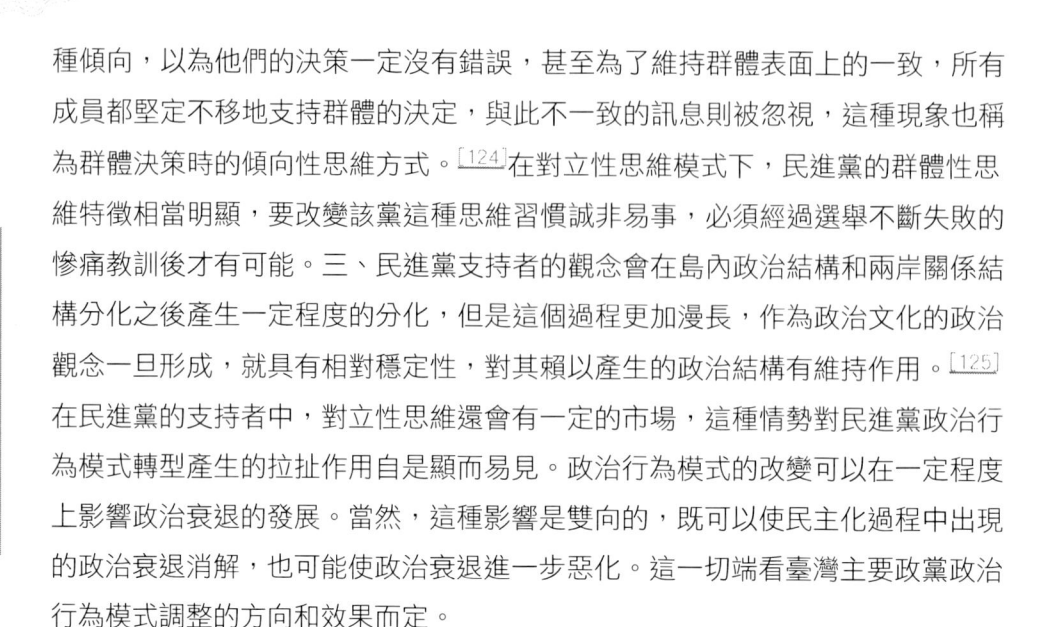

種傾向,以為他們的決策一定沒有錯誤,甚至為了維持群體表面上的一致,所有成員都堅定不移地支持群體的決定,與此不一致的訊息則被忽視,這種現象也稱為群體決策時的傾向性思維方式。[124]在對立性思維模式下,民進黨的群體性思維特徵相當明顯,要改變該黨這種思維習慣誠非易事,必須經過選舉不斷失敗的慘痛教訓後才有可能。三、民進黨支持者的觀念會在島內政治結構和兩岸關係結構分化之後產生一定程度的分化,但是這個過程更加漫長,作為政治文化的政治觀念一旦形成,就具有相對穩定性,對其賴以產生的政治結構有維持作用。[125]在民進黨的支持者中,對立性思維還會有一定的市場,這種情勢對民進黨政治行為模式轉型產生的拉扯作用自是顯而易見。政治行為模式的改變可以在一定程度上影響政治衰退的發展。當然,這種影響是雙向的,既可以使民主化過程中出現的政治衰退消解,也可能使政治衰退進一步惡化。這一切端看臺灣主要政黨政治行為模式調整的方向和效果而定。

3.5 餘論

民主化引發了臺灣的政治結構變遷,政治發展和政治衰退是臺灣政治變遷的兩個不同面向。基本情況可以用下圖表示:

表四 臺灣民主化過程與政治衰退的關係

政治變遷內容＼政治變遷面向		政治發展	政治衰退
政治資源分配格局重構		政治資源的分配格局與省籍人口比例協調實現了本省人「出頭天」的願望。	社會異質性顯性化,政治對立長期化。
價值分配格局的重構		「臺灣主體意識」成為流行話語,一定程度上體現了主體性關懷。	「臺灣主體意識」成為身份區隔的工具;意識形態的重構加劇了族群的對立;對國家統一產生了負面影響。
統合機制變化	剛性→柔性	社會統合機制由剛性到柔性;民間力量興起,民意對決策的影響程度增加,協商性政治的比例增加。	公權力不彰;行政效率下降;決策短期化等。
	政治精英關係調整	最具有人氣的政治人物脫穎而出;世代交替加快。	「恩庇—侍從」體制獲得了新的生命。
政治行為模式化成		政黨政治初具雛形,選舉成為合法性更迭的最主要手段。	「對立—衝突」行為模式的固化;客觀上對政治腐敗產生了庇護作用等。

○ 政治變遷與政治衰退：過程、機制和行為模式形成

不過,民主化過程中各種結構調整與政治衰退現象之間並不是簡單的逐一對應關係。簡言之,臺灣出現的每一個政治衰退現象都有可能是多種原因共同推動的結果。例如,政治腐敗的存在及某一時期內的惡化顯然與臺灣社會長期存在的「恩庇—侍從」體制有關。同時,族群對立的語境對民進黨的腐敗行為也產生了推動作用。在民進黨的貪腐問題出現以後,深綠的支持者依然沒有放棄對陳水扁和民進黨的支持,臺灣南部甚至出現了「自己的孩子,即便壞一點也要疼」的論調。對於民進黨來說,在族群對立的語境下,腐敗問題總是可以找到道德正當性的支撐。這種情況等於變相地鼓勵了民進黨的貪腐行為。

前文已經提到,民主化過程是政治資源分配格局、價值分配格局重新調整和社會統合模式調整、政治行為模式形成的過程。這四個過程代表了民主化過程的基本面向,綜合影響了政治變遷的基本面貌。例如臺灣的族群問題,在政治資源分配的視角下,族群問題的邊界是以利益來劃定的,即本省人反對外省人長期壟斷政治資源的分配權;但是在價值分配的視角下,族群的邊界則是身分認同的觀念,和以族群身分為基礎進行政治價值判斷的認知模式。這一邊界在一定程度上

與利益已經沒有什麼關係了。因此，單純說上面幾個過程中的一個決定了族群問題的面貌，都是有失偏頗的。

注　釋

[1]. 因果關係的確立是社會科學研究中較為重要的一個方法。嚴格來說，建立因果關係要服從以下三個方面的準則：（1）聯繫。要想確定兩個變量之間存在因果關係，首先要求這兩個變量之間必須存在統計學上的聯繫。如果兩個變量之間的統計學關係很明確，也就是說變量間的統計學關係很強烈並足以證明這種關係不僅僅是一種巧合。（2）非虛假關係。作為原因的變量，它對結果變量的作用不能歸結到其他原因上，或者說，不能歸結到干擾變量（confounding variable）上。干擾變量屬於非控制性的變量。（3）原理的說明或解釋。僅有統計學關係或者純經驗性證據是不夠的。不能僅僅靠觀測結果來證明「A是B的原因」這一結論。而是相應地，還要找到一些理論性的或者邏輯上的解釋來輔助說明A是如何造成B的。見曾思育編著：《環境管理與環境社會科學研究方法》，清華大學出版社，2004年，第172～173頁。但是在社會科學研究中，經常遇到的情況是：研究對像往往是獨特性的或者無法複製的歷史事實。所以尋求統計學上的相關性其實是一項較為困難的工作。作為折衷的方法，社會科學研究在設計因果關係的研究時較為強調概念的恰當性，即對於具體經驗世界的解釋，必須區分哪些是造成某些現象的原因，而以相同的概念來做因果關係的分析。其次，強調命題和假設必須能夠驗證或否證（falsification）。見王振寰著：《誰統治臺灣？轉型中的國家機器與權力結構》，（臺灣）巨流圖書有限公司，1996年，第44頁。王振寰同時指出，所謂的「反事實」的建構是：如果我們認為x是造成y歷史事件發生的原因，我們可以反問，假如先前的原因x沒有發生的話，則y歷史將可能有怎樣不同的發展？假如x沒有發生，而y繼續存在的話，則先前假定的因果聯繫可能就有問題。

[2].這裡要說明的是，民主化不一定是臺灣政治衰退的原因，但是卻與臺灣政治衰退的獨特樣態存在因果關係。例如政治集權問題，蔣氏父子時期是典型的集權體制，但是相比較李登輝及其後任者的集權，那卻不是民主制度下的產物；

政治腐敗問題也是同樣的道理。

[3].此處的「政治資源」主要指政治權力，以及因此而帶來的經濟利益，核心內容為對政治系統中「人」和「物」的支配權，不包括價值和意識形態層面的意涵。

[4].林修果著：《宗法秩序變遷與行政現代化：以農村城鎮化為分析視角》，吉林人民出版社，2006年，第42頁。

[5].廖小平著：《分化與整合：轉型期價值觀代際變遷研究》，高等教育出版社，2007年，第104頁。

[6].中共中央黨校哲學教研部編：《鄧小平發展理論與當代中國社會矛盾》，中共中央黨校出版社，1999年，第425頁。

[7].臺灣的族群問題較為特殊。對族群形成及發生影響的理論，學界的看法，大致可以分為原生說和建構說兩種。原生說認為族群是客觀形成的，較為強調人種的體質特徵、客觀的歷史文化經驗等，而建構說則認為族群的認知是可以不斷建構的。現在學界在一般意義上討論族群問題大都是和種族主義或民族主義聯繫到一起。臺灣的族群在原生意義上的差異較小（一般只存在於臺灣少數民族與漢族之間的族群差別中），基本上是屬於建構的結果。

[8].關凱著：《族群政治》，中央民族大學出版社，2007年，第78～79頁。

[9].孫立平著：《異質性社會‧政治整合‧政治穩定》，《學習與探索》，1990年，第6期。

[10].　社會解組是指在一個社群和社會之內，任何干擾、破壞、衝突，或缺乏和睦一致，足以影響既成的社會行為習慣、社會制度，或社會控制等。除卻加以有意義適度調和或適應，否則社會的和諧一致必成為不可能。同時社會生活和社會變遷通常是動態的性質，所以社會解組是一個相對的名詞。某種限度或一定數量的社會解組，在任何時代都是存在的，但是從普通社會學的角度來說，社會解組主要發生在以下情況：當這些干擾勢力超越或威脅著那些安定社會的力量，並且或多或少已經超越社會上流行的規則制度之拘束力時，就構成了社會解組。

這個概念也適用於觀念衝突。見王雲五等編：《雲五社會科學大辭典普及本第一冊·社會學》，（臺灣）商務印書館股份有限公司，1971年，第106頁。

[11]. 吳乃德著：《自由主義和族群認同：搜尋臺灣民族主義的意識形態基礎》，（臺灣）《臺灣政治學刊》，1996年7月。

[12].Samuel·P·Huntington，「Democracy for the Long Haul」.Journal of Democracy，Vol.7，No.2（April 1996），p.3～13。

[13].陳明通著：《派系政治與臺灣政治變遷》，（臺灣）新自然主義股份有限公司，2001年，第1～2頁。陳明通在註解中說明，「此處的統治社會指由統治階級所構成的社會，他們有一套共同的利益、遊戲規則與生活方式，有別於被統治者；政治社會指統治社會的對立面，它是一種競技舞臺，在政府的刻意安排與維護下，各種政治主張可以透過這一舞臺獲取公權力並控制國家機關；市民社會也是指一種競技舞臺，舞臺內有來自階級、職業部門的各種社會團體，或來自婦女界、知識界、宗教界、地方社區各種社運組織，這些團體組織個個都想在舞臺中尋得一席之地，以表達並促進他們的利益。」不過陳著並沒有對這三種社會的特徵及其相互關係作較為詳細的說明。

[14].屈武著：《中國國民黨史》，西安交通大學出版社，1990年，第514頁。

[15].有學者認為，中產階級的概念在政治分析中其實沒有太大的功能。一是由於這個概念的模糊性，二是在世界各地的民主化經驗中，中產階級並不是積極的推動力量（例如韓國）。本書所指的中產階級概念是在省籍族群的語境中展開的，主要是指本省人勢力在政治經濟力量方面擴張和在經濟政治生活中地位的加強。這種情況對臺灣的政治民主化產生了較大的影響。

[16].蕭新煌著：《變遷中臺灣社會的中產階級》，（臺灣）巨流圖書出版公司，1993年，第6頁。

[17].屈武著：《中國國民黨史》，西安交通大學出版社，1990年，第507頁。

[18].金耀基著：《臺灣的個案研究——後儒學文化》，（香港）《二十一世紀》，1993年6月號，總第17期。

[19].若林正丈著，許佩賢、翁金珠等譯：《臺灣分裂國家與民主化》，（臺灣）新自然主義股份有限公司，2009年，第242頁。

[20].陳明通著：《派系政治與臺灣政治變遷》，（臺灣）新自然主義股份有限公司，2001年，第3頁。

[21].彭懷恩著：《臺灣政治發展與民主化》，（臺灣）風雲論壇有限公司，2005年，第169～170頁。

[22].豬口孝著，高增杰譯：《國家與社會》，經濟日報出版社，1989年，第66～67頁。

[23]. 杭亭頓認為，隨著社會的發展，新鮮事物打破了傳統文化在認知和觀念上的障礙，並提高了新的渴望和需要的水準。但是，過渡型社會滿足這些渴望能力的增進比這些渴望本身的增進要緩慢得多。結果，便在渴望與指望之間、需要的形成與需要的滿足之間，或者說在渴望程度和生活水平之間造成了差距。見山繆‧P‧杭亭頓著，王冠華等譯，《變化社會中的政治秩序》，上海世紀出版集團，2008年，第41頁。臺灣的政治發展過程與杭亭頓的判斷比較吻合，具有一定程度的普遍性。

[24].關海庭主編：《20世紀中國政治發展史論》，北京大學出版社，2002年，第251頁。

[25].王甫昌著：《當代臺灣社會的族群想像》，（臺灣）群學出版有限公司，2003年，第90頁。

[26].這種意識形態是官方強制推行的意識形態，一個較為強烈的意識形態的存在是威權統治比較鮮明的特點。但是，民主體制中的意識形態強制也是可能存在的。例如，在臺灣社會，「民主」就成為一種意識形態，「本土」的價值訴求也大致如是，成為不容挑戰的信條。

[27].伯恩斯著，常健等譯：《領袖論》，中國人民大學出版社，2006年，

第259頁。

[28].王甫昌著：《當代臺灣社會的族群想像》，（臺灣）群學出版有限公司，2003年，第99頁。

[29].本節部分內容曾公開發表，見陳星、相靖著：《「臺灣主體意識」的概念性解析》，《臺灣研究集刊》，2009年4期。

[30].劉國深著：《當代臺灣政治分析》，九州出版社，2002年，第81～84頁。

[31].王曉波著：《浩然千古見文章》，見戴國煇著：《臺灣研究集外集代序》，（臺灣）遠流出版事業有限公司·南天書局有限公司，2002年，4頁。

[32].馬克思說：「從前的一切唯物主義（包括費爾巴哈的唯物主義）的主要缺點是：對對象、現實、感性，只是從客體的或者直觀的形式去理解，而不是把它們當作人的感性活動，當作實踐去理解，不是從主體方面去理解。」見馬克思著：《關於費爾巴哈的提綱》，中央編譯局編：《馬克思恩格斯選集·第一卷》，人民出版社，1995年，第54頁。

[33].關於政治學中「本體論」與「認識論」及其關係的相關論述見大衛·馬什、格里·斯托克編，景躍進、張小勁、歐陽景根譯：《政治科學的理論與方法》，中國人民大學出版社，2006年，第16～17頁。

[34].不過需要說明的是，此處的「主體」在有的學者那裡主要指人，如戴國煇；但是在有的學者那裡則指人和地，如李永熾等。李永熾等人認為，「臺灣主體性是臺灣這個空間跟生活在其中的人交錯成的結構體」。他所指的「主體性」主要指臺灣的土地和人從「經常被客體化」的狀態轉變為「主體化」，由「被支配變成自我支配」。見李永熾、李喬、莊萬壽等編：《臺灣主體性的建構》，（臺灣）財團法人群策會李登輝學校，2004年5月，第6頁。顯然，莊氏想突出「臺灣以前是受（外來勢力）支配的客體，現在卻不再為外部勢力所支配」的意涵，但是卻沒有解釋清楚的是：從哲學上來說，主體是實踐活動、認識活動的承擔者，「土地」顯然無法具備此項功能。所以，作為客體的土地即使能擺脫被支

配的地位，也不意味著因此具有了主體性。

[35].黃俊杰著：《論「臺灣意識」的發展及其特質》，見夏潮基金會編：《臺灣意識與中國意識》，（臺灣）海峽學術出版社，1999年。

[36].戴國煇著：《臺灣史探微——現實與史實的相互往還》，（臺灣）遠流出版事業有限公司・南天書局有限公司，2002年，總序，第14～15頁，第12頁。

[37].王曉波著：《浩然千古見文章》，見戴國煇著：《臺灣研究集外集代序》，（臺灣）遠流出版事業有限公司・南天書局有限公司，2002年，第7頁。

[38].戴國煇著：《臺灣結與中國結》，（臺灣）遠流出版事業有限公司・南天書局有限公司，2002年，第39～78頁。

[39].戴國煇著：《臺灣史探微——現實與史實的相互往還》，（臺灣）遠流出版事業有限公司・南天書局有限公司，2002年，第2頁。

[40].目前學術界已經對這個問題有較多討論，例如郭洪紀著：《臺灣意識與中國情結》，（臺灣）慧明文化事業有限公司，2002年；虞義輝著：《臺灣意識的多面向》，（臺灣）黎明文化事業股份有限公司，2001年；王曉波著：《交鋒：統獨論戰三十年》，（臺灣）海峽學術出版社，2002年；夏潮基金會編：《臺灣意識與中國意識論文集》，海峽學術出版社，1999年。

[41].郭正亮著：《臺灣主體性的辯證》，見夏潮基金會編：《臺灣意識與中國意識》，（臺灣）海峽學術出版社，1999年，第628、629頁。

[42].曾健民著：《臺灣意識辨析》，見夏潮基金會編：《臺灣意識與中國意識》，（臺灣）海峽學術出版社，1999年6月，第646頁。

[43].施正鋒著：《臺灣人的國家認同》，臺灣歷史學會編：《國家認同論文集》，（臺灣）稻鄉出版社，2001年，第153頁。

[44].施正鋒著：《臺灣人的國家認同》，臺灣歷史學會編：《國家認同論文集》，（臺灣）稻鄉出版社，2001年，第145頁。

[45].戴正德著：《非常臺灣——臺灣人的意識與認同》，（臺灣）望春風文化事業股份有限公司，2004年，第34頁。

[46].邱貴芬著：《「發現臺灣」——建構臺灣後殖民論述》，見張京媛編：《後殖民理論與文化認同》，（臺灣）麥田出版，1995年，169頁。其實這種史觀在「台獨」學者中比較普遍，著名者如史明的《臺灣四百年史》等。這個史觀割開了大陸與臺灣的歷史臍帶，同時也割斷了臺灣歷史發展的邏輯鏈條，無法解釋「臺灣人」形成的歷史。

[47].盧建榮著：《臺灣後殖民國族認同》，（臺灣）麥田出版，2003年，第17頁。

[48].共同體（community）是一個複雜的概念。該概念既表明了社會互動中的一些特殊形式，又意味著它所規定的社會關係中有某些積極和有價值的東西。現代政治理論對共同體特質進行的解釋大概有三種模式：（1）以費迪南德·騰尼斯所代表的，認為界定一個共同體的經驗特質是由共同體的淵源所賦予的；（2）麥基佛《共同體》一書中所強調的共同體利益的共同性；（3）認為局部共同體建立在其有特殊私人利益關係的個人聚合之上。相關論述見〔英〕大衛·米勒主編，鄧正來等譯：《布萊克維爾政治學百科全書·社區·共同體〔Community〕（思想卷）》，中國政法大學出版社，2002年版，第153頁。

[49].戴寶村著：《玉山地景與臺灣認同的發展》，臺灣歷史學會編：《國家認同論文集》，（臺灣）稻鄉出版社，2001年，第123頁。

[50].蔡英文著：《以新本土觀捍衛臺灣》，（臺灣）《中國時報》，2009年3月22日，A12版。

[51].林濁水著：《共同體世界圖像下的臺灣》，（臺灣）左岸文化出版，2006年，第74頁。該書提到了各種類型的共同體（作者稱為共同體的各種面向），也提到了共同體意識，但是對這些概念卻沒有進行清晰的界定與說明。

[52].李永熾、李喬、莊萬壽等編：《臺灣主體性的建構》，（臺灣）財團法人群策會李登輝學校，2004年5月，第4頁。

[53].陳荔彤著：《臺灣主體論》，（臺灣）元照出版有限公司，2004年，第29頁。

[54].意識形態是具有符號意義的信仰和觀點的表達形式，它以表現、解釋和評價現實世界的方法來形成、動員、指導、組織和證明一定的行為模式或方式，並否定其他一些行為模式或方式。見大衛·米勒主編，鄧正來等譯：《布萊克維爾政治學百科全書·意識形態（思想卷）》，中國政法大學出版社，2002年版，第368頁。本書所說的「意識形態化」是指透過對「臺灣主體意識」概念的選擇性詮釋為自己的行為尋求合法性和合理性基礎的行為。

[55].秦亞青著：《建構主義：思想淵源、理論流派與學術理念》，《國際政治研究》，2006年第3期。

[56].約瑟夫·熊彼德著，吳良健譯：《資本主義、社會主義與民主》，商務印書館，1999年，第54～55頁。應該說明的是，熊彼德僅強調「人們選擇的行動路線不是受環境的客觀事實直接強制決定」，並沒有否定客觀事實對行動路線的作用。其實，從長遠的觀點來看，無論是觀念建構還是行動路線的選擇，都不可能脫離客觀環境的影響。從這個意義上說，客觀環境的變化對主體行動路線的選擇和觀念的形成顯然有決定性的影響。

[57].鄭翰林編譯：《傳播理論簡明辭典》，（臺灣）風雲論壇出版社有限公司，2003年9月，第100頁。這裡的「歷史和文化」應該是建構的結果。

[58].施正鋒著：《臺灣政治建構》，（臺灣）前衛出版社，1999年，第30頁。

[59].這種本體與認識、主觀與客觀、知者與被知者、事實與價值界線的模糊性，也是建構主義的基本觀點。見張小勁、景躍進著：《比較政治學導論》，中國人民大學出版社，2001年，63頁。

[60].本書在論及「臺灣主體意識」時，兼用了「概念」和「話語」兩個定義。此處的「概念」是指內涵界定比較清晰、使用比較規範的情況；而「話語」則主要指在政治動員中使用的概念，較為符號化和口語化，內涵界定也不是非常

嚴格（如「愛臺灣」等）。

[62].石之瑜著：《假——當代臺灣的政治精神》，（臺灣）海峽學術出版社，2006年，第第2頁。

[63].「臺灣主體意識」從學術概念演變為「群體意識」中間經歷了非常複雜的心理過程，可以說，「臺灣主體意識」的逐步意識形態化在相當大程度上是由群體的心理特點所決定的。由於這個問題與本書論題相距較遠，這裡不擬對這個問題展開討論。

[64]. 臺灣工作年鑑編委會、兩岸關係雜誌社編：《臺灣工作年鑑（2006）》，2008年，第489頁。

[65]. 施正鋒著：《臺灣主體意識的發展》，轉引自：楊毅周、韓晨：《臺灣「總統」選後社會新思潮研究》，見許世銓主編、全國臺灣研究會編：《兩岸關係研究報告2004～2005》，九州出版社，2006年，第57頁。

[66]. 施正鋒著：《臺灣民族主義》，（臺灣）前衛出版社，2003年，第12頁。

[67].大衛‧米勒、韋農‧波格丹諾主編，鄧正來譯：《布萊克維爾政治學百科全書‧意識形態（思想卷）》，中國政法大學出版社，2002年，第368頁。

[68].陳明通著：《派系政治與臺灣政治變遷》，（臺灣）新自然主義股份有限公司，2001年，第93～94頁。

[69].陳飛寶著：《臺灣大眾媒體與政黨權力之爭》，《臺灣研究》，1999年2期。

[70].Terry‧Lynn‧Karl，「Dilemmas of Democratization in Latin America」，Comparative Politics，Vol.23，No.1（Oct.，1990），p.1～21。

[71].張鳳陽等著：《政治哲學關鍵詞》，江蘇人民出版社，2006年，第343頁。

[72].鞠海濤著：《民進黨社會基礎研究》，九州出版社，2004年，第116～

117頁。

[73].民進黨在爭奪話語權的過程中，運用了語言暴力、肢體暴力和制度性暴力等手段，系統地改變了臺灣社會的政治認知，並將「台獨」和「臺灣主體意識」意識形態化。見徐博東、陳星著：《論「台獨」話語霸權的建構》，《臺灣研究》，2004年6期。

[74].哈羅德·D·拉斯韋爾著，楊昌裕譯：《政治學》，商務印書館，2000年，第25頁。

[75].（臺灣）《今日新聞》，2009年11月23日。

[76].（臺灣）《今日新聞》，2009年11月23日。

[77].林濁水著：《國民黨的雙重危機》，（臺灣）《中國時報》，2009年11月20日。

[78].張亞中著：《全球化與兩岸統合》，（臺灣）聯經出版事業股份有限公司，2003年，第32頁。

[79].王雲五等編：《雲五社會科學大辭典普及本第一冊·社會學》，（臺灣）商務印書館股份有限公司，1971年，第112頁。

[80].這裡的「統合」與統合主義（corporatism）的「統合」概念還是有所差別的。統合主義是指國家機關跨越傳統社會部門限制，以經濟產業的分際來垂直分割社會，把個人強制編制進入法定的職業團體，這些團體在同一地區、同一性質的產業僅能組織一個，完全壟斷該產業的利益代表。每一個職業團體，都依中央到地方作層層分割，上下隸屬，層級分明。國家機關透過給予這些社會壟斷的代表權，以換取對該社團領導者的挑選權力與利益要求的監控權，進而獲致對該團體的有效動員與支持。見陳明通著：《派系政治與臺灣政治變遷》，（臺灣）新自然主義股份有限公司，2001年，第7頁。

[81].彭懷恩著：《臺灣政治發展與民主化》，（臺灣）風雲論壇有限公司，2005年，74—75頁。不過需要說明的是，這種統合主義模式的形成主要是不發達國家和地區在經濟發展的訴求下完成的。「在尚未經歷資本主義發展的社會，

國家在形成權力分配及指導經濟發展等方面，扮演了優勢且自主的角色。所以，它不是因為資本主義弊端出現後的補救，而是必須滿足人民期望經濟改善的需求。」這種追求經濟發展的「國家統合主義」，往往是採取威權政治的模式，以政治過程來控制發展方向。

[82].托德·朗德曼著，周志杰譯：《比較政治的議題與途徑》，（臺灣）韋伯文化國際出版有限公司，2003年，200頁。此處的「合法性」簡單而言就是：政府的組建是經過選民同意的。

[83].陳家剛著：《協商民主新術語》，載於陳家剛選編的《協商民主》，上海三聯書店2004年版，335頁，轉引自張鳳陽等著：《政治哲學關鍵詞》，江蘇人民出版社，2006年，第240～241頁。顯然，這種協商在公共生活的領域中才有其學理意義，而不是私人個體之間的一般商討或者市場主體之間的交易協商等非政治形態。這種協商與西方語境下的協商式民主還是有差別的。後者主要是指，當代西方社會出現了多元衝突與權力專斷的局面。西方學者為了解決這些問題，提出了協商的概念。他們希望透過對協商的重新審視，能夠找到一種溝通分歧的合理辦法，既切實維護民眾的利益，又為政策制定贏得更多合法性支持，他們希望廣泛的協商能夠培育公民美德，進而成為簡單投票模式的某種替代；他們希望，民眾的充分商議，能為控制行政權力、強化行政責任尋找到新路。見大衛·赫爾德著，李少軍、尚新建譯：《民主的模式》，（臺灣）桂冠圖書有限公司，2002年，第243頁。

[84].朱雲漢：《全球第三波民主化的反思》，見殷海光基金會主編：《民主·轉型？臺灣現象》，（臺灣）桂冠圖書股份有限公司，1998年，第39～40頁。

[85]. civil society在有的學者那裡也翻譯成「市民社會」。公民社會的基本特徵是，它是社會的一部分，不同於國家且獨立於國家；它是構成個人權力、特別是財產權利的基礎；是許多自主的經濟單位或商業公司的集合體，這些單位獨立於國家，並相互競爭。見愛德華·希爾斯著，李強譯：《市民社會的美德》，鄧正來、J·C·亞歷山大編：《國家與市民社會》，中央編譯出版社，2002

年，第36頁。

[86].托德・朗德曼著，周志杰譯：《比較政治的議題與途徑》，（臺灣）韋伯文化國際出版有限公司，2003年。第200頁。

[87].丹尼・羅伊著，何振盛等譯：《臺灣政治史》，（臺灣）商務印書館股份有限公司，2004年，第207～208頁。

[88].陳堯著：《政治研究中的庇護主義——一個分析的範本》，《江蘇社會科學》，2007年3期。

[89].T・J・Cheng and T・C・Chou，「Informal Politicsin Taiwan」，see Lowell Dittmer，Haruhiro Fukui，Peter N・S・Lee，Informal Politicsin East Asia，Cambridge University Press，Cambridge，2000.p.42～65.

[90].李路曲著：《東亞模式與價值重建》，人民出版社，2002年，第357～359頁。

[91].陳明通著：《派系政治與臺灣政治變遷》，（臺灣）新自然主義股份有限公司，2001年，第191頁。

[92].這一時期國民黨內的派系生態與後來民進黨剛成立時的派系生態有很大差別。在威權體制下，所有的派系均需遵從政黨領導人為共主。所以在國民黨的派系中，自主性很差。民進黨在執政之前保持了相對較強的派系自主性，只是在執政以後派系自主性才變差。臺灣學者講國民黨的「恩庇—侍從」體制主要是指與地方派系的結盟模式，而不特別指其黨內的派系結構。

[93].蔡明惠著：《臺灣鄉鎮派系與政治變遷》，（臺灣）洪葉文化事業有限公司，1998年，第91頁。

[94].要提到的是，馬英九並不是要斬斷與地方派系的關係，這在選舉決定一切的臺灣，是一個不可能的任務。馬英九想要做的，是改變與地方派系的互動模式，以斬斷國民黨「黑金政治」的根源，實現他「清廉執政」的理想。

[95].楊毅周著：《民進黨的組織派系研究》，九州出版社，2004年，第36

頁。

[96].陳星著：《試論利益共生結構下民進黨的發展困境》，《臺灣研究》，2006年6期。

[97].紀淑芳著：《三王一後之爭中場休息？》，（臺灣）《財訊》，2006年7月。

[98].（臺灣）《中時晚報》，2004年7月31日。

[99].民進黨2010年1月24日舉行「臨全會」，敲定年底五個「直轄市長」選舉以協調與民調為主，不用黨員投票；「直轄市」議員提名采完全民調的方式，也不進行黨員投票。民進黨提名策略的調整對於黨內操控人頭黨員的「恩庇─侍從」體制是一個沉重打擊，對民進黨的發展有較大影響。

[100].本節部分內容曾公開發表。見陳星著：《簡析民進黨的「對立─衝突」政治行為模式》，《臺灣研究》，2008年6期。

[101].王雲五等編：《雲五社會科學大辭典普及本第一冊·社會學》，（臺灣）商務印書館股份有限公司，1971年，第61頁。

[102].俞可平著：《政治與政治學》，社會科學文獻出版社，2003年，第152頁。

[103].心理學的行為模式理論認為，「行為模式」包含以下幾個方面的特徵：一套按時間順序排列的行為以達到特定目的的結構；在一個行為模式內可以有場景、執行或完成行為的角色、一定的道具等。見戴煒華著：《論行為模式》，《上海理工大學學報》，2001年3月，第23卷第1期。本書為便於討論，對這個模型進行了簡化。

[104].制度範本其實涵蓋了新制度主義的三大流派，其最簡化的分析路徑是「制度結構→制度安排→制度績效」。相關論述見楊光斌著：《制度的形式與國家的興衰》，北京大學出版社，2005年，15—32頁。本書所指的「制度」概念也是取自該書：從最一般的意義上說，制度可以被理解為社會中個人遵守的一套行為規則，而這一套行為規則又可以被理解為制度安排，這種安排可以是正式

的，也可以是非正式的。同楊光斌上引書，第15頁。

[105].林勁、聶學林著：《民進黨基層經營初探》，見周志懷主編：《臺灣研究優秀成果獲獎論文彙編》，九州出版社，2009年，第81頁。

[106].當然，這並不意味著民進黨不依靠組織與地方派系。民進黨與地方派系的關係在2000年上臺執政後已經有了較大的改變，有逐漸「國民黨化」的趨勢。

[107].（臺灣）《中國時報》，2007年5月6日。

[108].陳癸淼著：《論臺灣》，（臺灣）海峽學術出版社，2002年，第86頁。

[109].陳菊訪談：《沒有黨名的黨——美麗島政團的發展》，美麗島事件口述歷史編輯小組，（臺灣）時報文化出版企業股份有限公司，1999年版，第151頁。

[110].王振寰著：《誰統治臺灣——轉型中的國家機器與權力結構》。（臺灣）巨流圖書公司，1996年，第324頁。

[111].（臺灣）《中國時報》，2007年5月6日。

[112].彭堅汶著：《國民黨屬性的變遷與當前臺灣的政治發展——十四全大會的反省與評估》，（臺灣）《成功大學社會科學學報》，2003年12月，第6期。

[113].當然，這與國民黨在族群議題上的劣勢有關，並不是說國民黨的政治關懷多麼高尚。

[114].楊劍著：《臺灣政黨政治與中間選民》，《世界政治與經濟論壇》，2004年2期。

[115].俞國良著：《社會心理學》，北京師範大學出版社，2006年，499頁。利用民眾的挫折心理謀利並不是民進黨所獨有，李登輝在1990年代的政治操作模式與民進黨的操作如出一轍。見楊劍著：《領袖心理、公眾情緒和敵意的

社會習得——李登輝現象的挫折攻擊理論分析》,《臺灣研究集刊》,2001年4期。

[116].卡爾·施米特著,劉宗坤等譯:《政治的概念》,上海人民出版社,2004年,第106~107頁。

[117].胡佛著:《政治文化與政治生活》,臺灣三民書局,1998年,第220~221頁。

[118].民粹主義的概念十分複雜,釐清這樣一個概念非本書力所能及,也沒有這個必要。本書採用英國學者保羅·塔格特對該概念的描述。他認為這一概念應該包括六個方面的核心主題:民粹主義者敵視代議政治;民粹主義者把他們所偏愛的群體作為理想化的中心地區並以此作為辨識自身的依據;民粹主義作為一種思想缺乏核心價值;民粹主義是對嚴重危機的強烈反應;民粹主義因自身的矛盾而有自我侷限性;民粹主義作為像變色龍一樣的東西,能夠隨環境的變化而變化。見保羅·塔格特著,袁明旭譯:《民粹主義》,吉林人民出版社,2005年,第3頁。

[119].保羅·塔格特著,袁明旭譯:《民粹主義》,吉林人民出版社,2005年,第127頁。

[120].A·Downs,「An Economic Theory of Democracy」,Harper & Row,New York,1957,p.120。

[121].西達·斯考切波著,何俊志、王學東等譯:《國家與社會革命》,上海世紀出版集團,2007年,第19頁。

[122].楊光斌著:《制度的形式與國家的興衰》,北京大學出版社,2005年,第56頁。

[123].劉國深著:《當代臺灣政治分析》,九州出版社,2002年,第205頁。

[124].俞國良著:《社會心理學》,北京師範大學出版社,2006年,第566頁。

[125].潘一禾著：《觀念與體制》，學林出版社，2002年，第205頁。

第4章 比較視角下臺灣政治衰退的理論意涵

　　在討論臺灣民主化過程中的政治衰退問題時，一個經常涉及的問題是：臺灣民主化過程中出現的政治衰退是臺灣社會特有的嗎？如果要對這個問題進行探討，僅選取臺灣一個個案是不夠的，而應該將視野延伸到臺灣之外進行比較。比較政治學理論認為，單一個案的分析往往容易對例外的個案進行一系列假設，而在追求比較分析的模型中，相似性與差異性都變得更為明顯，研究者必須更清楚地思考影響系統表現的根本因素為何。[1]簡言之，比較研究能夠強迫研究者找出個案中所隱藏的個別性及一致性，並對引發這些特徵的基本原因進行更有解釋力的說明。

　　這裡將臺灣政治衰退的問題放在東亞民主化的領域中進行檢視，主要出於以下幾個方面的考慮：一、這些國家的民主化進程與臺灣的民主化進程在時間上大致相仿，模式上也有一定的相似性；二、這些東亞國家同處於儒家文化圈，與臺灣地區有著較為一致的文化背景。一般認為，儒家文化圈主要包括中國、日本、朝鮮、越南、韓國和新加坡等國。在歷史上，以儒家思想為代表的中華文明在世界文化中的領先地位曾保持若干世紀，並因其先進性及普適性，在東亞及東南亞逐步形成了以儒家文化為核心的「儒家文化圈」。儒家文化作為「輻射文化」不斷傳播，產生了廣泛而深遠的影響。[2]在儒家文化圈的國家和地區中，經歷了西方學者所說「民主化」過程的主要是日本和韓國兩個國家，以及中國的臺灣地區，新加坡則是一個較為特殊的例子，被認為是威權統治為主導的政治形態。[3]本書選擇用來與臺灣地區的政治衰退進行比較的個案主要是日本和韓國。從比較政治的角度，討論政治衰退在這兩個國家的基本樣態，並與臺灣地區的政治衰退現象進行比較，對於理解臺灣政治衰退所隱含的理論意涵應該是較有助益的。

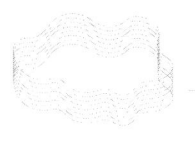

4.1 東亞領域中的政治衰退問題

在長達半個多世紀的政治變遷過程中，日本和韓國的政治制度不斷完善，實現了為西方所稱道的政治民主化轉型。上述國家和地區在民主化過程中實現的政治發展是毋庸諱言的，但是同時也產生了一定程度的政治衰退，這一問題大致來說可以從以下幾個方面展開分析。

4.1.1 政治腐敗

戰後政治變遷的過程中，日本和韓國的政治腐敗問題逐步浮現出來。自1955年以後，日本長期由自民黨一黨執政，形成了「一黨獨大體制」（也稱為「一黨優位體制」）。[4]在自民黨長期執政的過程中，日本社會形成了政治人物、政府官員、企業界相互勾結的「鐵三角」利益交換模式，貪腐事件屢見不鮮，自民黨高層涉入政治腐敗的案件所在多是。1970年代發生的「洛克希德事件」，是較早被揭露出的政治腐敗案件。當時的首相田中角榮透過政治操作，促成全日空公司購買美國洛克希德公司的客機。田中因此得到了5億日元的酬謝，數額之大，已屬空前。此事被媒體曝光後，在日本社會引起震動，田中鋃鐺入獄，開創了前首相和自民黨總裁被關進監獄的先例。不過，比較而言，「洛克希德事件」還是牽涉面比較小的政治腐敗案件。1988年發生的「利庫路特股票醜聞」涉及的政治人物更多，影響也更壞。利庫路特是日本的一家公司，為了經營良好的政商關係，尋求政治人物的支持，在公司運作時取得行政當局提供的便利和爭取制定對自己有利的政策，該公司對日本政壇的諸多政治人物進行了大面積收買。該公司採用的辦法是，將即將上市的股票以很低的價格出售給可能對自己「有用」的政治人物和政府官員。包括兩位前首相在內的諸多黨政高層均捲入了這場弊案。這個案件震驚了日本社會。「利庫路特股票醜聞」案尚在審理中，1992年媒體又爆出「佐川案」，涉案資金更多，影響也更惡劣。[5]這些層出不窮的弊案加重了民眾對自民黨的失望，促成了該黨在1993年的下臺。據統計，從1960年代開始到1993年自民黨下臺，日本政壇出現的比較大的醜聞和腐敗案

件不下20起。[6]自80年代中期以來，日本歷屆內閣都將「政治改革」和「清廉政治」作為最重要的訴求，但是政治腐敗現象卻難以遏止。進入21世紀以來，日本的政治腐敗問題仍難稱好轉，安倍內閣（第一任期）、麻生內閣都有閣員落入政治獻金醜聞的泥淖。

韓國民主化過程中，政治腐敗是一個長期存在的痼疾，困擾著韓國的政治發展。有學者認為，韓國的民主轉型其實是從1988年開始的，即從盧泰愚當選為總統開始，也就是韓國的第六共和國時期。[7]但是韓國無論是在此前的威權時期，還是後面的民主時期，政治腐敗均是一個棘手的問題。60年代和70年代執掌韓國政局的朴正熙說，因為對政府機構和政府官員監督的缺失，國家公器成為個人尋租和謀取私利的工具，整個機構的制度化腐敗因此產生，並因而導致了國家的病態。這種制度性缺失引發了嚴重後果，「因為缺乏監督和對腐敗遏止的無力，現有機制事實上成為化育貪腐和滋生腐敗的溫床。這種局面導致了劣幣驅逐良幣的結果，使相對清廉的官員根本無法在官僚系統中生存下去。」[8]儘管朴正熙自己保持著清廉，並且進行了反腐敗努力，但是這種努力卻只是建立在他個人的自我道德約束之上，自然成效有限。在朴正熙當政的近20年時間裡，韓國一直無法對腐敗行為形成強大的制度性制約。1979年朴正熙被槍殺後，全斗煥上臺，政治腐敗呈一發而不可收之勢。全斗煥的親屬利用其權勢，透過貪汙等手段，獲得經濟利益之巨大，令人瞠目結舌。相關資料披露，全斗煥的弟弟全敬煥七年間貪汙多達78億元（韓幣），而在全斗煥執政期間其親屬涉嫌貪汙者多達450人。[9]盧泰愚上臺後，韓國政治腐敗盛行的局面並沒有多少好轉。1993年金泳三上臺後，開始全面推進反腐倡廉的工作，加大了對政治腐敗的整肅力度。但是事實已經證明，在短期內較為徹底地整肅政治腐敗的難度很大。金泳三一直堅持反對政治腐敗，但是金泳三自身政權卻在政治腐敗的侵蝕下陷入了危機。金泳三政權的國防部長李養鎬、保健部長李聖潔先後因為政治腐敗問題而被迫下臺。金泳三執政時期的「韓寶集團行賄案」更是掀起了政壇風暴，金泳三政權的多名高官捲入這個弊案，甚至包括他的兒子。金大中統治時期，行政當局接受了市民團體「防止腐敗法立法請願」的要求，設立了「反腐敗委員會」，以加強監督，加大對腐敗的打擊力度。但遺憾的是，金大中的家屬和親信卻透過各種方式接受

臺灣民主化與政治變遷：政治衰退理論的觀點

大量賄賂，腐敗程度與前任政權相差無幾。[10]盧武鉉上臺後也一直堅持打擊政治腐敗，但是效果並不顯著。2008年盧武鉉卸任總統，此後不久就被親友收受財界賄賂的醜聞所困擾，2009年5月23日在羞憤之中墜崖自殺身亡。

日本和韓國在民主化過程中均做出了遏止政治腐敗的努力。日本經過長期實踐，構建了細緻周密的懲治腐敗的法律體系，在刑法典和其他部門法中對懲罰政治腐敗進行了詳細規定。此外，日本嚴密的制度設計，包括公務員制度、審計制度、官員財產申報制度、政治獻金管理制度等，都對遏止政治腐敗產生了一定的積極效果。但是這些措施對公務員的約束較為有效，對政務官的約束作用相對來說較不明顯。日本的政治腐敗呈現出這樣的特點：作為事務官的公務員利用個人職務進行腐敗的情況較少，而圍繞著選舉發生在政治人物身上的政治腐敗比較多。韓國在民主化過程中，針對政治腐敗也頒布了不少法律，1981年12月31日頒布了《公職人員倫理法》、1996年底公布的《公共機關訊息公開法》、2001年頒布《腐敗防止法》，2003年2月公布《公務員保持清廉行動綱領》，該綱領的主要目的是保證公務員公正地執行任務，營造健康的公務員風氣。2008年通過《防止腐敗和成立國民權益委員會相關法律》，加大了反政治腐敗的力度。這些措施在一定程度上阻遏了政治腐敗的惡化，但是要想較為徹底地整治政治腐敗，顯然還是任重道遠。

4.1.2 權力集中

與臺灣地區相比，日本與韓國在權力集中方面的表現各有不同。日本是比較典型的內閣制國家，按照《日本國憲法》和《內閣法》的規定，日本內政、外交的政策立案及實施權在內閣及其領導下的行政機構，其最高決策者是首相。從政治制度安排上說，內閣制的制度安排比總統制更有條件實現權力的集中，內閣領袖在行使權力時受到議會的牽制更少，特別是執政黨在議會占絕對多數的時候。但是，首相實際上的決策權受到執政黨內部權力之爭和黨外諸因素的牽制，歷屆首相運用權力的實際情況並不相同。日本戰後歷史上，田中角榮和中曾根康弘等人表現得相對強勢，但是竹下登等人則表現得相對弱勢。對於日本首相的權力及

其行使情況，日本政界的認知也不相同。前副首相後藤田正晴認為，在日本，首相的實際權限並不是嚴格依據法律來規定的，而是和領導人個人的素質和掌握的政治資源情況有關。一般而言，強勢的領導人在行使權力時會表現得相對強勢一些，而弱勢的領導人在行使權力時會表現得相對弱勢。前首相宮澤喜一看法則不一樣，他認為，日本的民主制度相對比較成熟，制度運行平穩，所以首相並沒有多少自由發揮的空間，不管誰來當首相，都不可能跳出制度的框架。其實後藤田正晴和宮澤喜一所說的並不是同一個問題，前者是指權力運行層面而言，後者是指制度層面而言，兩者都沒有錯。戰後日本的政治決策過程總體上表現出重視「由下而上」的程序和決策層成員「全體一致同意」的特徵。不過，在全球化和經濟競爭日益激烈的今天，日本也一直力圖改變首相行政決策能力不強的局面。日本最高層的政治改革目標之一，就是改變「政出於官僚部門」的「由下而上」的決策模式，引進「政出於首相及其官邸」的「自上而下」決策模式，其重要措舉就是加強首相官邸及其內閣官房的權限。這一傾向在橋本首相時期初現端倪，[11] 到小泉時期得到了大力強化。小泉出任首相以後，沒有改變任何法律，卻不斷增大了他本人和首相官邸的實際權限，加深了官僚機構在決策過程中的邊緣化程度。[12] 由此可見，日本的政治變遷過程中，政治集權表現出「整體集權」的特徵，政治領袖個人集權的情況較不明顯。所以威亞爾達說，「儘管日本憲法、議會和政黨制度看似是自由民主的，但是事實上在很多方面，它仍然是獨裁、統制而又不自由的，並且只對一小部分有庇護關係的政客開放。」[13] 顯然這不是描繪日本首相行使權力的圖像，而是針對日本這種集體性集權的現象而言的。這種情況的出現，與日本政壇的複雜派閥結構及政治文化心理有較大關聯。當然，現實的低度集權與集權可能性之間並不能畫等號，小泉上臺後不改變任何法律就可以擴大首相的權限就是證明。

　　韓國的權力集中是另外一種景象。韓國是總統制，總統是選民選舉出來的行政首長，所以集權的合法性基礎比日本首相強得多。韓國民主化過程中，以總統為首的行政機構地位遠遠高於議會和政黨，政黨主要是以黨首為中心進行活動，而不是以政治信仰和政治爭論為中心。韓國政治中的總統集權特徵與該國自1945年以來的歷史變遷軌跡有關。在第一部憲法草擬其間，韓國就有內閣制與

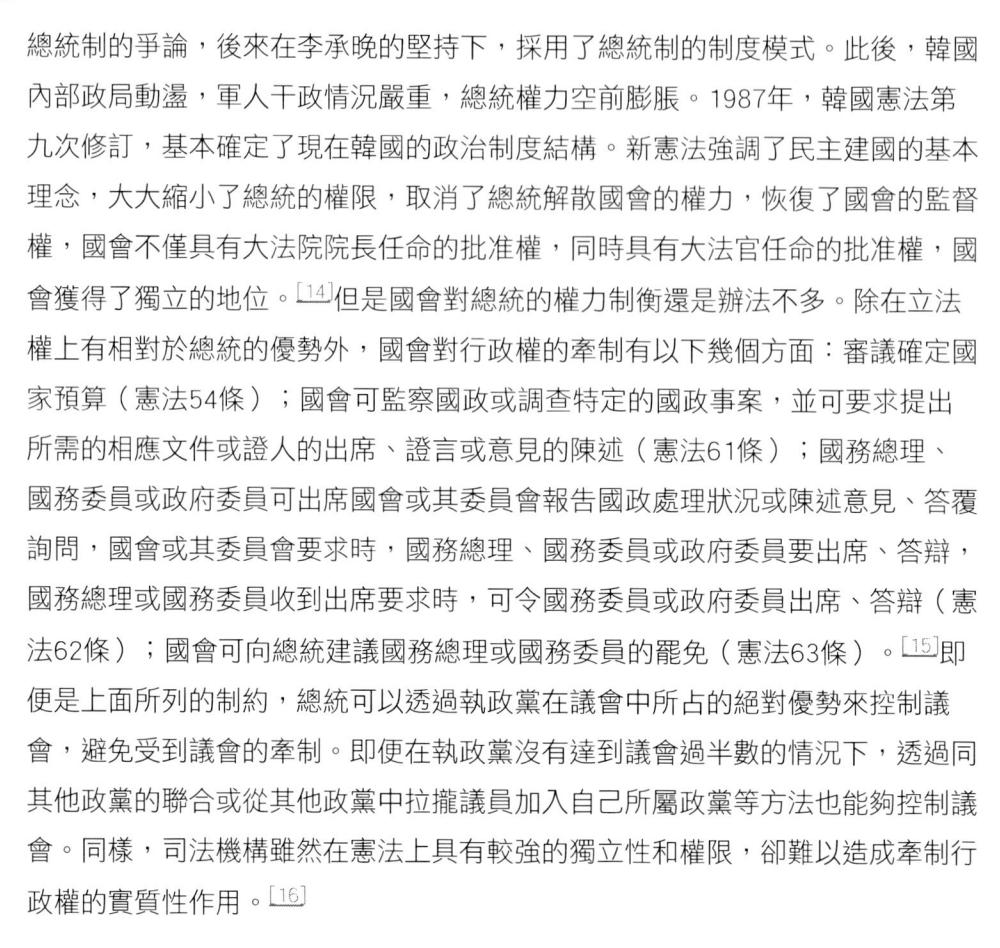

總統制的爭論，後來在李承晚的堅持下，採用了總統制的制度模式。此後，韓國內部政局動盪，軍人干政情況嚴重，總統權力空前膨脹。1987年，韓國憲法第九次修訂，基本確定了現在韓國的政治制度結構。新憲法強調了民主建國的基本理念，大大縮小了總統的權限，取消了總統解散國會的權力，恢復了國會的監督權，國會不僅具有大法院院長任命的批准權，同時具有大法官任命的批准權，國會獲得了獨立的地位。[14]但是國會對總統的權力制衡還是辦法不多。除在立法權上有相對於總統的優勢外，國會對行政權的牽制有以下幾個方面：審議確定國家預算（憲法54條）；國會可監察國政或調查特定的國政事案，並可要求提出所需的相應文件或證人的出席、證言或意見的陳述（憲法61條）；國務總理、國務委員或政府委員可出席國會或其委員會報告國政處理狀況或陳述意見、答覆詢問，國會或其委員會要求時，國務總理、國務委員或政府委員要出席、答辯，國務總理或國務委員收到出席要求時，可令國務委員或政府委員出席、答辯（憲法62條）；國會可向總統建議國務總理或國務委員的罷免（憲法63條）。[15]即便是上面所列的制約，總統可以透過執政黨在議會中所占的絕對優勢來控制議會，避免受到議會的牽制。即便在執政黨沒有達到議會過半數的情況下，透過同其他政黨的聯合或從其他政黨中拉攏議員加入自己所屬政黨等方法也能夠控制議會。同樣，司法機構雖然在憲法上具有較強的獨立性和權限，卻難以造成牽制行政權的實質性作用。[16]

　　日本、韓國和臺灣地區政治集權情況的差別在一定程度上可以歸因為政治體制的不同。日本是內閣制，是一種「集體集權」的制度設計，其集權程度主要受到議會中各個政黨的力量對比情況的影響。在這種制度下，首相不是民選產生，所以首相的集權沒有直接民意基礎，因而首相的行政權力可以得到一定程度的控制。韓國和臺灣地區則是總統制的設計，總統集權有直接合法性基礎。民主化過程又將集權的權力分布結構制度化了。這也許正應驗了林茲的判斷，他認為從制度的角度來說，議會制比總統制更加有利於權力的制衡。[17]也正因為如此，臺灣和韓國一直有推行議會內閣制的呼聲。

4.1.3 族群衝突

日本在民主化過程中基本沒有出現大範圍的族群問題，這與日本的社會性質有關。日本是同質性較強、社會分裂程度低的社會。有的學者因此將日本歸類為非多元社會。一般而言，多元社會容易產生政治分裂，在多元或極度分化的社會中，實行多數決原則的結果不是民主，而是多數專政和國內紛爭。[18]在日本，雖然有政治立場的左右之分，但是這些並不構成族群區隔的身分邊界。

韓國在民主化過程中的族群衝突表現得比較明顯，族群的邊界是以地域為特徵劃定的，地區衝突被列為「政治病」的重要表徵之一。[19]韓國的地區衝突由來已久，嶺南地區（慶尚地區）和湖南地區（忠清、全羅地區）之間的對立尤其典型。由於歷史原因、地理位置等各個方面因素的影響，這兩個地區的發展程度有所差別，但是在1960年代以前兩個地區的政治對立並不顯著。隨著臺灣民主化的展開和選舉的推進，地區之間的區隔卻越來越明顯。導致這種區隔明顯化的原因主要有三個方面：一、現實政治權力分配中累積起來的地域區隔情結。例如，在政府高層人事方面，朴正熙和全斗煥當權時期，朴正熙和全斗煥都來自嶺南地區，政府官僚便多來自嶺南，湖南地區的利益遭到忽視並引發了不滿，地區感情對立逐漸加劇。二、威權主義統治下形成的較為強力的社會統合模式，使地區對立基本沒有惡化的空間。民主化展開之前，韓國政府在基層設立各種強制各地人民結合的程度樞紐，如官常會、工作場所防禦隊和鄉土預備軍等，可以保持對社會的嚴密控制，從客觀上壓縮了地區對立問題擴大的空間。[20]隨著民主化的推進，這套社會統合工具要嘛是消失了，要嘛是失去了原有的功能，政治系統壓制地區對立釋放的能力減弱。同時競爭性選舉下政客又不斷操弄地區對立的議題，將地域身分作為爭取選票的重要手段，使地區區隔日益明顯。這些均成為推動地區區隔鴻溝逐步擴大的原因。三、在民主化的過程中，地域情感的動員成為政治人物最為省力的動員工具，從而導致了地域衝突的顯性化與強化。

1987年和1988年的兩次選舉中，地域動員表現得最為明顯。1987年選舉中，兩位嶺南籍的總統候選人（盧泰愚和金泳三）在嶺南地區獲得了92%的選票，而湖南籍的候選人金大中則取得了湖南地區89%的選票。1988年的國會選舉中，盧泰愚領導的民主正義黨和金泳三領導的統一民主黨取得了嶺南地區66個席位中的63個，金大中領導的和平民主黨取得了湖南地區37個席位中的36

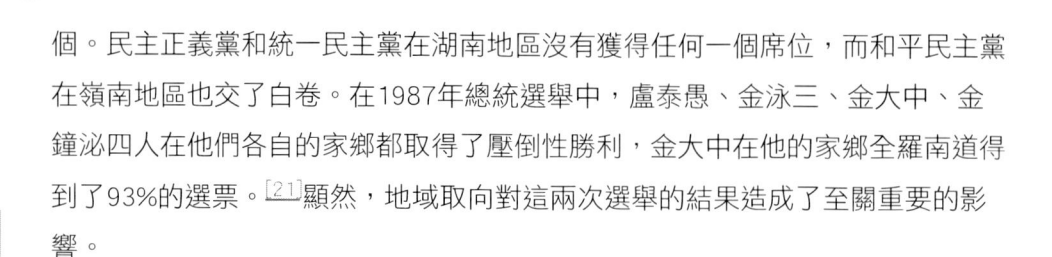

個。民主正義黨和統一民主黨在湖南地區沒有獲得任何一個席位,而和平民主黨在嶺南地區也交了白卷。在1987年總統選舉中,盧泰愚、金泳三、金大中、金鐘泌四人在他們各自的家鄉都取得了壓倒性勝利,金大中在他的家鄉全羅南道得到了93%的選票。[21]顯然,地域取向對這兩次選舉的結果造成了至關重要的影響。

韓國地域衝突的存在對政黨政治的格局產生了重大影響,概括起來有以下數端:一、政黨的去政策化。在選舉動員過程中,政黨的地域特徵對政黨獲取選票有重大影響,也就意味著政黨的動員並不一定主要以政策取向為中心展開。在這種情況下,政黨會極力宣揚自己的地域身分特徵,相應地,政黨的理念性會變得較差。二、政黨的私有化。在地域認同顯著的地區,政黨的存在和發展顯然與政黨領袖的個人關係網路密切相關,所以領袖個人的作用對政黨的凝聚功能會被強化。三、政黨體制的碎片化。一個政黨或者政治人物在自己的戶籍地之外難以取得大量支持,導致的結果就是政黨數量眾多,卻難以形成全國性的政黨。四、政黨分合常態化。在韓國政壇上,政黨的解散與重組是經常的事情。有統計顯示,與韓國的政權交替相伴隨的就是政黨的解散或改組,因此無論是在野還是在朝,韓國的政黨大都短命,沒有任何一個政黨存在超過20年。[22]以上情況與臺灣相比有較大的不同,臺灣地區的政黨發展走向了另外一個方向,即在政黨的發展過程中出現私有化的情況較少。特別是民進黨,基本上不可能成為某個政治人物的私產。在該黨歷史上有影響力的政治人物脫黨參選者眾,卻鮮有成功者,政黨在這裡顯然是超越個人的。這種區別主要是因為韓國和臺灣政黨的性質有所差異,韓國政黨政治動員的基礎是地域性區隔,而臺灣的政黨政治則夾雜著族群區隔與統「獨」區隔等因素,帶有意識形態的特徵,所以政黨相對穩定。

4.1.4 「恩庇—侍從」體制以及「金權政治」

與臺灣地區相似的是,日本與韓國在民主化過程中的「恩庇—侍從」體制得到了保留並以新的形式發展起來。李路曲認為,在東亞社會中,庇護制廣泛存在。在臺灣地區、越南、韓國等社會中,一個人要想在政治上、經濟上或社會地

位上高升或保全自己,就不能不進入一定的庇護網路。[23]韓國以地域區隔為重要特徵的政黨政治生態本身就是「恩庇—侍從」體制的溫床。政黨的發展,甚至興衰存亡,不是因為該政黨能夠代表一定階層的利益和提出某種政策訴求,而是以有魅力的強勢領導人為核心,隨領導人的變動發生變化。[24]在這種情況下,庇護關係對政黨的存在和發展就非常重要,政治領袖透過選舉為自己的受庇護者提供政治資源,而受庇護者則透過政治忠誠進行回報。在韓國,這種「恩庇—侍從」體制非常普遍。韓國國會議員有許多人就將透過組織以個人為中心的社會組織作為拓展和鞏固政治版圖的重要手段。韓國有許多以國會議員為中心組織起來的「私組織」,諸如聯誼會、宗親會、校友會、登山俱樂部等娛樂團體,都可能成為「私組織」的具體形式。這些「私組織」從國會議員那裡獲得經費,受議員的指導,中心任務就是增強和拓展彼此之間的友誼,強化彼此之間的聯繫與利益聯結。選舉時這些組織就成為強大的競選部隊,他們利用自己的人際關係網路,配合議員所屬的政黨組織,為議員爭取選票。[25]層層交織的恩庇關係形成了韓國政治系統中獨特的複雜網路。

　　日本政治變遷過程中,派閥政治是一個重要特徵。所謂「派閥」是指在某一個集團內部形成的非正式小集團。這些小集團形成的基礎是它們在思想、出身、利益、好憎、對特定人物的忠誠心等方面的共同點,它們會透過連續性的共同行為,試圖發揮該集團的影響力。[26]在日本長期執政的自民黨就是派閥的聯合。派閥屬於非正式組織,成員不固定,規模也不相同。但是派閥不管大小,每個派閥都有一套完整的組織機構,平時活動非常頻繁。派閥的主要成員為黨籍內閣成員、國會議員和黨的核心幹部等,屬於政黨中的活躍分子和核心力量。王振鎖認為,派閥主要具有以下幾個方面的功能:一、對政治人物來說,成為派閥成員是被某一政治集團和恩庇者認可的標誌,對未來的發展是非常有利的。而對派閥本身來說,可以透過派閥成員的擴充促進世代更替,使派閥保持活力和競爭力。這是一個雙向選擇的過程,政治人物和派閥只要能夠「情投意合」,就可以達到政治人物加入派閥的目標。二、派閥是政治資源收集和分配的主要單位。這裡的政治資源既包括政治資金,也包括政治職位。派閥領袖透過籌集資金,保證派閥的正常運作,而政治人物則在派閥的支持下拓展政治空間,擴大派閥的影響力。同

時，派閥也成為政治職務分配的一個重要節點。派閥透過整體的努力爭取政治職位，在派閥內部進行分配。從這兩個意義上說，派系其實是活躍於政黨內部的政治次級團體。三、派閥成員透過參與行政事務的管理，增加政治歷練，為未來的政治發展鋪路。[27]在地方層次上，日本議員透過大量的後援會進行政治動員。後援會的存在已經成為日本選舉政治中的一大特色，成為所有級別的議員及行政首長在選舉中獲勝不可或缺的手段。正是由於「恩庇—侍從」色彩濃厚的後援會存在，日本很多縣和國會議員可以子承父業，他們每個人都可以發展出自己忠實的追隨者，家族政治的情況比較嚴重。

「恩庇—侍從」體制的存在使「金權政治」不可避免。日本的國會議員選舉費用動輒上億（日元），這樣的負擔純粹由個人承擔是很難想像的。所以，現任的國會議員不得不投身於派閥，借助派閥的勢力，依靠派閥的經濟資助。作為派閥的掌門人，如何大量籌措選舉資金，也就成了該派閥能否生存的關鍵。於是派閥政治成為政治與金錢聯結的紐帶，工商界每年都為政治人物提供大量的政治獻金，這些資金有部分是合法的，但是有相當部分是不合法的。雖然日本財界一直試圖將提供政治資金的渠道統一起來，卻始終無法阻止大企業私下向自民黨內部各派閥乃至政治家本人提供政治資金的做法，因為這種政治資金的「投資」回報率更高、更有效。[28]韓國的情況也大致相仿。選舉和維持「私組織」均需要大量的金錢，於是財閥與政黨之間的勾結就不可規避。財閥利用各個政黨和政治人物對政治資金的渴求，適時出手，經過討價還價，收買那些急需金錢發展政治勢力的政治人物。透過提供大量政治資金的方式，這些財閥經營起了良好的政商關係。這為他們獲得政策上的便利提供了空間，也為未來的發展鋪平了道路。[29]無論是臺灣地區還是日本、韓國，「金權政治」都是政治腐敗的一種重要表現形式，成為政治發展的阻礙。

4.1.5 「政治無能」與信任危機

政治無能是一個相對的概念，在民主化過程中，是否出現了政治無能取決於兩個方面的因素：一、行政當局處理危機和統合、駕馭各種政治勢力的能力；

二、民眾對政治系統功能實現情況的認知。就前者來說，無論是政黨還是政治領袖，他們上臺都背負著民眾的期望，這些期望可能是理性的，也可能是非理性的。所以，處理問題、協調各種關係及處理政治資源分配過程中矛盾的能力就成為該政黨和政治領袖能否兌現選舉承諾、滿足民眾期望的重要考量標準。以是觀之，政治無能的內涵裡面，既有客觀的層面，如政治人物和政黨處理問題的能力低下等，也有主觀的層面，如媒體宣傳導致的民眾對政治人物負面評價的增加等。簡言之，政治無能的評價標準在很多情況下是多元的，相當大程度上是選民風評的結果，並不一定是以政黨和政治人物的施政能力為標準。

政治無能極易引發民眾對執政者的信任危機。民眾信任危機可能形成對執政當局的鞭策，加強決策者解決問題的動力和緊迫感。但是在很多情況下，信任危機更傾向於迫使執政當局追求政策的短期效果，以求消除民眾的不滿。同時，因為當政者在施政時必須考慮到選民的反應，決策時瞻前顧後、首鼠兩端的情況經常出現，決策遷延、執行不力、政策的短期化傾向在所難免。

在日本戰後民主化過程中，民眾信任危機導致了內閣更迭頻繁。自從1955年體制確立以來，日本歷史上只有四任首相的任期超過了四年，即池田勇人、佐藤榮作、中曾根康弘和小泉純一郎。而這四任首相的任期在相當程度上都與經濟的振興有關。池田和佐藤創造了日本戰後最長的經濟高度成長，中曾根是因為泡沫經濟保住了任期，小泉則是依靠經濟的結構性改革，推動了經濟發展。小泉下臺以後，安倍晉三和福田康夫都在上臺後不久被迫下臺。安倍是因為政治醜聞纏身，福田則是因為碰到國際經濟形勢惡化，國際油價與糧價的不斷飆升導致日本的生產生活成本上漲，帶來通貨膨脹壓力。加上美元持續貶值，使日本出口大受影響，而福田又沒有辦法解決這些問題，所以支持率一再降低，最終導致了他的下臺。

民眾信任危機對韓國政治的影響也是明顯的。盧武鉉和李明博兩位總統在上臺後都遭遇了同樣的困境：雖然他們都是在選舉中高票當選，但是不久以後，民眾的態度逆轉，政府的支持率一降再降，行政當局面臨著嚴重的信任危機。2009年4月李明博訪問美國時承諾逐步放寬對美國牛肉的進口限制，激起了國內

的強烈反彈，自5月2日起，出現了多達百萬人的遊行示威活動。在這種情況下，經濟議題與政治議題已經難以分得清楚了。

　　臺灣地區也是同樣景象。2008年馬英九高票當選，但是在經歷了「八八風災」和「美國牛肉」事件以後，支持度也跌到了谷底。「缺乏行政能力」已經成為臺灣民眾對馬英九的一個刻板認知，即馬英九是「好人＋笨蛋」類型的領導人。馬英九「八八風災」中的救災不力，被泛綠陣營攻擊為「走了一個要錢的，來了一個要命的。」這種政治認知已經對馬英九的政治形象造成了非常負面的影響。同時臺灣藍綠對立政治生態導致的政治民粹化傾向又使行政官僚的無力感不斷加劇，行政怠惰的行為日益增多。因為要討好選民，該執行的政策不能執行，如公務員薪資的調漲問題。臺灣當局由於不敢擴大稅收，財政赤字不斷擴大，所以在物價普漲的情況下，薪資卻無法上調，從而導致人才出走、景氣難復。隨著民主化進程的推進，這種民粹主義會不斷制度化，對政治無能的長期影響也將會逐步顯現出來。產生這種政治無能的原因是結構性和制度性的，並不是哪一個政黨和政治人物的問題。現在馬英九是這樣，改天換了民進黨重新執政，還是這樣。在臺下的時候可以罵別人政治無能，但是到自己坐到那個位子上，能耐也未必能比當初被罵者高明多少。

4.2 政治衰退的發生學解釋

　　比較可知，日本、韓國、臺灣地區的民主化雖然有其獨特性，但是卻也在一定程度上表現出了一致性。諸如「恩庇—侍從」體制的延續、政治腐敗、族群對立、權力集中、政治無能等，均表現出了若干相似的特徵。於是，一個不得不追問的問題就是：為何出現這種情況？這些國家和地區民主化過程中出現的政治衰退基本樣態及其演進路徑是不是有一定規律可循？[30]本部分試圖透過對上述國家與地區政治衰退形成過程及基本樣態的探討，對臺灣地區民主化過程中的政治衰退問題進行若干說明。

東亞國家和地區出現了相似樣態的政治衰退並不意味著這些現象是這些國家和地區特有的。事實上，在所有民主化國家和地區，都有可能出現這些現象，理查德・羅斯（Richard Rose）將這種現象稱為「不完整的民主」。羅斯指出，上個世紀世界上的政治變遷顯示，政治民主化的轉型之路是異常艱難和曲折的。這一轉型不可能在短期內完成，轉型失敗的風險也非常大。轉型意味著原有體制的瓦解和新體制的建立，但是許多國家和地區都在新體制的建立過程中出現了問題。也就是說，在舊的體制解體以後，新的、符合價值期待的新政治體制卻遲遲無法建立起來，這個過程中可能出現政治發展的停滯，甚至出現政治衰退，這就是「不完整的民主」。不完整的民主要成為完善的民主政治，需要一系列條件催化。所以，從邏輯上說，原有體制解體後，不見得會建立起可以順暢運作的理想民主制度。當然，在現代社會，由於政治變遷的不可逆性，也不大可能再回到原來的體制。於是這個國家或地區可能維持一種「半吊子民主」的狀態：既存在選舉等民主形式，又缺少法治、健全公民社會、政府問責制等現代政治必須的成分。[31]這裡提示出的意涵是，在民主化過程中，政治衰退是普遍的，同時，不同地區和政治系統的政治衰退特徵又表現出一定的個別性。如果要研究政治衰退，就不能單純關注其普遍性特徵，而是同時必須將焦點集中在政治衰退的個別性特徵上面。從普遍性特徵來看，政治衰退的表徵可能是一樣的，如政治腐敗、社會對立、共識缺乏等等，但是從個別性特徵來看，同樣一種政治衰退現象可能有不同的發生與發展軌跡。[32]故而從發生學的角度討論政治衰退問題，其基本面貌會更加清晰。

　　從發生學的視角來看，民主化過程中出現的政治衰退有兩種形成模式：一、西方民主制度所具有的政治衰退因素在新的情境下以新的形式表現出來。這種衰退帶有一般性特徵，只要採行西方民主制度，就會出現這方面的問題。例如，由於選舉動員而造成的社會對立，因為選舉需要而產生的大量政治獻金的需求等。這些因素在西方社會的語境下大多數都可以得到有效控制，但在東方社會的語境中，卻有可能導致嚴重的政治衰退。這種政治衰退可以稱為原生型的政治衰退。二、傳統政治運行模式在民主化過程中與西方政治制度的碰撞與妥協。經過相互影響的過程，傳統政治運行模式也獲得了新的存在方式。例如，以人情為中心組

織政治生活,這在傳統儒家社會曾經是主流的政治運作模式,但是卻為西方民主制度所排斥,成為政治衰退的重要表現。但是,在東亞國家和地區中,西方民主制度的推行卻無法立即改變民眾的行為模式,也無法消除傳統文化和價值觀念的影響。簡言之,非西方國家和地區在政治制度結構上雖然採用了西方政治制度,但是傳統政治行為模式依舊廣泛存在,傳統政治文化心理依然強勢。不過,由於傳統政治結構與行為習慣已經失去了其發揮作用的原有制度基礎,所以適應新的制度框架,並力求在其中尋求新的生存方式。於是,在現代社會中,傳統政治因素與西方政治制度的衝突成為政治衰退的一個重要來源。這種政治衰退可以稱為繼發型的政治衰退。如東亞社會政治生活中的庇護關係普遍存在、家族關係和情感動員發達、選舉投票中去個人化傾向明顯等。這兩個方面的政治衰退均具有原生型和繼發型相結合的特點,既有對西方民主制度和傳統政治運行模式所具有政治衰退面向的繼承,同時更體現了民主化過程中西方制度移入地的政治傳統與西方民主制度的碰撞與妥協。

4.2.1 東亞文化傳統對政治衰退的影響

本書在討論文化傳統對政治衰退的影響時就已經預設了兩個前提:一、文化背景與民主化過程中的政治衰退是有關聯的;二、擁有同質性文化的不同地區政治衰退相似程度更高。[33]日本、韓國和臺灣地區民主化過程中出現的相似政治衰退現象,在一定程度上與其相似的文化背景有關。

一般而言,特定的文化形態決定了人群的基本生活方式和社會組織方式,也決定了社會的觀念結構、基本行為模式和社會統合模式。文化的影響是長期的和穩定的,對於政治行為的影響尤其如此。同質性的文化基本上決定了同質性的觀念形態和政治行為模式。例如,在東亞社會,社會信任在社會和政治生活中特別重要。社會信任主要是以社會關係網路和親屬紐帶為基礎建立起來的。這些網路和紐帶並沒有因為工業化和民主化而中斷,反而在新的條件下以新的形式表現出來。所以,在東亞社會,對教育的尊重,社會對個人信任而不是對契約或法律為基礎的關係的偏愛,採取主動的、強有力的政府,都是從過去一直延伸過來的,

在儒教亞洲更是如此。[34]因為如此，在政治變遷過程中，文化往往以最為深層的因素影響著政治變遷的基本方向，決定了政治變遷的基本形態。

民主化過程意味著不同文化的交流、匯集與碰撞，我們在論述文化傳統對政治變遷的影響時，就已經預設了文化共存、交匯與碰撞這一前提假設。因為文化交匯與碰撞是一個相互作用的過程，所以在討論這個問題時，文化基線就成為分析的起點。殷海光先生認為，任何一種文化與另外任何一種文化接觸時，它不可能站在文化基線的零點上。無論如何，它不可能不站在它與該另一文化接觸以前自己既有文化的累積上。這一既有的文化累積，也就是它與該另一文化接觸時的文化基線。[35]文化基線對政治變遷產生的影響既深且巨。在相當長的時期內，特別是在民主化的初期，文化基線是非常清晰的，對外來文化的抵抗也是頑強的。隨著民主化的推展，文化基線會變得較為模糊，文化傳統會在與西方民主制度文化妥協的基礎上演變出新的文化形態。但是即使是這樣，文化傳統依然會以新的形式對政治變遷產生長期影響。

在日本、韓國和臺灣地區，文化基線對民主化的影響是非常顯著的。包括這些地區的東亞社會是較為公認的儒家社會。在這些社會的文化傳統中，「家」是社會秩序的開始。有學者指出，除了家庭是傳統農業社會最重要的單位之外，還因為由這裡開始建構社會秩序最不吃力，最容易讓人產生自願順從之情。在傳統農業社會中，整個社會差不多就是擴大了的家庭。[36]以家庭為中心建構起來的政治結構形成了這些傳統社會的政治倫理與社會倫理基礎，「自古以來，家是社會結構的單元，也是政治組織的基礎，」家族也因此成為儒家（中國）傳統文化的堡壘。[37]從某一時間點上的文化基線展開分析，一定的文化決定了政治行為的主要特徵。只要是在同一文化下進行的行為，在這些行為的背後，以及它們彼此之間，是有一種規則結構的脈絡可尋的。[38]大致來說，在儒家社會中，衍生出了重視人情、以血緣和擬血緣關係組織社會政治活動等文化特徵。

東亞文化中的人情取向對政治變遷的影響在選民表達政治傾向的時候表現得最為鮮明。[39]在日本，參加政黨後援會的選民中，有相當部分是出於情感認同。日本「明正選舉推進協會眾議院選舉調查」就「選民加入後援會的理由是什

麼？」的問題，從1976年到1990年期間做了跟蹤調查。調查共列舉了四條理由：一、喜歡候選人的人品和主張。二、基於各種人情和親情關係。三、出於事業和職業上的關係。四、其他理由。調查結果顯示，民眾選擇後援會時，人品主張、親緣關係和職業上的理由大約各占30%左右，不同年份這三者所占比率略有不同，上下有所浮動，但是「三分天下」的局面沒有太大變化。[40]也就是說，在日本，不管候選人的政策如何，大概會有三成左右選民因為親緣關係成為候選人的「鐵票」。在韓國，文化的影響以另一種面貌表現出來，候選人所出身的選區多會支持該候選人。在表面上來看，這種情況是政治資源分配不均衡的結果，即某一地區的民眾對其他地區的領導人能否公平分配政治資源表示懷疑。但是實質情況可能未必如此。對於領導人來說，弭平地區間的不平等和不平衡，為落後地區民眾造福，也是其職責所在，更是取得道義支持的重要途徑。領導者為了取得自己家鄉之外的民眾支持，也會採取一些相應的措施實現資源分配的平衡。但是地域性問題的長期存在本身就說明利用資源分配去獲取自己家鄉以外民眾支持有很大的難度。這個問題見之於臺灣，則是所謂「全民總統」根本不可為。對執政黨來說，政治資源分配向政治對手傾斜未必能爭取到他們的支持，反而有喪失自己內部同志支持的危險。陳水扁和馬英九的經歷都先後說明了這一事實。

臺灣的選舉活動中，情感取向在一定程度上淹沒了政策理性。候選人透過與選民「博感情」的方式，形成了特殊的動員機制。[41]按照一般的模式，政治人物為了培養固定的支持群體，汲汲於基層人際網路的經營，這種經營模式反映了傳統社會重人情的特徵。大致說，儒家社會的人際關係網路通常建立在親族社會系統的基礎上，以親族成員為中心向四周擴散至其他的群體，形成了一個包括不同圈層的人際關係圈。對於親族以外的群體，主要以擬血緣的方式形成人際關係網路。圍繞這個人際關係網路，形成了政治人物的基本支持群體。也就是說，以親族為中心形成的關係網路，在本質上是親密的、情感的、忠誠的與合作的。這個支持群體的忠誠度一般都比較高，屬於「鐵票」群體。愈到基層，以親族關係為中心、以人情關係為紐帶組織政治生活的特徵也就越為明顯。人情是需要經營的，所以在政治人物的活動中，與選民「博感情」，爭取他們的支持就是中心任務。「博感情」的手法多種多樣，在「立法院」問政是一種方式，類似原來民進

黨某「立委」每天早晨去公園陪著選民跳舞之類的行為也可以成為一種有效方式。不管手段如何，目的是要取得選民的支持，選民的喜好決定了「搏感情」的方式。

　　當然，在人情關係的背後還是利益在驅使，但是在人情規則下，卻使這種利益交換多了一些溫情的面紗。黃光國認為，在中國人社會中，人情既指人與人進行社會交易時，用來饋贈對方的一種資源；也指中國人社會中人與人應該如何相處的社會規範，即以饋贈禮物、互相問候、拜會等方式與其關係網內的其他人保持聯繫和良好的人際關係以及受了別人的恩惠，應當時時想辦法回報的社會規範。[42] 顯然，這裡的交易是暗的、附帶的，而情感才是明的、主要的人際關係形式。這種情況下的交易強制性色彩並不濃厚。在臺灣，政治活動人情化的情況非常明顯。以政壇久為人詬病的「買票」行為為例，有研究表明，臺灣社會對買票的看法並不符合西方民主理論中的應然規範。「買票在臺灣人眼裡不是被理解成賄選，而是被理解成人情往來以及與面子有關的東西。」從這個意義上說，臺灣社會出現的買票現象和臺灣地區經濟發展水平、制度結構並不是線性相關的關係，它只是「人情」這一人類學現象在政治場域中的自然延伸而已。「是中國人社會裡風俗民情和慣有行為模式在政治競選中的表現。」[43] 也就是說，同樣是利益交換，但是在人情社會中卻和西方社會中表現形式不同，其特徵及對政治的影響也有很大差異。

　　以情感取向為主要特徵的政治行為與政策理性的訴求之間存在著本質上的緊張。一方面，在情感取向政治行為模式下，政策理性被擠壓到了不起眼的角落，在選舉中政策辯論處於一種可有可無的境地。在臺灣的選舉中，族群身分訴求在政治動員中可能比政策訴求更為有效。另一方面，在情感取向影響下，經常出現政治人物對制度的不尊重，從客觀上降低了制度對政治運作規範的約束功能。陳水扁在執政八年中所宣示的「台獨」理念和「去中國化」政策以及「一邊一國」論調，根本就是違背「中華民國憲法」的。這種以政治理念來否定並公然違背「憲法」的現象，在世界民主史上也是不多見的。但是在藍綠分裂的臺灣社會，反對黨卻無力，或不願對這些行為進行反制。故而多年以來儘管在臺灣社會中有要求政治行為回歸政策理性的呼聲，但多處於曲高和寡的境地。

情感認同一旦出現,就會透過一定的機制進行自我生產和自我強化。情感認同可以產生凝聚力相對較高的團體(group),而團體一旦形成,團體思維(groupthink)也立即產生,使得「人們在決策及思考問題時會過分追求團體的一致」。[44]這種情況會反過來對個體產生巨大壓力,迫使個體服從。團體思維可以對民眾的政治認知進行重新塑造,並逐漸透過選舉內化為新的政治理念,系統改變民眾的政治認知結構。

所以,豬口孝在談到環太平洋亞洲地區的政黨時認為,這一地區的典型政黨都是一個有廣泛包容性的組織。它的政策原則極為含糊,它的組織建設,它的運作,都是透過極其強大的個人網路來進行的。政黨的主要作用,是從根部的層次上為政府招募支持者。[45]個人網路的形成,既有情感的因素,也有「恩庇—侍從」的特徵,這種情況的出現,與東亞地區的文化傳統顯然有很強的關聯性。

4.2.2 制度移植、文化重建與政治衰退

東亞社會文化傳統對政治衰退的影響無處不在。這種影響在不同類型的社會中有不同的表現形式。從原因上說,政治變遷可以分為兩種類型:內生型政治變遷和外生型政治變遷。前者是指沒有大規模外族軍事和文化入侵的情況下,社會透過緩慢發展而實現的政治變遷。這種變遷是在自身文化基礎上發展起來的,與自身的文化基礎是相容的。後者是指在外來文化和政治衝擊的情況下實現的政治變遷。這種變遷是在文化碰撞的基礎上展開,變遷結果未必與社會自身原來的文化傳統兼容,而是要或多或少地反映外來文化的影響。非西方社會的民主化進程顯然是屬於後者。於是,非西方社會的文化傳統在民主化的過程中,與新制度和新文化的關係就較為複雜。一方面,文化傳統會對民主制度表現出一定程度的抵抗;另一方面,西方民主制度會反過來影響文化傳統,使其發生改變。

先來看文化傳統對西方民主制度的抵抗。民主化不可能脫離文化傳統的背景展開。英格爾哈特(Ronald Inglehart)說,1990年代從拉丁美洲到東歐與東亞的觀察家得出一個結論,認為在民主化過程中遭遇問題時,文化因素扮演很重要的角色,只是採行民主制度是不夠的。在文化中,信任、容忍富裕與參與的價值

觀，似乎特別重要。長期而言，不是透過改變制度或是領導階層的大力推動民主就可以輕鬆獲得，民主能否獲得並存續下去，還是得依靠一般民眾的價值觀與信仰。[46]民主化的成敗與否，與民眾對政治制度的認同有密切關係，而政治認同的改變並不一定取決於經濟發展和制度設計，而是取決於社會和個人的價值系統。

在民主化過程中，雖然受到了強烈衝擊，傳統行為模式和文化認知頑強地保持著自己的核心內涵。金耀基先生在談到臺灣的文化變遷時說，經歷了現代化的衝擊，臺灣社會已從一個強勢的家族性形態組織趨向一個非家族性形態組織。越來越多的人重視的是核心家族的關係，而不是擴展性的家族關係。應指出者，臺灣家庭結構與價值觀儘管有了重要變化，但是中國家庭的核心價值卻未喪失，幾乎有一半的年輕人都把祖先聯繫視為生命中最重要的價值之一，並且繼續做祖先崇拜的儀式。對家的忠誠依然，男女個人仍然珍重對父母和子女的關係，最可注意的是孝道觀念仍然持續存在，「男大當婚，女大當嫁」、「結婚生子」幾乎是一種普遍性的承擔，而今日的臺灣，父母為了子女未來還一樣會在教育上作巨大的投資。研究者指出，臺灣地區的「家」雖然在工業化、都市化的洗禮下已發生了劇變，但是中國「家」的特性卻依然強力地維持下來。[47]在民主化的過程中，文化傳統的形式在變化，不變的是其內涵。這種情況在日本和韓國也是如此。

在文化傳統與民主化的激盪下，東亞社會形成了與西方不同的政治觀念系統：一、由政府領導市場經濟，不僅是必要的，也是最理想的；二、雖然法律是社會穩定最起碼的條件，「構成整體所必需的團結」卻是只有透過人道的方法才能獲得，高壓政治永遠無法建立文明的模式；三、家庭是社會的基本單位，也是核心價值觀傳承的基本單位；四、公民社會在家庭之上，而在國家之下，但是其興盛並非因為是介於兩者之間的自治體，其內在優勢在於介於家庭與國家之間，有相當大的影響力；五、教育應該是社會的宗教，教育的主要目的是培養人格，學校要培養健全的人，除了智育，也要強調德育；六、家庭規範、政府管理，以及世界和平的根源是自我約束，因此社會的生活品質決定於成員的自我約束能力。[48]這些看法與西方社會普遍存在的以個人為中心的政治認知有很大差異。

所以，東亞民主化過程中的政治衰退問題，如果要追溯根源的話，還是要回到文化背景的原點上去討論。在這個意義上說，東亞國家的政治衰退是具有東亞特色的，因為基本上每一種政治衰退都可以找到自身特有的文化根源，相應地，解決這些衰退問題也只有在東亞社會的文化基礎上才能夠找到合適的藥方。

韓國前總統朴正熙對這種制度移植與文化基礎衝突導致的政治衰退現象早就有過反省：西方的民主制度「不可能連根帶土輸入進來」，在「後進的民主國家裡，過激地模仿西歐的文明制度結果會使既有的傳統社會結構急速崩潰，這難以建構具有連續性的民主國家，社會的崩潰和不能與重建步調相一致的結果，包含著各種各樣的危險和不安」。[49] 朴正熙說出了民主化對於發展中國家和地區最為凶險的關鍵所在：民主化國家和地區的制度變遷如果不能和文化等結構性變遷相協調，在相當多時候產生的是政治衰退而不是政治發展。韓國在二戰結束後確實是按照美國的三權分立原則設計政治制度，但是後來這種制度結構不斷遭到侵蝕，軍事政變與政治動盪交替出現，行政權的高度集中也成為令人頭疼的問題。

這裡牽涉到的問題還是民主制度的「本土化」問題。西方民主制度在運作中，透過自身的不斷調整以適應植入地的文化傳統，同時也透過自己的影響改造植入地的文化樣態。在這個過程中必然出現政治衰退，不過烈度不同而已。如果政治衰退沒有超出整個社會可以接受的範圍，社會還可以保持基本穩定，但是如果政治衰退的烈度超出了社會能夠承受的範圍，可能導致政治動盪甚至是政治崩潰。

所以，在上述東亞國家和地區的民主化過程中，制度移植不過是一個前奏，而不是結果。比較日本、韓國和臺灣地區的民主化進程，這些國家和地區的民主化都屬於外生型的政治變遷。日本和韓國二戰以後在美國保護之下建立了民主制度，不過不同的是美國對日本的控制更加嚴格而已。臺灣的民主制度則是臺灣光復以後直接由國民黨當局帶過去的。可以說，這些國家和地區走的是先有西方民主制度而後有民主化的道路。及至這些制度運作起來以後，事實證明，上述國家和地區仍然是按照文化傳統所塑造的行為模式進行政治活動。所以，在東亞這些國家和地區的民主制度中，同樣的政治制度，可能與西方社會有著幾乎完全不同

的實施結果。就政治參與來說，美國的政治參與推動了利益分化的出現，但是在東亞社會政治參與卻推動了族群與地域區隔的出現。[50]這種分化在韓國表現為地域政治，在臺灣表現為省籍族群問題。這種差別反映出的是東西方政治參與者思考問題邏輯起點的不同。在西方社會，「理性人」假設不僅在經濟領域存在，政治領域也存在，所以說西方有理性選擇學派，安東尼・唐斯甚至將理性投票作為投票行為的基本邏輯起點。[51]但是這種理性選擇的邏輯在東亞儒家文化地區的分析功能無疑大打折扣。

民主制度本土化的另一面，是對植入地文化的影響。如果說文化是一種觀念支配下的行為方式的話，那麼制度無疑會對這些觀念及行為方式產生影響。民主化過程中，法制觀念、民權觀念都不同程度地普及開來，以競爭性選舉為中心展開的政治行為和社會治理方式也得到了越來越多的認可。這些觀念改變成為民主制度新的支持基礎。於是，文化傳統與西方民主制度的契合性越來越高，文化傳統在西方民主制度下找到了發揮影響的基本路徑。正因為這樣，杜維明認為東亞的民主化和現代化的成功，在於完成這個過程的同時卻沒有徹底西化，這說明文化傳統對現代化和民主化過程的巨大影響。[52]其實，問題不在於「沒有西化」，而在於根本不可能「完全西化」，民主化的過程就是制度移植與制度生長相結合的過程。文化的重建和制度與文化的重新契合是政治衰退的基本語境，民主化成果鞏固的過程意味著政治發展的制度化，同時也意味著政治衰退的制度化。

4.2.3 民主化與政治衰退的制度化

比較日本、韓國和臺灣地區的民主化進程及其結果可以看出，在民主化過程中，政治衰退有長期化和固定化的趨勢。在這些國家和地區，民眾對一些典型的政治衰退現象並不是不反對，諸如「黑金政治」、地域政治、派閥政治等問題，一直是民眾久為詬病的問題，但是這些問題卻一直難以解決。臺灣的族群政治對社會荼毒甚深，也廣遭民間非議，卻一直是泛綠陣營的主流思維，挑動族群矛盾成為政治人物樂此不疲的選擇。何以至此？

臺灣民主化與政治變遷：政治衰退理論的觀點

民主化過程本身就是治理模式的改變。在本書討論的幾個國家和地區中，民主化是二戰以後，原有治理模式崩解和新治理模式確立的過程。新治理模式的核心就是以選舉為中心的政治制度安排。有選舉就會有動員，於是以最有效的方式動員起民眾的支持並以此為基礎取得政權，成為各個政黨的首要目標。正如臺灣的一位政治人物所說，如果沒有政權的話，什麼都不要談。在這種情況下，民主的訴求與政治現實之間的差距就會顯露出來。對於政治人物來說，政治動員的有效性與民主訴求的價值標準是可以分離的。也就是說，只要動員有效，講不講政治道德並不是政治人物要考慮的首要問題。在韓國，地域主義因為能夠凝聚選票，所以就屢屢被政治人物所利用；臺灣地區的族群問題也是在這種背景下被建構出來並不斷被強化。民主化在放鬆了國家和政府對社會的控制之後，對這種與民主價值訴求相反的政治行為很難進行反制。於是，在民主化過程中，這些政治衰退現象日益增多。

民主化的過程同時也是新的社會治理模式（政治變遷）制度化的過程。目前有些學者在談到「制度化」的概念時，對這個概念賦予了太多的價值色彩，一般認為「制度化」就是好的，意味著穩定與發展。但是事實並非如此。杭亭頓在談到制度化時，並沒有強調其價值色彩，相反，他認為政治組織和程序制度化的概念可以將政治發展與政治現代化區分開來。制度化可以用來對任何類型的政治系統進行分析，而不僅僅是現代政治系統。這裡，「政治現代化」是帶有價值色彩的，意味著「進步」與「發展」，而「制度化」的概念卻沒有。杭亭頓的「制度」概念是指「穩定的、可預期的和週期性發生的行為模式。」[53]制度化則是「組織和程序獲取價值和穩定性的一種進程。」[54]在杭亭頓的話語體系中，制度化的概念並不意味著政治系統的單向運動，相反，政府（或機構）一邊成長、成熟，一邊衰退、終結。更有意義的是，制度化概念強調正在發生的政治現代化進程與政治結構變化的相互作用。政治結構變化包括兩個方面的意涵：一是政治結構的強化、穩定性增加或者是弱化；二是政治結構保持傳統、轉型或現代性的狀態。[55]制度化其實與價值無關，而且制度化和政治穩定並非呈現出線性相關的關係，政治動盪也可以以制度化的形式表現出來。所以，政治衰退在民主化過程中的制度化其實是民主政治發展的重要組成部分。在上面這三個國家和地區

中,「恩庇—侍從」體制的制度化就是典型的例子。日本的派閥政治、臺灣的派系政治、韓國的地域政治,[56]都是政治衰退制度化的具體表現形式。

政治衰退制度化意味著政治衰退的影響長期化。制度化本身是一種政治觀念和政治行為的積澱。以競爭性選舉為中心的選舉制度本身就是一種淘汰機制,它將不為社會主流所認同與支持的政治行為及政治認知清除出去,而將最為民眾認同的部分保留下來。這裡需要注意的是,保留下來的東西雖然有「民意基礎」,但是並不意味著是合價值的。例如臺灣的對立性族群建構,雖然得到了泛綠民眾的支持,但對臺灣社會族群和諧的消極影響是顯而易見的。也可以反過來說,經過選舉淘汰後留下來的東西不一定是好的,卻一定是為大部分選民所承認的,至少是默認的。此即為政治行為和政治認同形成和發展的社會心理學基礎,它往往反映出的是一個共同體最深層次的「文化無意識」對政治行為的影響。反過來說,民眾的政治行為和政治認同又會對候選人的選舉策略形成導向作用,從利益取向上形塑選舉文化的形態。

在韓國,學界基本一致的看法是,地域主義是韓國的民主病之一。但是,在選舉動員機制下,卻根本不可能在短期內消除這個問題。相反,由於政治人物在選舉動員中的不斷煽動,在一定時期內地域問題反而可能會變得更加嚴重。臺灣的族群政治情況也大致相仿。再如,日本政治中大量存在的後援會,成為派閥政治和「金權政治」的重要仲介,「派閥之爭靠實力,實力靠選票,選票靠金錢。於是,自民黨就形成靠金錢發展後援會,靠後援會拉選票的 『金權政治』,後援會成為自民黨金權政治中的重要一環。」[57]可以看出,「金權政治」有深厚的社會基礎,要想消除其影響是一個幾乎不可能的任務。簡言之,在民主化過程中,這些政治衰退現象是因為民主化的需求而出現,又在政治變遷中實現了與制度的兼容,政治衰退本身就成為民主制度的一個組成部分。

4.3 政治衰退與社會治理

透過比較可以知道，政治衰退在東亞國家中是一個較為普遍的現象，那麼接下來的一個問題是：政治衰退對社會治理有什麼影響？正如我們看到，臺灣地區、日本雖然存在著政治衰退的問題，但是政治變遷尚稱平穩。臺灣地區雖然出現了一定程度的動盪，但沒有發生嚴重的社會失序和結構崩解。韓國雖然也經歷了政治動盪，但經濟發展和社會發展卻沒有停滯不前。所以，討論政治衰退與社會治理之關係，就成為討論臺灣政治衰退理論意涵難以迴避的領域。

4.3.1 政治衰退在民主化過程中的坐標

無論是原生型還是繼發型的政治衰退，都意味著政治衰退是民主化過程中不可避免的現象。同時，政治衰退的基本樣態也在一定程度上決定了民主化的成敗，或者說，政治衰退的基本樣態決定了經歷民主化的國家與地區能否形成比較好的社會治理。

在最簡約的層次上說，民主化的目標應該是社會的良好治理。這在政治學領域應該是較為一致的看法。利普塞特曾斷言，民主必須滿足兩個基本條件，合法性與良治（good governance）。依他的看法，民主政府的基礎應當是人民代表制，並且能對經濟及行政機構作有效的控制。這是較為古典的關於民主目標的論述。當然，利普塞特所提出民主定義的前提假設是：所有的民主制度中都內在地包含了一種單一的價值體系。以這樣的定義衡量的話，能夠非常吻合利普塞特定義的只有西方民主制。這種判斷的實質，主要是以美國的民主制度作為標準，對其他民主國家和地區的政治制度進行評價。[58]後來，熊彼德給出了著名的民主程序性定義：民主方法就是那種為做出政治決定而實行的制度安排，在這種安排中，某些人透過爭取人民的選票，取得做決定的權力。[59]不過，熊彼德強調指出，單純的程序性民主是沒有意義的，「民主是一種政治方法，即為達到政治（立法與行政的）決定而做出的某種形式的制度安排。」因之其本身不能是目的。不管它在一定歷史條件下產生的是什麼決定都是一樣，任何人要為民主下定義一定要以此為出發點。這裡其實包含了兩個方面的意涵：一、作為一種政治方法，民主同其他任何方法一樣，本身不能是目的；二、對民主的合理忠誠必須有

兩個先決條件,即不但要有超理性價值的圖式,而且要有可期望民主的命題,如果不限定一定的時間、地點和局勢是沒有意義的。[60]因此,達成社會治理即便不是民主化和政治變遷的終極預期,也是不可迴避的目標。[61]

前面已經述及,實現良治的關鍵是治理能力。治理能力主要是指一個國家或地區的政府解決政治變遷過程中出現問題的能力。也有的理論認為,治理能力(governability)指一個國家或地區的政治機構指導該國家或地區經濟和社會的能力,它依賴於政府本身的特點,同時也依賴於政府試圖駕馭的那個社會的特徵。[62]治理能力至少包含以下幾個層面的內容:一是政策執行的效率,即政治權威能夠在多大程度上得以貫徹。二是政治整合及其制度化程度,以及強化整個社會的整合機制以應對衝擊的能力,這種衝擊可能來自外部,也可能來自內部。這種能力所反映出的是制度的韌性和彈性。[63]從這個意義上說,在民主化過程中,政治發展與政治衰退是伴生出現的,政治發展只有在政治衰退的鏡像中才能形成自己基本樣態的表達。

簡單地說,透過民主化過程實現社會治理其實是新的社會統合模式如何與社會運作機制實現協調的過程,或者說,新的統合模式如何找到與被植入社會兼容的政治運作規則的過程。在東亞國家的民主化過程中,政治制度很多都是屬於西方的外來品,不管這些制度具有多少價值上的正當性,在現實政治生活中還必須要與本土政治的核心內容相結合才能生存下來。或者說,不管政治制度改變成什麼樣子,社會動員的基本模式都會在相當長的時間裡維持運行已久的傳統模式。在東亞社會,不管換了什麼樣的政治制度,人情社會對政治運作的影響在短期內不但不能消除,甚至削弱都很難。隨著民主化的展開,圍繞著文化傳統展開的政治動員方式反而獲得了更大的生存空間。在人情社會的背景下,以小恩小惠收買人心就成為可能。政治家也千方百計透過「感情投資」擴大自己的支持者群體。日本前首相田中角榮的「越山會」組織就是一個非常典型的例子。田中的選舉地盤是遠離城市的新潟縣山區。精通土木建築業的田中,利用他手中的權力在選區大搞築路架橋等公共土木建築工程,博得了當地選民的擁護。田中角榮在此基礎上成立了「越山會」,擴大了自己的選舉地盤,並把其他候選人排擠出去。到了1983年,越山會發展到了317個支部,擁有會員95000人。為了鞏固越山會,田

中十分注意與會員聯絡感情,每當會員有婚喪嫁娶等大事,越山會幹部必以田中的名義前去祝賀、弔唁或送去禮品。越山會經常組織會員前去東京田中的住所拜訪、參觀,會員乘火車從新瀉到東京,夕發朝至,田中每每以茶點招待,會員在兩夜三天的日程中,瀏覽東京的名勝古蹟。因此,越山會成為田中的鐵桿「票倉」。[64]在韓國和臺灣地區,類似這樣利用情感投資作為培養支持群體主要手段的情況也所在多是。

當然,隨著民主化的展開,政治運作模式會有一定程度的改變,但這是一個長期的過程。從心理學的角度說,政治行為一定是在文化傳統的基礎上展開。一方面,從心理上說,人類喜歡生活在一種可預測的環境中,懼怕脫離熟悉的環境,因此在心理上重視習慣遠勝於創新,這也讓傳統的生活與思考方式獲得相當大的影響力。[65]另一方面,對於下層民眾而言,根本沒有去放棄傳統的生活和思維方式的意識,或者說他們只會按照傳統的方式去思考。所以說,激進的變革不易為人民所接受,即便被接受,又要被傳統所改造。以是觀之,民主化的過程其實是一個制度生長的過程,制度生長的最基本養料是傳統的社會文化及其所決定的思維方式。從這個意義上說,民主化過程中的制度生長同時也是一個社會、文化選擇和相互改造的過程。

從發生學的視角來看,民主化國家和地區的政治變遷過程表面上看是危機處理過程,即處理在民主化過程中出現的政治衰退問題,但是實質卻是如何協調制度設計與政治運作機制的關係問題。能否實現社會治理和治理能力的高低是這種協調和整合的制度性後果。不過需要說明的是,在民主化過程中,政治衰退並不一定被消滅,或者說,政治衰退被消除不過是一部分的現象而已。在多數情況下,政治衰退作為政治運行結構被整合進了民主制度中來,成為民主化國家與地區民主運作機制中的一個有機組成部分。例如族群對立問題。到目前為止,族群的對立已經成為韓國與臺灣民主制度中的重要機制,而族群矛盾在一定範圍內的平衡也維持了民主制度的基本穩定。[66]臺灣的省籍族群區隔被民進黨認為是政治動員的一個重要邊界。韓國的地域族群區隔問題甚至被有的學者視為推動民主化的重要因素,認為地域對抗的空間形式對選舉制度的演進、國家的成長、政黨政治的發展產生著巨大影響。[67]再如「金權政治」的問題,赫爾德指出,為了

在自由民主的選舉體制中保持權力，政府必須採取行動，確保私人得以有利可圖和興盛發達：他們（政府）依靠資本累積的過程，為了自身的目的，他們（政府）必須維護它。因此，政府的政策必須遵守政治的規則，保持至少有利於或偏向於發展私人企業和社團的基本取向。[68]所以說，如果要形成良好的社會治理，政治系統就必須在新的民主制度下將諸如族群對立和政治腐敗的結構和機制整合進來，否則這些機制在體制外運作，會對政治系統產生根本性衝擊，對社會治理的實現影響很大。正因為如此，可以斷定的是，經歷了民主化過程的國家和地區雖然襲用了西方民主政治的基本框架，但是卻在尋求制度生存的過程中形成了和西方民主制度不同的制度內涵。

4.3.2 政治衰退與民主化過程中的社會治理

現在的問題是：民主化過程如何能夠以比較平穩的方式將政治變遷的過程推展下去，而不被政治動盪和系統崩解打斷呢？也就是說，民主化過程中政治系統如何處理政治衰退，從而可以使政治系統保持一定的治理能力呢？

桑奎斯特認為，社會特徵從兩個方面對治理能力產生影響：（1）社會分裂[69]程度。在語言、宗教、種族或地域上存在深刻政治分群標準的國家和地區，要比那些更具同一性的國家和地區難以治理。（2）全體國民的價值結構。治理能力和當時政府的合法性及權威性緊密相連。某些文化要比其他文化賦予權威以更高的價值，而其他文化中，傳統的對家庭和其他社會集團的忠誠，會使得政府成為一個不那麼重要的權威淵源。當政府不能激發象徵性忠誠時，它就會在行使控制中遇到更多困難。[70]這裡的社會治理其實還是強調社會的控制及處理政治危機的能力，但是已經基本指明了政治衰退對社會治理的影響。

政治衰退對民主化過程中政治系統治理能力的影響主要取決於政治衰退的制度化程度。民主化過程中，政治系統的傳統結構和運作機制，在制度安排調整後依然會發生影響，不過發生作用的模式不一樣而已。在傳統的東亞社會，家庭是組織社會政治生活的基本單位，以血緣關係為中心形成的恩庇關係得到鼓勵，甚至在相當長的時期內成為政治運作模式的重要支柱。但是西方民主制度鼓吹個人

臺灣民主化與政治變遷：政治衰退理論的觀點

價值和政治生活的政策理性，所以以恩庇關係為特徵的傳統政治行為在一定程度上成為政治衰退的表徵。因此，能否實現政治傳統與現代社會的兼容，將民主化過程中出現的政治衰退結構制度化並整合進政治系統，並在這個過程中逐步抑制其消極影響，是影響治理能力的關鍵。

例如，上文已經提到，在臺灣民主化過程中，家庭基本結構雖然有了較大的變化，但是家庭的基本作用並沒有消失。傳統意義上的臺灣地方派系就是在各種血緣及擬血緣關係的基礎上組成的，大致上可以認為是家庭關係的擴大。按照趙永茂的定義，所謂地方派系，主要指以血緣、婚緣、地緣、語緣等關係為基礎形成的政治結合或聯盟，或者是借由為選民服務所建立的恩惠關係所形成的人際網路為政治動員的基礎，透過選舉的參與取得公職，再借由公職身分影響公共政策的制定，以汲取合法或非法的政治、經濟和社會資源，再分配給派系網路成員的一種非正式政治團體。[71]在臺灣民主化的語境中，地方派系的功能類似於西方政治過程中的利益團體，發揮了利益表達的功能。上文已經提到，這其實是文化傳統改造民主制度的過程，西方民主制度在傳統的基礎上尋求到可持續發展的運作模式。這一過程的根本，在於找到一個臺灣民眾和精英都可以接受的政治模式，可以在一定程度上降低政治衝突的強度。

同時，在民主化過程中，社會統合模式由剛性向柔性的轉變使社會系統裡面原本可以控制的矛盾變得難以馴服，而以競爭性選舉為中心的政治運作模式又在客觀上有強化分歧的功能。同時，社會控制力的減弱又在客觀上強化了社會異質性的政治衝擊力。於是，異質性社會的異質性在選舉動員的過程中被不斷放大，社會衝突也正是在這個基點上展開。前面提到，在1960年代以前韓國的地域性問題並不明顯，但是隨著選舉的推進，地域性問題越來越成為韓國政治中一個難以治癒的痼疾。臺灣的族群問題也大致相同。不過好在無論是韓國還是臺灣，這些問題都是發生在同一民族和同一文化下面，族群矛盾引發的衝突不像在民族或種族異質性地區存在的族群衝突來得強烈。也就是說，韓國和臺灣地區民主化過程中的族群問題所產生的政治衰退烈度並不高，也沒有對政治制度形成根本性衝擊。即便如此，如在臺灣看到的那樣，族群區隔帶來的問題還是很嚴重。在2009年舉行的高雄世界運動會其間，由於這是「泛綠的場子」，泛藍的民眾和

政治人物，特別是北部的泛藍民眾和政治精英，有許多選擇了不去參與的做法。同樣，2008年馬英九上臺執政後，民進黨曾要求黨籍公職人員辭去職務，以表達不合作的姿態。在這樣的背景下，任何一場人事調整，只要是牽涉到藍綠立場問題，都有可能變成「政治追殺」。泛藍執政後臺灣司法機關對陳水扁貪汙案件的審理就被綠營說成是「政治迫害」。臺灣社會對犯罪證據確鑿的貪腐案件認知尚且如此分歧，更遑論其他了。

政治衰退是否對民主化過程中的社會治理形成致命衝擊，主要取決於三個方面的因素：

一、政治衰退引發的政治衝突烈度是否足以威脅到制度的生存。這與上文桑奎斯特所講的社會分裂程度有關。如果社會異質性表現為民族矛盾和宗教矛盾，則社會的異質性程度就比較深，因此引發的政治衝突就比較尖銳，甚至可能形成長期的敵對結構。在這種情況下，不但政權的合法性受到質疑，體制外的政治運動也會不斷增加，甚至造成長期的政治對抗。本書比較的東亞幾個國家和地區都是單一民族地區，宗教矛盾也不明顯，所以相對來說社會異質性引發的政治衝突並烈度並不強。如果將比較的視野延伸到日本、韓國和臺灣以外，高烈度政治衝突引發的政治動盪所在多是，前文提到的斯里蘭卡就是一個典型例子。

二、各個政治勢力是否能夠形成在民主制度框架內進行競爭的共識。只要不突破以選舉為中心之政治制度的基本框架，政治系統就有消解繼發性政治衰退帶來衝擊的可能性。這要求各種政治勢力都有遵守基本政治規則的共識。需要說明的是，這種共識在大多數情況下未必是主動的，而是客觀環境促成的結果。以臺灣為例。1990年代，民進黨透過和李登輝的利益交換，在參與空間不斷擴大的情況下，放棄了街頭運動，向議會路線轉化。90年代民進黨進行的政治轉型一方面固然反映了民意的壓力，另一方面也與李登輝對民進黨的懷柔政策有關。在民意壓力與李登輝「本土化台獨路線」的一拉一推之下，體制內的選舉路線在民進黨內占了上風。自1991年以後，民進黨內的務實「台獨」派就逐步擊敗了「激進獨派」而居於主流地位。1996年民進黨「總統」選舉的慘敗更是引發了民進黨的分裂，使「台獨」基本教義派脫離了民進黨。該事件產生的一個重要結

果就是,在民進黨的政治路線中,「台獨」雖然還是一個基本訴求,但是其工具性的色彩越來越濃,作為價值取向的色彩則越來越淡化。可以說,民進黨轉型的過程也是全面融入體制內鬥爭的一個過程。雖然民進黨與國民黨當局的權力爭奪依然存在,並有越來越激化的趨勢,但是民進黨也越來越強調與李登輝當局的合作。事實上,在當時國民黨一黨獨大的情況下,民進黨與國民黨採取對抗的策略並不能帶領該黨走上執政之路。李登輝與民進黨在政治需求上的互補性和政治取向及政治訴求上的同質性,推動民進黨選擇了另外一條道路,即與國民黨合作,組織「聯合政府」,分享政權。許信良是這一理念的堅定推行者,他在接任黨主席之後,開始全面推行與國民黨的合作策略,並在1997年的「修憲」議題上與國民黨結成了聯盟。雖然這種做法遭到了以陳水扁為首的政治勢力反對,但是並沒有阻止民進黨轉入體制內。此後,民進黨體制內鬥爭的方向越發明顯,到1999年民進黨透過「臺灣前途決議文」時,首度承認「中華民國」,事實上可以認為是民進黨在鬥爭路線上完全轉入了體制內模式。於是,在臺灣民主化過程中,雖然有低度的衝突,但是始終沒有發生大規模流血衝突,也始終沒有突破制度框架,這和民進黨轉向體制路線的取向有一定的關聯。當然,這種鬥爭方式對當時處於弱勢的民進黨來說是最為有利的。

　　三、民主化解決問題的有效性,是影響社會治理能力的一個重要方面。顯然,單純為了民主化而民主化沒有任何意義,不管何種形式的民主化都是要解決社會問題。所以,經歷民主化過程的政治系統能否形成較為穩定的社會治理,必須要處理兩個方面的問題:1.處理物質層面的問題,即經濟發展、懲治腐敗、權力制衡等。同時,在文化傳統的基礎上,形成較為完善的制度運作機制,儘管這個機制與西方的政治運作機制已經大相逕庭。2.完成價值的整合,即建立起民眾對民主制度的基本信任,最起碼認同選舉可以作為政府更迭的一個必要手段。與物質層面的處理問題能力比較起來,價值的整合更為重要。這種整合最重要的功能,在於理念的建構和價值共識的建立,一個社會價值系統共識對該社會的政治系統影響是巨大的。歷史已經證明,在相當多的情況下,政治衝突並不是起源於真正地被剝奪,而是起源於相對被剝奪感。[72]民眾對西方民主制度的基本信任是支持這種民主制度能夠存續的關鍵社會基礎。

4.3.3 臺灣的政治衰退與社會治理

民主化過程中出現的政治衰退對臺灣社會治理的影響主要表現為不斷強化的對立結構對社會治理的衝擊。李丁讚認為，臺灣的民主進程是鑲嵌在對立的意識形態之中。而這種政治上意識形態的分裂與對立，一方面往內發展，又鑲嵌在本省／外省的族群政治之中，進而鑲嵌在藍綠的社會關係之中；往外則鑲嵌在大陸與臺灣的分立格局之中。[73]在對立的政治結構下，一系列的政治衰退現象也隨之而生，對社會治理造成很大影響。朱雲漢教授從「良治」概念出發，明指臺灣在政治穩定、政府效能、監管品質、法治指標及反貪汙方面都落在香港之後，與新加坡更是不可同日而語。[74]臺灣政治衰退對社會治理的影響，概括起來說主要有以下幾個方面。

一、「選擇性正義觀」加大了治理難度。在族群區隔的視角下，再加上「恩庇－侍從」體制的影響，臺灣社會的價值觀念系統顯得較為混亂，在民進黨及「台獨」勢力的操弄下，「何者為正義」的標準都變得非常模糊。這種情況在陳水扁家族弊案浮出水面後藍綠陣營的攻防過程中表現得殊為明顯。對於深綠的、支持陳水扁的選民來說，他們評價這一事件的標尺並不是道德準則，而是族群準則。對他們而言，貪汙腐敗本身並不重要，關鍵是誰在貪汙，對屬於外省人陣營的政治人物即自己政治對手的貪汙，這些民眾會不遺餘力地追打，但是對「自己人」的、「本省人」的貪汙卻百般維護，這種「選擇性正義觀」的出現不過是臺灣民主化過程中出現的較為極端的例子而已。是非觀念的混亂反映出社會共識的缺失，在某種程度上也給政治衰退開闢了道路。對於當政的政治人物來說，假如貪汙仍能夠有大批的支持者，甚至可以不影響仕途的話，那麼貪汙的成本會大大降低。也正是因為這樣，民進黨內雖然發現大批高層人物出現腐敗問題，但是該黨卻一直不願面對這個問題，一直在包庇回護，甚至不惜運用自己手中的權力消滅證據，力圖擺脫法律的制裁。對民進黨而言，如果將貪腐的問題放到兩岸關係的語境中，在民進黨的支持者中會更具有「合理性」。在「台獨」支持者那裡，所有的行為都可以假「台獨」的旗號進行，甚至陳水扁貪汙的巨款都可以被解釋成「台獨建國基金」。按照石之瑜的說法，「台獨執政以來，享受了許多非法利

益,這種權力無邊的感覺,又帶來致命的吸引力,讓台獨領導浸淫其中,不能自拔。」[75]這不過是選擇性正義帶來的政治衰退對社會治理影響的一個例子而已。對一個社會來說,如果在一些基本的價值觀上無法取得一致,這個社會要想達到良好治理,顯然難度很大。

　　二、異質性社會中的政治對立和政治不作為。由於臺灣存在社會異質性,政治對立的情況也很嚴重,社會生活泛政治化傾向就成為不可避免的痼疾。在這種背景下,任何議題都有可能被包裝成政治議題,政治鬥爭對整個社會生活的影響也會空前增加。從選舉的角度來看,政治人物為了降低政治風險,往往會選擇最為穩妥的方式施政,以免給政敵留下攻擊的口實。因此,臺灣行政當局往往給人一種處理問題能力弱化的印象。例如,對於兩岸經貿來說,ECFA的簽署是不可避免的趨勢,但是由於民進黨的反對,國民黨當局不得不一再推遲兩岸相關協商的進度。因此,在臺灣可以看到的弔詭現象是:雖然政治領導人的權力日益集中,且沒有完善的制衡機制,但是執政當局處理問題的能力卻逐漸弱化,社會治理能力在逐漸降低。

　　三、民粹主義盛行對社會治理能力的削弱。臺灣的民粹主義政治是民主化的副產品,從根源上說是政治對立結構下的產物。在這種結構下,政治人物更容易走入民間動員起支持自己的基本群眾。[76]臺灣民粹主義不僅具有民粹主義的一般特徵,同時還具有自己的特點:1.更多地表現為一種工具性的政治策略,一種被操縱的社會運動。2.臺灣民粹主義存在變為威權主義或民粹極權主義的危險。[77]從對治理能力影響的角度上說,一方面民粹主義喜歡繞過制度進行政治動員,這本身對制度的權威性就是一個打擊;另一方面政治人物透過民粹主義動員模式可以獲得合法性,為其集權提供了便利,相反,對他們的監督卻因為民粹的支持而難以加強。因此,民粹主義政治所帶來的政治衝突對社會系統的整合能力是一個較大的考驗。

　　在民主化過程中,由於國民黨當局對整體政治局勢的控制力較為強大,權力的開放也是漸進式的。在民主化過程中出現的政治衰退影響力的釋放也是一個漸進的過程,而不是集中式和爆發式釋放。同時,在臺灣的民主化過程中,引發政

治衰退的政治結構不斷被整合到政治運作系統中來,成為政治運作規則的有機組成部分。例如,派系政治、「恩庇」結構、族群區隔等都成為臺灣政治制度和政治運作規則的重要組成部分。經過了政治衰退的制度化過程,政治結構基本達到了相對平衡,政治局勢也保持了相對平穩。當然,這一過程一直到現在還沒有結束,政治變遷也在緩慢向前發展。

臺灣社會經過民主化過程後,雖然實現了相對穩定,但達成的只是一種低度治理。社會治理的程度可以按照定義,以其解決問題能力和結構整合能力為衡量標準。當然,政治穩定是實現良好社會治理一個非常必要的前提條件。政治衰退制度化導致其影響的長期化,臺灣社會雖然實現了西方意義上的民主,但是社會異質性帶來的衝突卻依然存在,政治對立在短期內不可能消除,政治共識的形成更是需要長期的博弈與折衝。以是觀之,臺灣的社會治理要達到較高的程度,顯然還有很長的路要走。

注　釋

[1]. B·GuyPeter著,陳永芳譯,王業立主編:《比較政治的理論與方法》,(臺灣)韋伯文化國際出版有限公司,2003年,第4頁。

[2]. 於建福著:《儒家文化教育傳統對「儒家文化圈」的影響》,《教育研究》,2005年4期。

[3]. 李文主編:《東南亞:政治變革與社會轉型》,中國社會科學出版社,2006年,第42～44頁。這種體制也被稱為「1955年體制」。1993年自民黨在大選中失敗,被認為是該體制的終結,日本朝向多黨制發展。

[4]. 朱艷聖著:《不尋常的民主——自民黨單一政黨統治與日本式民主》,《當代世界與社會主義》(雙月刊),2003年第5期。

[5]. 李素華著:《日本民主黨興起的政治社會基礎》,《當代亞太》,2007年10期。

[6]. 王瑜著:《日本自民黨「一黨優位制」的終結》,《當代世界與社會主義》(雙月刊),2005年3期。

[7].金東日著：《韓國民主化過程論析》，《南開學報（哲學社會科學版）》，2003年5期。其實，如果從韓國民主發展的歷程來看，民主化還是應該從1945年開始算起，因為在美國軍隊的策劃下，韓國建立了美式的三權分立的政治架構，雖然這個架構長期被擱置，但是卻為後來的民主化提供了制度基礎。按照金東日的說法，「韓國之所以在不到二十年的時間內能夠實現民主化，在很大程度上是因為民主制度框架的存在。」

[8].朴正熙著：《我們國家的道路》，華夏出版社，1998年版，154—165頁。轉引自：〔韓〕尹益洙著：《韓國由權威主義向政治民主化轉型的回顧與思考》，《江蘇社會科學》，2001年3期。

[9].尹益洙著：《韓國由權威主義向政治民主化轉型的回顧與思考》，《江蘇社會科學》，2001年3期。

[10].孫曉莉編著：《國外廉政文化概略（第3輯）》，中國方正出版社，2007年，第216～218頁。

[11].淳于淼泠著：《憲政制衡與日本的官僚制民主化》，商務印書館，2007年，第230～234頁。

[12].金熙德著：《日本政治結構的演變趨勢》，《日本學刊》，2006年第1期。作者認為，2005年9月11日舉行的日本眾議院大選自民黨大勝，日本政治結構出現了新變化，「一黨優位制」以「2005年體制」的形態得以重現，首相的決策地位進一步提高，自民黨強行透過法案的能力進一步增強。

[13].霍華德‧威亞爾達著，劉青、牛可譯：《新興國家的政治發展——第三世界還存在嗎？》，北京大學出版社，2005年，第79頁。

[14].李凱、李永洪著：《東亞民主化過程比較分析——以日本、韓國和臺灣為比較對象》，《科學社會主義》，2009年2期。

[15].《大韓民國憲法》，1987年10月29日全文修訂，憲法第10號。

[16].金東日著：《韓國民主化過程論析》，《南開學報（哲學社會科學版）》，2003年5期。

[17].Juan・J・Linz,「The Perils of Presidentialism」,Journal of Democracy,1990,Winter,p.51～69。轉引自林震著:《東亞民主化比較研究:以臺灣地區和韓國為例》,《東莞理工學院學報》,2009年4月,第16卷第2期。

[18].張伯玉著:《日本民主模式及政黨制形態轉變的可能性與不確定性》,《日本學刊》,2009年6期。作者在文中特別提示,絕不能將社會分裂程度低的社會與「同質」社會等同起來,日本至少在一定程度上存在著宗教分化。

[19].韓國政治病的內容包括:雙重性和偽善、沒有責任感、不信任、地區主義、不退休、輕視法規和規範、政黨的私有化、不培養接班人、大權獨攬、輕視國民等。《韓國日報》,1996年7月21日,轉引自郭定平著:《韓國政治轉型研究》,中國社會科學出版社,2000年,第159頁。

[20].這也反向說明地域矛盾和衝突在一定程度上是動員出來的。在大規模的選舉動員展開之前,韓國的地區差異並不是不存在,但是處於隱性狀態,沒有造成公開的社會分裂和對立。從這點上說,韓國的地域衝突與臺灣的族群衝突有很大的相似性。也是在這個意義上,族群衝突和地域衝突是民主化的結果,而不一定是原因。

[21].林震著:《論韓國民主化進程中的地域衝突問題》,《東北亞論壇》,2004年3月,第13卷第2期。

[22].鄭繼永著:《韓國政黨與政黨體系的變遷動因初探》,見李文主編:《東亞:政黨政治與政治參與》,世界知識出版社,2007年,第88頁。

[23].李路曲著:《東亞模式與價值重建》,人民出版社,2002年,第358頁。

[24].賈都強著:《東亞國家政黨政治的發展:模式、路徑與問題》,見李文主編:《東亞:政黨政治與政治參與》,世界知識出版社,2007年,第13頁。

[25].林震著:《論韓國民主化進程中的地域衝突問題》,《東北亞論壇》,2004年3月,第13卷2期。

[26].徐萬勝著：《日本自民黨：一黨優位制研究》，天津人民出版社，2004年，第115頁。

[27].王振鎖著：《戰後日本政黨政治》，人民出版社，2004年，第328～329頁。

[28].徐萬勝著：《日本政治與對外關係》，人民出版社，2006年，第126頁。

[29].郭定平著：《韓國政治改革與民主轉型》，見宋志勇、王振鎖主編：《全球化與東亞政治、行政改革》，天津人民出版社，2003年，第132頁。

[30]. 本書在比較時，主要選取了日本、韓國與臺灣地區的民主化過程等三個個案。這並不意味著否定其他民主化地區與國家出現的政治衰退與上述三個國家與地區政治衰退有相似性的可能。但是，就所有的民主化國家與地區而言，相似的政治衰退現象未必是由相似的原因所引起。例如，同樣的政治腐敗問題，起因就非常多，可能與貧富懸殊、平均國民所得、經濟發展程度、文化和宗教等因素有不同程度的關聯性。見利普塞特（S·M·Lipset）、林茲（G·S·Lenz）：《腐敗、文化與市場》，哈瑞森（L·E·Harrison）、山繆·杭亭頓主編，李振昌、林慈淑譯：《為什麼文化很重要》，（臺灣）聯經出版事業股份有限公司，2003年，第141～156 頁。相比較而言，由於上述國家與地區文化背景的同質性，所以在政治衰退的基本樣態和形成原因方面有更多的相似性。

[31].Richard·Rose、Doh·Chull Shin：《反向的民主化——第三波民主的問題》，《開放時代》，2007年，第3期。

[32].為什麼具有不同發生學背景的政治衰退現象卻表現出相似的樣態，這本身又是另外一個課題，本書在這裡不討論這一問題。

[33].這裡需要提出說明的是，東亞的文化傳統在民主化過程中與政治衰退的關聯性並不否認文化傳統與政治發展的關聯性，不過本書的主旨在於討論政治衰退，所以對政治發展不作論述。

[34].豬口孝著：《亞洲式民主？》，見豬口孝，愛德華·紐曼，約翰·基恩

編，林猛等譯：《變動中的民主》，吉林人民出版社，1999年，第217頁。

[35].殷海光著：《中國文化的展望》，上海三聯書店，2002年，第92頁。

[36].張德勝著：《儒家倫理與秩序情結——中國思想的社會學詮釋》，（臺灣）巨流圖書公司，1989年，第93~94頁。作者同時指出，父權家長制並非中國所獨有，但是西方的父權家長制強調男性家長的支配權威，而中國的父權家長制則強調「孝」的意涵，即強調子女的樂意順從，權威之運用往往引致衝突與爭端，而樂意服從則使關係融合。見張德勝此書第94頁。

[37].殷海光著：《中國文化的展望》，上海三聯書店，2002年，第98頁。需要說明的是，日本和韓國的文化與中國文化還是有所區別，但是其作為儒家文化圈的成員卻與中國文化有許多同質的地方。本書這裡的文化指儒家文化的概念，而不單純侷限於中國文化。

[38].孫隆基著：《中國文化的深層結構》，廣西師範大學出版社，2004年，第9頁。作者在這裡將規則結構稱為「文法」結構，筆者認為這個概念和「規則結構」的概念內涵基本相同。

[39].文化對政治的影響是非常複雜的，涵蓋的面向也非常多，本書因篇幅所限，主要論述東亞傳統文化中的人情取向對政治變遷與政治衰退的影響。

[40].王振鎖著：《戰後日本政黨政治》，人民出版社，2004年，第315~316頁。

[41].這裡選取的臺灣個案的部分內容曾公開發表，見陳星著：《臺灣選舉文化論略》，《北京聯合大學學報（人文社會科學版）》，2006年4期。

[42].黃光國著：《面子——中國人的權力遊戲》，中國人民大學出版社，2004年，第11頁。

[43].丁學良著：《從買票看中國的選舉文化》，《天涯》，1999年1期。

[44].侯玉波著：《社會心理學》，北京大學出版社，2002年，第220頁。

[45].豬口孝著：《亞洲式民主？》，見豬口孝，愛德華‧紐曼，約翰‧基恩

編，林猛等譯，《變動中的民主》，吉林人民出版社，1999年，第221頁。

[46].英格爾哈特著：《文化與民主》，見哈瑞森（L·E·Harrison）、山繆·杭亭頓主編，李振昌、林慈淑譯：《為什麼文化很重要》，（臺灣）聯經出版事業股份有限公司，2003年，第115～119頁。

[47].金耀基著：《中國的「現代轉向」》，Oxford University Press（China）Ltd，Hong Kong，2004，p.113～114。

[48].杜維明著：《東亞現代化意義初探》，山繆·杭亭頓主編，李振昌、林慈淑譯：《為什麼文化很重要》，（臺灣）聯經出版事業股份有限公司，2003年，第365～366頁。李路曲對於傳統文化在現代的表現有較為簡潔的看法，他認為：（1）在看待個人和集體的關係方面，它強調集體的地位，把家、國家或社會的利益放在第一位，要求個人服從集體和社會，個人只有與國家和社會保持一致才有自己的價值。因此，儒式社會反對個人主義，強調集體主義。（2）在看待國家體制方面，其現實表現是：儒式政治家大都主張強大的政府，認為管理最好的政府，就是那些管得最多的政府。他們實際上贊同傳統的儒家社會觀，即領導人應該是道德化的，而追隨者應該絕對服從。見李路曲著：《東亞模式與價值重建》，人民出版社，2002年，第344～345頁。

[49].曹中屏著：《韓國傳統文化與現代化》，載《韓國學論文集》（第2輯），社會科學文獻出版社，1995年。轉引自文勇、吳叢環著：《過渡與超越：韓俄政治民主化進程的比較分析》，《今日東歐中亞》，1998年，第4期。

[50].這並不是說西方社會沒有族群問題，加拿大的魁北克問題就是例子。本書意指，總體上說西方社會的民主參與還是以政策取向為主。

[51].安東尼·唐斯著，姚洋等譯：《民主的經濟理論》，上海世紀出版集團，2005年，第一部分，第三章。

[52].杜維明著：《東亞現代化意義初探》，〔美〕山繆·杭亭頓主編，李振昌、林慈淑譯：《為什麼文化很重要》，（臺灣）聯經出版事業股份有限公司，2003年，第368～369頁。

[53].山繆‧杭亭頓著,王冠華等譯:《變化社會中的政治秩序》,世紀出版集團,2008年,第10頁。王冠華譯本中對「制度」概念的翻譯似乎有些問題。作者的原文是:Institutions are stable, val-ued, recurring patterns of behavior.王冠華的譯本將valued翻成了「受珍重的」,但是比較上下文,似乎翻譯成「可預期的」更為恰當一些。李盛平的譯本將其翻譯成「受尊重」,似乎也有問題。

[54].山繆‧杭亭頓著,李盛平、楊玉生譯:《變革社會中的政治秩序》,華夏出版社,1988年,第12頁。王冠華的譯本將其翻譯成「組織和程序獲取價值觀和穩定性的一種進程。」見杭亭頓上引書,10頁。這個翻譯似乎有問題,組織和程序如何能有「價值觀」?所以,如果比較來看的話,還是李盛平的翻譯較為合理。

[55].Samuel‧P‧Huntington,「Political Development and Political Decay」,World Politics,Vol.17,No.3(Apr.,1965),p.393。

[56].王菲易認為,地域主義雖然使韓國的政黨極其脆弱,但是卻推動了民主規則的制度化。主要的政黨很少採取體系外的措施以打破持續運作的民主遊戲,因為他們在現行的制度框架下有機會透過地域的聯合分化以獲取政權。見王菲易著:《地域主義與韓國民主化轉型:一種過程分析》,《當代韓國》,2008年夏季號。

[57].王振鎖著:《戰後日本政黨政治》,人民出版社,2004年,第314頁。

[58].豬口孝著:《亞洲式民主?》,見〔日〕豬口孝、〔英〕愛德華‧紐曼、〔美〕約翰‧基恩編,林猛等譯:《變動中的民主》,吉林人民出版社,1999年,212頁。

[59].約瑟夫‧熊彼德著,吳良健譯:《資本主義、社會主義與民主》,商務印書館,1999年,第395〜396頁。

[60].約瑟夫‧熊彼德著,吳良健譯:《資本主義、社會主義與民主》,商務印書館,1999年,第359〜360頁。

[61].至於民主化能否解決發展中出現的問題,則是另外一個領域。從世界上

的民主化歷程來看，民主化未必能解決一個國家和地區所關心的問題。所以，林茲（Juan Linz）曾經追問，民主化能夠使社會的生產更加提高、更好地利用資源、更好地融入發達國家占優勢的世界市場嗎？民主化在給他們帶來政治整合、利益重新分配、國家認同危機壓力的同時，能夠讓他們取得科學技術上的突破嗎？他認為，對這些問題顯然不可能有確定的答案。見 Juan Linz,「Europe』s Southern Frontier：Evolving Trends toward What？」Daedalus, Vol.108, No.1, Looking for Europe（Winter, 1979）, p.175～209。

[62].大衛·米勒、韋農·波格丹諾主編，鄧正來譯：《布萊克維爾政治學百科全書·統治能力〔governability〕（制度卷）》，中國政法大學出版社，2002年，第311頁。本書將governability翻譯成「統治能力」，但是其概念的內涵與本書的「治理能力」概念在相當程度上是重合的。「統治能力」概念出現的背景是：1970年代，民主政治體制的「統治能力」受到質疑，政府費用在不斷增長，在好幾個國家裡出現了意識形態運動的端倪，政府解決社會問題的能力受到了懷疑。這裡其實指的就是本書所說的「治理能力」，因此本書採用「治理能力」的譯法。

[63].見本書第一章第二節。

[64].王振鎖著：《戰後日本政黨政治》，人民出版社，2004年，第316頁。

[65].蔡東杰著：《民主的全球旅程：從歐洲走向世界》，（臺灣）五南圖書出版有限公司股份，2009年，第87頁。

[66].當然，這不意味著族群問題的特徵不會發生變化。事實上，隨著民主化的進程，族群問題的樣態一定會發生某種程度的改變，但是這個過程也是漫長的。短期內族群問題出現較大改變的可能性很小。

[67].王菲易著：《地域主義與韓國民主化轉型：一種過程分析》，《當代韓國》，2008年夏季號。

[68].大衛·赫爾德著，李少軍、尚新建譯：《民主的模式》，（臺灣）桂冠圖書有限公司，2002年，第243～244頁。

[69].這裡的「社會分裂」概念和前文所說的「社會異質性」概念在內涵上是基本相同的。

[70].大衛·米勒、韋農·波格丹諾主編,鄧正來譯:《布萊克維爾政治學百科全書·統治能力(制度卷)》,中國政法大學出版社,2002年,第311~312頁。桑奎斯特同時指出,影響治理能力的政府特徵是:(1)公共官僚的素質;(2)官僚集團對當時政府目標的承諾同他們自己的組織目標或個人目標對立的程度;(3)政府決策的制度環境影響;(4)政黨體制可能影響統治能力。這裡已經省略了民主化過程中的政治變遷對社會治理的影響。

[71].趙永茂著:《地方派系與選舉之關係:一個概念架構的分析》,(臺灣)《中山社會科學季刊》,1989年第4卷3期,第58~70頁。

[72].約翰·弗裡德爾著,李彬譯:《社會與文化的變遷》,中國社會科學院民族研究所編:《民族學譯文集3》,中國社會科學出版社,1991年,33 頁。相對的被剝奪感不僅在物質意義上出現,而且也在象徵意義上出現。因此,當一個群體感到它的地位應比社會其他成員地位的更高時,就會產生一種相對的被剝奪感,相對被剝奪感只有在群體的層面上出現,才會成為導致社會運動的重要力量。

[73].李丁讚著:《民主社會如何可能?二十年臺灣經驗的反省》,(臺灣)《思想》第11輯:《民主社會如何可能》,(臺灣)聯經出版事業股份有限公司,2009年,第138頁。

[74].蔡瑋著:《復興之路與衰亡之途:從失望到絕望?》,(新加坡)《聯合早報》,2010年,2月23日。

[75].石之瑜著:《假——當代臺灣的政治精神》,(臺灣)海峽學術出版社,2006年,第8頁。

[76].當然這並不是說民粹主義一定是在對立的結構上才能形成。事實上,在對立的結構上形成民粹政治不過是臺灣的個案而已,本書不打算討論其普遍性。

[77].林紅著:《民粹主義——概念理論與實證》,中央編譯出版社,2007

年,第273～275頁。

參考文獻

（中文資料以作者姓名的拼音字母進行排序，英文資料以字母表順序對作者姓名進行排列。）

一、中文

（一）專著

愛德華・紐曼、約翰・基恩編，林猛等譯：《變動中的民主》，吉林人民出版社，1999年。

安東尼・唐斯著，姚洋等譯：《民主的經濟理論》，上海世紀出版集團・上海人民出版社，2005年。

安德魯・海伍德著，吳勇譯：《政治學核心概念》，天津人民出版社，2008年。

保羅・塔格特著，袁明旭譯：《民粹主義》，吉林人民出版社，2005年。

北京大學世界現代化進程研究中心主編：《現代化研究（第3輯）》，商務印書館，2005年。

伯恩斯著，常健等譯：《領袖論》，中國人民大學出版社，2006年。

Ｊ·Ｍ·布洛克曼著，李幼燕譯：《結構主義》，中國人民大學出版社，2003年。

蔡東杰：《民主的全球旅程：從歐洲走向世界》，（臺北）五南圖書出版有限公司股份，2009年。

蔡明惠著：《臺灣鄉鎮派系與政治變遷》，（臺灣）洪葉文化事業有限公司，1998年。

陳峰君著：《東亞與印度：亞洲兩種現代化模式》，經濟科學出版社，2000年。

陳癸淼著：《論臺灣》，（臺灣）海峽學術出版社，2002年。

陳國霖著：《黑金》，（臺灣）商周出版，2004年。

陳鴻瑜著：《政治發展理論》，吉林出版集團有限責任公司，2009年。

陳荔彤著：《臺灣主體論》，（臺灣）元照出版有限公司，2004年。

陳明通著：《派系政治與臺灣政治變遷》，（臺灣）新自然主義股份有限公司，2001年。

淳于淼泠著：《憲政制衡與日本的官僚制民主化》，商務印書館，2007年。

辭海編輯委員會編：《辭海》，上海辭書出版社，2000年。

大衛·馬什、格里·斯托克編，景躍進、張小勁、歐陽景根譯：《政治科學的理論與方法》，中國人民大學出版社，2006年。

戴國煇著：《臺灣研究集外集》，（臺灣）遠流出版事業有限公司·南天書局有限公司，2002年。

戴國煇著：《臺灣史探微——現實與史實的相互往還》，（臺灣）遠流出版事業有限公司·南天書局有限公司，2002年。

戴國煇著：《臺灣結與中國結》，（臺灣）遠流出版事業有限公司・南天書局有限公司，2002年。

大衛・米勒、韋農・波格丹諾主編，鄧正來譯：《布萊克維爾政治學百科全書》，中國政法大學出版，2002年。

戴正德著：《非常臺灣——臺灣人的意識與認同》，（臺灣）望春風文化事業股份有限公司，2004年。

丹尼・羅伊著，何振盛等譯：《臺灣政治史》，（臺灣）商務印書館股份有限公司，2004年。

鄧正來、J・C・亞歷山大編：《國家與市民社會》，中央編譯出版社，2002年。

弗裡德里希・奧古斯特・哈耶克著，王明毅等譯：《通往奴役之路》，中國社會科學出版社，1997年。

G・薩托利著，王明進等譯：《政黨與政黨體制》，商務印書館，2006年。

高民政著：《臺灣政治縱覽》，華文出版社，2000年。

格林斯坦、波爾斯比編，儲復耘等譯：《政治學手冊精選》，商務印書館，1996年。

葛永光等著：《現代化的困境與調適——中華民國轉型期的經驗》，（臺灣）幼獅文化公司，1989年。

關凱著：《族群政治》，中央民族大學出版社，2007年。

關海庭主編：《20世紀中國政治發展史論》，北京大學出版社，2002年。

郭定平著：《韓國政治轉型研究》，中國社會科學出版社，2000年。

郭洪紀著：《臺灣意識與中國情結》，（臺灣）慧明文化事業有

限公司,2002年。

郭秋永著:《當代三大民主理論》,(臺灣)聯經出版事業公司,2001年。

哈羅德·D·拉斯韋爾著,楊昌裕譯:《政治學》,商務印書館,2000年。

哈瑞森(L·E·Harrison)、山繆·杭亭頓主編,李振昌、林慈淑譯:《為什麼文化很重要》,(臺灣)聯經出版事業股份有限公司,2003年。

何明修著:《社會運動概論》,(臺灣)三民書局股份有限公司,2005年。

侯玉波著:《社會心理學》,北京大學出版社,2002年。

胡佛著:《政治文化與政治生活》,(臺灣)三民書局,1998年。

黃光國著:《面子——中國人的權力遊戲》,中國人民大學出版社,2004年。

黃光裕著:《中國民國的政治發展——民國三十八年來的變遷》,(臺灣)揚智文化事業股份有限公司,1996年。

黃嘉樹、程瑞著:《臺灣選舉研究》,九州出版社,2002年。

黃俊杰著:《儒學與現代臺灣》,中國社會科學出版社,2001年。

黃榮堅、許宗力等編纂:《月旦簡明六法·中華民國憲法》,(臺灣)元照出版有限公司,2009年。

霍華德·威亞爾達著,劉青、牛可譯:《新興國家的政治發展——第三世界還存在嗎?》,北京大學出版社,2005年。

加布里埃爾·A·阿爾蒙德、西德尼·維巴著,馬殿君等譯:《公

民文化——五國的政治態度和民主》，浙江人民出版社，1989年。

姜南揚著：《臺灣大轉型——40年政改之謎》，（臺灣）克寧出版社，1995年。

金耀基著：《中國的「現代轉向」》，Oxford University Press（China）Ltd，Hong Kong，2004。

鞠海濤著：《民進黨社會基礎研究》，九州出版社，2004年。

卡爾‧施米特著，劉宗坤等譯：《政治的概念》，上海人民出版社，2004年。

昆丁‧史金納著，奚瑞森、亞方譯：《現代政治思想的基礎‧卷一‧文藝復興》，（臺灣）左岸文化，2004年。

李非著：《臺灣經濟發展通論》，九州出版社，2004年。

李路曲著：《東亞模式與價值重建》，人民出版社，2002年。

李路曲著：《當代東亞政黨政治的發展》，學林出版社，2005年。

里普森著，劉曉等譯：《政治學的重大問題：政治學導論》，華夏出版社，2001年。

李文主編：《東南亞：政治變革與社會轉型》，中國社會科學出版社，2006年。

李文主編：《東亞：政黨政治與政治參與》，世界知識出版社，2007年。

李義虎著：《地緣政治學：二分論及其超越》，北京大學出版社，2007年。

李永熾、李喬、莊萬壽等編：《臺灣主體性的建構》，（臺灣）財團法人群策會李登輝學校，2004年5月。

廖小平著：《分化與整合：轉型期價值觀代際變遷研究》，高等教育出版社，2007年。

林昶著：《兩岸觀察評論選（共四冊）》，（澳門）東望洋出版社，2008年。

林紅著：《民粹主義——概念理論與實證》，中央編譯出版社，2007年。

林紀東著：《中華民國憲法釋論》，（臺灣）大中國圖書公司，1977年。

林修果著：《宗法秩序變遷與行政現代化：以農村城鎮化為分析視角》，吉林人民出版社，2006年。

林濁水著：《共同體世界圖像下的臺灣》，（臺灣）左岸文化出版，2006年。

劉國深著：《當代臺灣政治分析》，九州出版社，2002年。

盧建榮著：《臺灣後殖民國族認同》，（臺灣）麥田出版，2003年。

盧正濤著：《新加坡威權政治研究》，南京大學出版社，2007年。

勞勃·道爾著，李培元譯：《民主及其批判》，（臺灣）韋伯文化國家出版有限公司，2006年。

羅伯特·帕特南著，王列等譯：《使民主運轉起來：現代義大利的公民傳統》，江西人民出版社，2001年。

羅榮渠、董正華編：《東亞現代化：新模式與新經驗》，北京大學出版社，1997年。

呂亞力著：《政治發展》，（臺灣）黎明文化事業股份有限公司，1995年。

《馬克思恩格斯選集》（第1～4卷），中央編譯局編，人民出版社，1995年。

米歇爾斯著，任軍鋒等譯：《寡頭統治鐵律——現代民主制度中的政黨社會學》，天津人民出版社，2003年。

尼科洛・馬基維利著，潘漢典譯：《君主論》，商務印書館，1985年。

潘一禾著：《觀念與體制》，學林出版社，2002年。

彭懷恩著：《臺灣政治發展民主化》，（臺灣）風雲論壇出版社有限公司，2005年。

彭懷恩著：《中華民國政治體系》，（臺灣）風雲論壇出版社有限公司，2003年。

彭懷恩著：《臺灣政治發展的反思》，（臺灣）風雲論壇出版社有限公司，2000年。

皮亞傑著，倪連生、王琳譯：《結構主義》，商務印書館，1984年。

喬治・索倫森著，李酉潭等譯：《最新民主與民主化》，（臺灣）韋伯文化國際出版有限公司，2003年。

青木昌彥著，周黎安譯：《比較制度分析》，上海遠東出版社，2001年。

瞿海源著：《真假民主》，（臺灣）圖神出版社有限公司，2005年。

屈武著：《中國國民黨史》，西安交通大學出版社，1990年。

若林正丈著，許佩賢、翁金珠等譯：《臺灣分裂國家與民主化》，（臺灣）新自然主義股份有限公司，2009年。

山繆・杭亭頓著，王冠華等譯：《變化社會中的政治秩序》，上

海世紀出版集團，2008年。

山繆·杭亭頓著，李盛平、楊玉生譯：《變革社會中的政治秩序》，華夏出版社，1988年。

山繆·杭亭頓著，劉軍寧譯：《第三波——20 世紀後期的民主化浪潮》，上海三聯書店，1998年。

山繆·杭亭頓著，江炳倫等合譯：《轉變中社會的政治秩序》，（臺灣）黎明文化事業股份有限公司，1981年。

珊妲·慕孚（Chantal Mouffe）著，林淑芬譯：《民主的弔詭》，（臺灣）巨流圖書有限公司，2005年。

沈文莉、方卿主編：《政治學原理》，中國人民大學出版社，2007年。

施密特、謝利、馬迪斯等著，梅然譯：《美國政府與政治》，北京大學出版社，2005年。

施正鋒著：《臺灣民族主義》，（臺灣）前衛出版社，2003年。

施正鋒著：《臺灣政治建構》，（臺灣）前衛出版社，1999年。

石之瑜著：《假——當代臺灣的政治精神》，（臺灣）海峽學術出版社，2006年。

宋玉波著：《民主政制比較研究》，法律出版社，2001年。

宋志勇著，王振鎖主編：《全球化與東亞政治、行政改革》，天津人民出版社，2003年。

蘇子琴著：《權與錢——透視臺灣政商關係》，（臺灣）新新聞文化事業股份有限公司，1992年。

孫代堯著：《臺灣威權體制及其轉型研究》，中國社會科學出版社，2003年。

孫隆基著：《中國文化的深層結構》，廣西師範大學出版社，2004年。

孫曉莉編著：《國外廉政文化概略（第3輯）》，中國方正出版社，2007年。

陶文釗主編：《冷戰後的美國對華政策》，重慶出版社，2006年。

托德·朗德曼著，周志杰譯：《比較政治的議題與途徑》，（臺灣）韋伯文化國際出版有限公司，2003年。

托克維爾著，董果良譯：《論美國的民主》，商務印書館，2004年。

王邦佐等編：《新政治學概要》，復旦大學出版社，2006年。

王彩波主編：《西方政治思想史——從柏拉圖到約翰·密爾》，中國社會科學出版社，2004年。

王甫昌著：《當代臺灣社會的族群想像》，（臺灣）群學出版有限公司，2003年。

王建民著：《民進黨政商關係研究》，九州出版社，2004年。

王建民著：《臺灣的「黑金政治」》，鷺江出版社，2000年。

王樂理著：《政治文化導論》，中國人民大學出版社，2000年。

王明珂著：《華夏邊緣：歷史記憶與族群認同》，社會科學文獻出版社，2006年。

王曉波著：《交鋒：統獨論戰三十年》，（臺灣）海峽學術出版社，2002年。

王雲五等編：《雲五社會科學大辭典普及本（第一冊）·社會學》，（臺灣）商務印書館股份有限公司，1971年。

王振寰著：《誰統治臺灣？轉型中的國家機器與權力結構》，（臺灣）巨流圖書有限公司，1996年。

王振鎖著：《戰後日本政黨政治》，人民出版社，2004年。

韋伯斯特著，陳一筠譯：《發展社會學》，華夏出版社，1987年。

沃爾特‧W‧鮑威爾、保羅‧J‧迪馬吉奧主編，姚偉譯：《組織分析的新制度主義》，上海人民出版社，2008年。

吳重禮、吳玉山主編：《憲政改革——背景、運作與影響》，（臺灣）五南圖書出版股份有限公司，2006年。

西達‧斯考切波著，何俊志、王學東等譯：《國家與社會革命》，上海世紀出版集團，2007年。

西摩‧馬丁‧利普塞特著，張華青等譯：《一致與衝突》，上海人民出版社，1995年。

夏潮基金會編：《中國意識與臺灣意識》，（臺灣）海峽學術出版社，1999年。

蕭新煌著：《變遷中臺灣社會的中產階級》，（臺灣）巨流圖書出版公司，1993年。

辛鳴著：《制度論》，人民出版社，2005年10月。

徐博東著：《透析臺灣民進黨》，台海出版社，2003年7月。

徐萬勝著：《日本自民黨：一黨優位制研究》，天津人民出版社，2004年。

徐萬勝著：《日本政治與對外關係》，人民出版社，2006年。

許崇德等編：《憲法》，中國人民大學出版社，2007年。

許介鱗著：《李登輝與臺灣政治》，社會科學文獻出版社，2002

年。

　　許倬雲著：《從歷史看時代轉移：在臺灣洪建全基金會的系列演講》，廣西師範大學出版社，2007年。

　　亞當·庫珀、杰西卡·庫珀編，復旦大學譯：《社會科學百科全書》，上海譯文出版社，1989年2月。

　　亞里斯多德著，顏一等譯：《政治學》，中國人民大學出版社，2003年。

　　亞當·普沃斯基著，酈青、張燕等譯：《國家與市場：政治經濟學入門》，上海出版集團·格致出版社，2009年。

　　亞當·普沃斯基著，包雅均、劉忠瑞等譯：《民主與市場——東歐與拉丁美洲的政治經濟改革》，北京大學出版社，2005年。

　　嚴強、魏姝主編：《社會發展理論——發展中國家視角》，南京大學出版社，2005年。

　　晏揚清著：《中華民國憲法》，（臺灣）高立圖書有限公司，2008年。

　　楊光斌著：《制度變遷與國家治理》，人民出版社，2006年。

　　楊毅周著：《民進黨的組織派系研究》，九州出版社，2004年。

　　姚建宗著：《法律與發展研究導論：以經濟與政治發展為中心的考察》，吉林大學出版社，1998年。

　　殷海光著：《中國文化的展望》，上海三聯書店，2002年。

　　殷海光基金會主編：《民主·轉型？臺灣現象》，（臺灣）桂冠圖書股份有限公司，1998年。

　　俞國良著：《社會心理學》，北京師範大學出版社，2006年。

　　於國欽著：《巨變中的臺灣經濟》，（臺灣）商訊文化事業股份

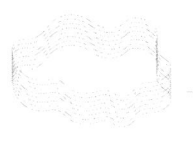

有限公司，2006年。

俞可平著：《治理與善治》，社會科學文獻出版社，2000年。

虞義輝著：《臺灣意識的多面向》，（臺灣）黎明文化事業股份有限公司，2001年。

於宗先著：《浴火中的臺灣經濟》，（臺灣）五南圖書出版股份有限公司，2002年。

袁銳鍔著：《外國教育史新編》，廣東高等教育出版社，2006年。

約瑟夫·S·奈（Josehp S·Nye·Jr.）著，門洪華譯：《硬權力與軟權力》，北京大學出版社，2005年。

約瑟夫·熊彼德著，吳良健譯：《資本主義、社會主義與民主》，商務印書館，1999年。

曾思育編著：《環境管理與環境社會科學研究方法》，清華大學出版社，2004年。

張德勝著：《儒家倫理與秩序情結——中國思想的社會學詮釋》，（臺灣）巨流圖書公司，1989年。

張鳳陽等著：《政治哲學關鍵詞》，江蘇人民出版社，2006年。

張京媛編：《後殖民理論與文化認同》，（臺灣）麥田出版，1995年。

張連月著：《政黨執政綱鑑》，中央文獻出版社，2006年。

張茂桂、鄭永年主編：《兩岸社會運動分析》，（臺灣）新自然主義股份有限公司，2003年。

張沱生、史文主編：《對抗·博奕·合作：中美安全危機管理案例分析》，世界知識出版社。

張小勁、景躍進著：《比較政治學導論》，中國人民大學出版社，2001年。

張亞中：《全球化與兩岸統合》，（臺灣）聯經出版事業股份有限公司，2003年。

趙勇著：《臺灣政治轉型與分離傾向》，中央編譯出版社，2008年。

鄭翰林編譯：《傳播理論簡明辭典》，（臺灣）風雲論壇出版社有限公司，2003年。

鄭海麟著：《從對抗走向融合》，（香港）明報出版社，2002年。

中共中央黨校哲學教研部編：《鄧小平發展理論與當代中國社會矛盾》，中共中央黨校出版社，1999年。

中國社會科學院民族研究所編：《民族學譯文集3》，中國社會科學出版社，1991年。

中國社會科學院臺灣研究所編：《臺灣研究年度報告·2000年》，時事出版社，2001年。

周育仁著：《政治學新論》，（臺灣）翰蘆圖書出版有限公司，2003年。

豬口孝著，高增杰譯：《國家與社會》，經濟日報出版社，1989年。

朱敬一主編：《ECFA：開創兩岸互利雙贏新局面》，（臺灣）財團法人兩岸交流遠景基金會，2009年。

朱雲漢、包宗和主編：《民主轉型與經濟衝突——90年代臺灣經濟發展的困境與挑戰》，（臺灣）桂冠圖書有限公司，2000年。

（二）論文

蔡英文著：《以新本土觀捍衛臺灣》，（臺灣）《中國時報》，2009年3月22日。

陳孔立著：《臺灣政治的「省籍—族群—本土化」研究模式》，《臺灣研究集刊》，2002年第2期。

陳堯著：《政治研究中的庇護主義——一個分析的範本》，《江蘇社會科學》，2007年3期。

戴寶村著：《玉山地景與臺灣認同的發展》，臺灣歷史學會編：《國家認同論文集》，（臺灣）稻鄉出版社，2001年。

戴煒華著：《論行為模式》，《上海理工大學學報》，2001年3月，第23卷第1期。

丁學良著：《從買票看中國的選舉文化》，《天涯》，1999年第1期。

傅建中著：《馬英九，最後的希望》，（臺灣）《中國時報》，2009年1月6日。

何高潮著：《政治制度與經濟發展關係分析：比較政治學的新視野——評〈民主與發展：政治制度與各國的福利狀況〉》，《管理世界》，2005年，第4期。

黃建軍、張千帆著：《論民主政治對市場糾偏和制衡作用》，《理論與改革》，2005年第6期。

簡錫堦著：《解構金權，鞏固民主》，（臺灣）《臺灣民主季刊》，2008年9月，第5卷第3期。

蔣華棟著：《試析模里西斯議會民主制對國內經濟發展的影響》，《西亞非洲（月刊）》，2006年第6期。

金東日著：《韓國民主化過程論析》，《南開學報（哲學社會科學版）》，2003年第5期。

金耀基著：《臺灣的個案研究——後儒學文化》，（香港）《二十一世紀》，1993年6月號，第17期。

李丁讚著：《民主社會如何可能？二十年臺灣經驗的反省》，《思想》第11輯：《民主社會如何可能》，（臺灣）聯經出版事業股份有限公司，2009年。

李凱、李永洪著：《東亞民主化過程比較分析——以日本、韓國和臺灣為比較對象》，《科學社會主義》，2009年第2期。

李素華著：《日本民主黨興起的政治社會基礎》，《當代亞太》，2007年，第10期。

梁文杰著：《郭冠英與族群平等法：談外省族群的政治策略》，《思想》第12輯：《族群平等與議論自由》，（臺灣）聯經出版事業股份有限公司，2009年6月。

廖俊松等著：《地方政府行政治理能力之個案評估研究：以南投縣九二一災後生活重建為例》，（臺灣）「行政院研究發展考核委員會」編印，2000年。

林佳龍著：《威權侍從政體下的臺灣反對運動》，（臺灣）《臺灣社會研究季刊》，1989年春季號。

林勁、聶學林著：《民進黨基層經營初探》，見周志懷主編：《臺灣研究優秀成果獲獎論文彙編》，九州出版社，2009年。

林震著：《論韓國民主化進程中的地域衝突問題》，《東北亞論壇》，第13卷第2期，2004年3月。

劉堅、程力著，《語境控制理論的跨文化傳播意義》，《東北師大學報（哲學社會科學版）》，2007年第4期。

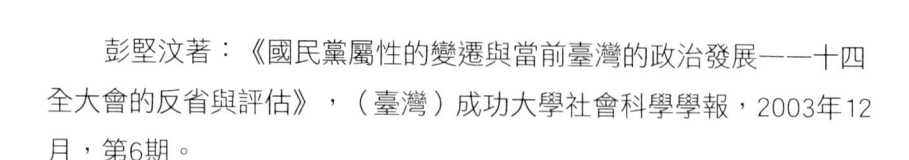

彭堅汶著：《國民黨屬性的變遷與當前臺灣的政治發展——十四全大會的反省與評估》，（臺灣）成功大學社會科學學報，2003年12月，第6期。

秦亞青著：《建構主義：思想淵源、理論流派與學術理念》，《國際政治研究》，2006年第3期。

盛治仁著：《單一選區兩票制對未來臺灣政黨政治發展之可能影響探討》，（臺灣）《臺灣民主季刊》，2006年6月，第三卷第二期。

施正鋒著：《臺灣人的國家認同》，臺灣歷史學會編：《國家認同論文集》，（臺灣）稻鄉出版社，2001年，第153頁。

孫立平著：《異質性社會・政治整合・政治穩定》，《學習與探索》，1990年，第6期。

湯志傑著：《民主社會的結構可能性條件》，《思想》第11輯：《民主社會如何可能？》，（臺灣）聯經出版事業股份有限公司，2009年。

文勇、吳叢環著：《過渡與超越：韓俄政治民主化進程的比較分析》，《今日東歐中亞》，1998年第4期。

徐曉萍著：《臺灣的族群問題與「台獨」勢力的政治利用》，《中央民族大學學報》，2006年第6期。

徐珣著：《早期政治發展理論流脈及其價值探討》，《江南大學學報（人文社會科學版）》，2008年第5期。

楊光斌著：《政治冷漠論》，《中國人民大學學報》，1995年第3期。

楊光斌著：《制度範本：一種研究中國政治變遷的途徑》，《中國人民大學學報》，2003年第3期。

楊洪常：《政治發展還是政治衰退：政治腐敗的效應之爭》，

（臺灣）《政治科學論叢》，2000年6月，第12期。

楊劍著：《領袖心理、公眾情緒和敵意的社會習得——李登輝現象的挫折攻擊理論分析》，《臺灣研究集刊》，2001年第4期。

楊劍著：《臺灣政黨政治與中間選民》，《世界政治與經濟論壇》，2004年第2期。

楊先保著：《北洋軍閥與政治衰朽》，《湖北大學學報（哲學社會科學版）》，2006年5月，第33卷第3期。

易小明著：《差異語境下的馬克思文本閱讀》，《湘潭大學學報（哲學社會科學版）》，2007年5月，第31卷第3期。

尹益洙著：《韓國由權威主義向政治民主化轉型的回顧與思考》，《江蘇社會科學》，2001年第3期。

於建福著：《儒家文化教育傳統對「儒家文化圈」的影響》，《教育研究》，2005年第4期。

俞可平著：《民主是個好東西》，《書摘》，2007年3月。

王菲易著：《地域主義與韓國民主化轉型：一種過程分析》，《當代韓國》，2008年夏季號。

王華著：《政治民主與經濟績效——印度發展模式考察》，《華東師範大學學報（哲學社會科學版）》，2003年3月，第39卷第2期。

王業立、羅偉元著：《臺灣的憲政發展與展望》，見《臺灣——越南行政革新國際學術研討會論文集》，（臺灣）中山大學中山學術研究所主辦，2005年5月20日～21日。

王瑜著：《日本自民黨「一黨優位制」的終結》，《當代世界與社會主義》（雙月刊），2005年第3期。

吳昊著：《語境是什麼？》，《求索》，2007年第12期。

吳乃德著：《自由主義和族群認同：搜尋臺灣民族主義的意識形

態基礎》，（臺灣）《臺灣政治學刊》，1996年7月。

張伯玉著：《日本民主模式及政黨制形態轉變的可能性與不確定性》，《日本學刊》，2009年第6期。

張鐵志著：《臺灣新民主的詛咒？——金權政治與社會不平等》，《思想》第七輯：《解嚴以來：二十年目睹之臺灣》，（臺灣）聯經出版事業股份有限公司。

趙世瑜著：《文本、文類、語境與歷史重建》，《清華大學學報（哲學社會科學版）》，2008年第1期。

趙永茂著：《地方派系與選舉之關係：一個概念架構的分析》，（臺灣）《中山社會科學季刊》，1989年，第4卷第3期。

朱艷聖著：《不尋常的民主——自民黨單一政黨統治與日本式民主》，《當代世界與社會主義》（雙月刊），2003年第5期。

朱雲漢著：《對民主與市場的反思——一個政治學者的沉痛思考》，《思想》第3輯：《天下、東亞、臺灣》，（臺灣）聯經出版事業股份有限公司，2006年。

二、外文

（一）專著

A‧Downs,「An Economic Theory of Democracy」,Harper & Row,New York,1957.

Amiya Kumar Bagchi,「Democracy and Development」,Macmillan Press LTD,London,1995。

参考文限

Arthur Rosett、Lucie Cheng and Margaret Y. K. Woo,「Asian Law-Universal Norms and Local Cultures」, Routledge Curzon, London, 2003。

B・C・Smith,「Good Governance and Development」, Palgrave Macmillan, New York, 2007。

Bruce・J・Dickson,「Democratization in China and Taiwan：The Adaptability of Leninist Parties」, Clarendon Press, Oxford, 1997。

Bruce・J・Dickson and Chien-min Chao,「Assessing the Lee Tenghui Legacy in Taiwan』s Politics」, M.E.Sharpe, Inc., NewYork, 2002。

Gray・D・Rawnsley and Ming-Yeh T・Rawnsley,「Political Communications in Greater China：the Construction and Reflection of Identity」, RoutlidgeCurzon, New York, 2003。

Hung-mao Tien,「The Great Transition：Political and Social Change in The Republic of China」, Hoover Institution Press, California, 1989。

I Yuan,「Cross-Strait at the Turning Point：Institution, Identity and Democracy」, Institute of International Relations National Chengchi University, 2008。

J・G・A・Pocock,「The Machiavellian Moment」, Princeton University Press, Princeton, 1975。

John・F・Copper,「Taiwan in Troubled Times」, World Scientific Publishing Co.Pte. Ltd., Singapore, 2002。

Kwame・Appiah、Henry・Louis・Gates・Jr.,「Identities」, the University of Chicago Press, Chicago, 1995。

Li-min Hsueh, Chen-kuo Hsu, and Dwight・H・Perkins,「Industrialization and The State：The Changing Role of The Taiwan Government in the Economy, 1945～1998」, Harvard University Press, 2001。

Lowell・Dittmer, Haruhiro・Fukui, Peter N・S・Lee,「Informal Politicsin East Asia」, Cambridge University Press, Cambridge, 2000。

M・Shahid・Alam,「Governments and Markets in Economic Development Strategies：Lessons from Korea, Taiwan, and Japan」, Praeger Publishers, New York, 1989。

Martin・C・Needler,「Political Development in Latin American」, Random House, 1968。

Myron・Weiner, Samuel・P・Hungington,「Understanding Political Development」, Little, Brown and Company, Boston Toronto, 1987。

Natalia・Dinello, Vladimir・Popov,「Political Institutions and Development」, Edward Elgar Publishing, Inc., Massachusetts, 2007。

Nigel・Parsons,「The Political of the Palestinian Authority：From Oslotoal-Aqsa」, Routledge・Taylor and Francis Group, New York and London, 2005。

Philip・Paolino and James・Meernik,「Democratization in Taiwan：challenges in transformation」, Ashgate, 2008。

Robert・A・Dahl,「Who Governs？Democracy and Powerin an American City」, Yale University Press, New Haven, 1961。

S・N・Eisenstadt,「European Civilization in a Comparative Perspective：A Study in the Relations Between Cultureand Social Structure」, Norwegian University Press, Oxford, 1987。

S・N・Eisenstadt,「Patterns of Modernity Volume II：Beyond the West」,France Pinter,London,1987。

Strphen・P・Gibert,William・M・Carpenter,「America and Island China：A Documentary History」,University Press of America,Inc.,1989。

Susan・J・Henders,「Democratization and Identity：Regimes and Ethnicityin Eastand Southeast Asia」,Lexington Books,2004。

Thomas・W・Robinson,「Democracy and Developmentin EastAsia：Taiwan,South Korea,and the Philippines」,the Aei Press,Publisher for the American Enterprise Institute,Washington,D.C.,1991。

Willem・Van・Kemenade,「China,Hong Kong,Taiwna,Inc.」,Alfred A.Knopf,New York,1997。

（二）論文

Carole・Pateman,「Political Culture,Political Structure and Political Change」,British Journal of Political Science,Vol.1,No.3（Jul.,1971）。

Chilik Yu,Chun-Ming Chen,Wen-Jong Juang and Lung-Teng Hu,「Does democracy breed integrity？Corruption in Taiwan during the democratic transformation period」,Crime,Law and Social Change,2008 Vol.49 NO.3。

Egil・Fossum,「Political Development and Strategies for Change」,Journal of Peace Research,Vol.7,No.1（1970）。

Gabriel・A・Almond,「A Developmental Approach to Political

Systems」，World Politics，Vol.17，No.2（Jan.，1965）。

Gerald・J・Bender，「Political Socialization and Political Change」，The Western Political Quarterly，Vol.20，No.2，Part1（Jun.，1967）。

Harry・Eckstein，「A Culturalist Theory of Political Change」，The American Political Science Review，Vol.82，No.3（Sep.，1988）。

Henry・C・Hart，「The Indian Constitution：Political Development and Decay」，Asian Survey，Vol.20，No.4（Apr.，1980）。

Herbert・S・Yee，「Review：(untitled)，Reviewed work(s)：Governing Hong Kong：Legitimacy，Communication and Political Decay by Lo Shiu-hing」，The China Quarterly，No.172（Dec.，2002）。

J・S・Nye，「Corruption and Political Development：A Cost-Benefit Analysis」，The American Political Science Review，Vol.61，No.2（Jun.，1967）。

James・C・Scott，「Patron-Client Politics and Political Change in Southeast Asia」，The American Political Science Review，Vol.66，No.1（Mar.，1972）。

John・R・Gillis，「Political Decay and the European Revolutions，1789~1848」，World Politics，Vol.22，No.3（Apr.，1970）。

Kempe・Ronald・Hope・Sr.，「Development Solutions for Africa：The Need for Policy Reform and Good Governance，Issue：A Journal of Opinion」，Vol.25，No.1，Commentaries in African Studies：Essays about African Social Change and the Meaning of Our Professional Work（1997）。

L・P・Singh，「Political Development or Political Decay in India？」，Pacific Affairs，Vol.44，No.1（Spring，1971）。

Lucian・W・Pye,「Introduction：Political Culture and Political Development,」in Lucian W.Pye and Sidney Verba, eds., Political Culture and Political Development, Princeton University Press, 1965。

Mark・E・Warren,「What Does Corruption Mean in a Democracy?」American Journal of Political Science, Vol.48, No.2（Apr., 2004）。

Michael・Mac・Kuen and Courtney・Brown,「Political Context and Attitude Change」, The American Political Science Review, Vol.81, No.2（Jun., 1987）。

Neil・DeVotta,「Control Democracy, Institutional Decay, and the Quest for Eelam：Explaining Ethnic Conflict」, Pacific Affairs, Vol.73, No.1（Spring, 2000）。

Omar・Azfar, Young Lee,「Anand Swamy, The Causes and Consequences of Corruption」, Annals of the American Academy of Political and Social Science, Vol.573, Culture and Development：International Perspectives（Jan., 2001）。

Pranab・Bardhan,「Corruption and Development：A Review of Issues」, Journal of Economic Literature, Vol.35, No.3（Sep., 1997）。

R・Hal・Williams,「Review：（untitled）, Reviewed work（s）：The Politics of Dis-integration：Political Party Decayin the United States, 1840 to 1900. by Garland A. Haas」, The Journal of American History, Vol.82, No.2（Sep., 1995）。

Robert・C・Lieberman,「Ideas, Institutions, and Political Order：Explaining Political Change」, The American Political Science Review, Vol.96, No.4（Dec., 2002）。

Robert・W・T・Martin,「Context and Contradiction:Toward a Political Theory of Conceptual Change」,Political Research Quarterly,Vol.50,No.2(Jun.,1997)。

Samuel・Decalo,「Regionalism,Political Decay,and Civil Strifein Chad」,The Journal of Modern African Studies,Vol.18,No.1(Mar.,1980)。

Samuel・P・Huntington,「Democracy for the Long Haul」.Journal of Democracy,Vol.7,No.2(April1996)。

Samuel・P・Huntington,「Political Development and Political Decay」,World Politics,Vol.17,No.3(Apr.,1965)。

Sarah・Joseph,「Democratic Good Governance:New Agenda for Change」,Economic and Political Weekly,Vol.36,No.12(Mar.24~30,2001)。

Sumit・Ganguly,「Explaining the Kashmir Insurgency:Political Mobilization and Institutional Decay」,International Security,Vol.21,No.2(Autumn,1996)。

Terry・Lynn・Karl,「Dilemmas of Democratization in Latin America」,Comparative Politics,Vol.23,No.1(Oct.,1990)。

後記

　　這本書是在我博士論文的基礎上修改而成，算是對博士期間工作學習生活的一個交代。人大三年，不經意間流過，等到意識到時光飛逝，回過頭來想仔細整理一下思緒的時候，畢業卻已經如期而至。這篇文稿就是博士生活階段的一個句點。在本書付梓之際，總想在文章的結尾留下一些文字，對這篇文稿的緣起和寫作過程作個簡單交代，更要對那些曾經幫助過自己的人表達謝意。

　　文章的選題來源於一次聊天引發的思考。記得是在與黃嘉樹老師的一次談話中提及杭亭頓的政治發展理論，提到了杭亭頓對政治衰退問題的關注。同時，臺灣社會自2000年民進黨上臺以後在政治變遷過程中出現了比較典型的政治衰退現象，而學界在當時並沒有對這些現象展開比較系統的理論反思。這次聊天之後形成了論文的選題：以臺灣為典型個案，並與日本、韓國及新加坡等儒家文化圈內的國家和地區民主化過程的經驗進行比較分析，針對民主化過程中出現的政治衰退問題展開探討。本文當初設定的目標是在長時段的領域中，對政治發展理論進行重新檢視。於是我開始圍繞著臺灣民主化過程中出現的政治衰退問題為中心搜集資料。在此後一年多的時間裡，經過與老師不斷交流，文章的框架日益清晰，數易其稿後最終形成了目前的文本。

　　事物都有兩面性，民主化也不例外。從世界範圍內的經驗來看，民主化在帶來政治發展的同時，也有可能帶來政治衰退。學界在研究民主化過程的時候，往往對於政治發展關注較多，對政治衰退卻關注較少。事實上，政治衰退的基本樣態決定了民主化的最終結果，也是決定民主化以後能否實現良好社會治理的決定性因素。

　　政治衰退概念的內涵主要有兩個方面：（一）從功能角度說，主要指系統功能弱化和治理能力喪失，最極端的結果就是政治失序和政治系統崩潰；（二）從

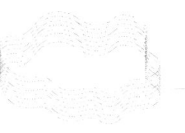

結構角度說，民主化過程中的政治衰退主要由政治制度動盪、社會結構變遷、政治文化改變等三個方面原因引起。相應地，政治衰退程度的具體測量標準主要有：權力制衡、社會共識建構、政治參與擴大及其影響、民主化對經濟發展的影響、行政效率變化、政治腐敗控制等六個方面。

臺灣在半個多世紀的民主化進程中，實現了一定程度的政治發展，這是無庸置疑的。但是同時也應該注意到，臺灣在政治變遷過程中也出現了某種程度的政治衰退，這些政治衰退已經制度化並對臺灣政治產生了既深且巨的影響。概括起來說主要有：一定程度上的權力制衡失靈、行政效率下降、社會分歧嚴重、族群撕裂和政治對立長期存在、政治腐敗難以控制等。這些政治衰退經過了民主化進程，已經完成了制度化過程，成為臺灣政治系統的組成部分。也正是因為如此，政治衰退成為影響臺灣政治發展與社會治理的長期因素。

民主化是一個過程，主要內容是社會治理模式的改變。在民主化過程中，社會統合模式由剛性向柔性轉變。這一過程可以歸納為兩個面向上的調整：一是權力格局的重建，二是以意識形態重新調整為中心的價值分配格局重建。以此而言，臺灣的政治變遷一方面表現為以政治利益分配為中心的權力分配格局重建，另一方面則表現為意識形態方面「臺灣主體意識」的建構和統「獨」意識的鬥爭。社會治理模式的柔性化導致民間力量在政治決策中地位上升，同時也為政治衰退程度加深和影響擴大提供了空間。

一個國家或地區的政治衰退基本樣態與該地區的文化背景關係密切。在政治學理論研究中，這本來應該是一個不言自明的前提，但是在目前西方範本和概念仍為學術研究主流話語的情況下，能夠做到依據在地情境進行分析並不是一件容易的事情。在對政治衰退問題進行分析時，確實可以看到文化傳統產生的足以左右政治變遷方向的巨大影響。具體來說，文化是行為習慣的反映，是行為模式的集合。同質性的文化可能產生相似的行為模式，也可以產生相似的政治衰退現象。臺灣地區、韓國、日本在民主化過程中，「恩庇—侍從」體制不但沒有遭到削弱，反而得到強化，就是一個例子。這也從另外一個側面說明語境分析在民主化理論建構與分析中的基礎性作用。

以臺灣的經驗來看，民主化過程也是政治變遷制度化的過程，這一過程包含了政治發展和政治衰退的制度化。經過制度化的政治衰退成為政治系統的一個重要組成部分。以此而言，政治變遷是政治發展和政治衰退共同推進、互相影響的結果。兩者形成的綜合性結果決定了社會治理的品質。政治發展占主導地位的社會，會形成良治，否則可能導致低度治理或者是政治系統崩潰的結局。

當然，文章寫完了並不意味著對政治衰退問題的理解有多深入。回過頭來看，當初設定的對政治發展理論進行重新檢視的目標彷彿仍在雲端，遙不可及。在寫作的過程中，隨著思考範圍的拓展，發現的問題也越來越多。民主化、政治發展、政治衰退、政治變遷等概念互相交纏，形成了複雜的概念譜系。清理這些概念的聯繫與區別，殊非易事。此外，政治衰退是世界上民主化國家和地區的普遍現象，但是由於各種限制，本文只能以臺灣地區和東亞的日本、韓國為個案展開分析，無法對其他國家和地區進行更廣泛的探討。因此，不能不說本文是帶著諸多遺憾殺青的。但是從另外一個層面上說，這些問題的存在也正說明了政治衰退研究領域的廣闊，還有許多可以探討的區域留待未來去開拓。

文章寫作過程中得到人大許多老師的指導和點撥，受益良多。黃嘉樹老師為這篇文章付出了大量心力，從選題到定稿，老師不斷提出修改意見，為本文最後成稿做了許多細緻工作。國際關係學院的周淑真老師、楊光斌老師、王續添老師、王英津老師、林紅老師都曾經提供過啟發性思考，在此深表謝忱。

人大三年的求學生涯，並非一篇畢業論文所能概括。三年來我的最大收穫就是透過學習，思維方式發生了較大改變，老師們給我的思維訓練是一筆巨大的財富。黃嘉樹老師經常對我們說的話：「建構自己的理論，解決本土的問題」，可以說凝聚了他多年治學的實踐精華，對我思維方式改變造成了直接推動作用。此外，三年中，必修課之外，我旁聽了楊光斌老師和周淑真老師的課，也經常到法學院、社會人口學院去旁聽，與社會與人口學院的劉爽老師、法學院許崇德老師都有過交流。這些老師向我展示了開闊的研究視野、嚴格的學術思維、敏銳的問題意識和強烈的人文關懷，從他們那裡領受到的人文情懷和社會科學方法訓練將會使我受益終生。幾度東風，幾度飛花，斯時漸遠，餘意悠悠。中國人民大學對

我而言,已經不僅僅是生命中的一個驛站,而是一個難以割離的組成部分了。

　　軍事科學院王衛星研究員、白光煒研究員、《人民日報海外版》高級編輯鄭固固老師、國務院臺辦孫升亮研究員、中華文化發展促進會鄭劍研究員、中國社會科學院臺灣研究所王建民研究員、對外經貿大學競爭法研究中心博士後相靖小姐、北京聯合大學臺灣研究院徐博東教授、劉紅教授、譚文叢副院長、陳文壽教授、朱松嶺教授、劉文忠教授、孫玉海副院長等前輩和師友以及臺灣研究院的同事們,都為本文的寫作或本人在人大的學習提供了許多具體而微的幫助,在此一併表示感謝。同時也感謝北京聯合大學臺灣研究院為本書提供出版資助。

作者　謹識

國家圖書館出版品預行編目(CIP)資料

臺灣民主化與政治變遷：政治衰退理論的觀點 / 陳星 著. -- 第一版. -- 臺北市：崧燁文化, 2019.01
　　面　；　　公分
POD版
ISBN 978-957-681-803-5(平裝)

1.臺灣政治 2.政治變遷

573.07　　　　108000860

書　　名：臺灣民主化與政治變遷：政治衰退理論的觀點
作　　者：陳星 著
發行人：黃振庭
出版者：崧博出版事業有限公司
發行者：崧燁文化事業有限公司
E-mail：sonbookservice@gmail.com
粉絲頁　　　　　　網　址：
地　　址：台北市中正區重慶南路一段六十一號八樓 815 室
8F.-815, No.61, Sec. 1, Chongqing S. Rd., Zhongzheng Dist., Taipei City 100, Taiwan (R.O.C.)
電　話：(02)2370-3310　傳　真：(02) 2370-3210
總經銷：紅螞蟻圖書有限公司
地　　址：台北市內湖區舊宗路二段 121 巷 19 號
電　話：02-2795-3656　傳真：02-2795-4100　網址：
印　刷：京峯彩色印刷有限公司 (京峰數位)

　　本書版權為九州出版社所有授權崧博出版事業股份有限公司獨家發行電子書及繁體書繁體字版。若有其他相關權利及授權需求請與本公司聯繫。
定　價：500 元
發行日期：2019 年 01 月第一版
◎ 本書以POD印製發行